篠田知和基 著

世界神話入門

勉誠出版

はじめに

「世界神話」というと、とまどう人がいるのではないだろうか。「エジプト神話」「ギリシャ神話」「インド神話」はあるが、それらとならぶ「世界神話」という概念はないのではないかと思われそうである。宗教でも「世界宗教」というと、キリスト教などの手前みその宣伝文句のように思われる。「世界的な宗教」「世界に広まった宗教」はあるが、「世界人権宣言」などというような意味での「世界宗教」はないだろう。「世界言語」というのもない。「国際法」はあるが、「世界法」はない。

しかし実際に「世界神話」はある。「はじめ、世界は暗黒だった。混沌の海があり、空も暗くたれこめていた。そこに光があらわれ、光が凝縮して卵になった。その光の卵が40日のあいだ、混沌の海に浮かんでいて、やがて、殻がわれて太陽があらわれた」という神話があったとすると、そこで語られた「はじめ、世界は暗黒だった」という「世界」はギリシャでも、インドでもなく、「世界」なのである。実はそのとおりに語り出す神話はどこにもない。しかし、かなり多くの神話がそれに近い描写をする。それも「世界全体」の物語として語る。それが地域的に多少の変異があっても、それらはすべて、同じ神話

のそれぞれの表現とみなされるのである。

　最初の陸地があらわれて、そこに男と女がやってきた。ふたりは島のような陸地をぐるぐるとまわりながら、あるところで出会って、たがいの身体をたしかめて、くぼみに突起をあわせて抱きあった。そのようにして、最初の生命が生まれた。

　これも、このとおりのヴァージョンではどこにもない。しかし、それに似た話はいたるところにある。日本の「オノゴロ島」神話もそのひとつである。オノゴロ島は海洋攪拌神話のひとつであり、イザナキノミコトとイザナミノミコトが海水をかきまぜて陸をつくりだしたという点では、はじめ混沌の海からベンベンという丘を隆起させたというエジプト神話にも近い。エジプト神話ではその後、洪水があって、兄と妹がながれついた島で、交わって人類をつくった。そのさい、最初はつくりそこないで、水に流したともいう。日本で蛭子をながした葦舟はまさにエジプトにその起源を見るものであろう。

　しかし、それらの神話がインドから、あるいはエジプトから日本へやってきたというのではない。伝播の経路はより複雑で、結果的に同じような神話が東と西に広まっており、中間地点、あるいは起源の地は判然としなくなる。また、同じ神話であっても、それが伝播してくる途中で、伝播者の好みにより、風土により、同じ神話が似ても似つかぬ形で伝わることもあるのである。

　似てはいなくても、もとは同じである「世界神話」が世界を

めぐっている。最初は人類の分岐展開によって、つぎには、諸民族の接触交流によって、そしてやがては商品の流通や、軍事征服などによって、あるいは宗教の布教や、書物の伝来などによって伝わる。イソップの物語が日本にまで到来していたことは書物によるものだが、その前に仏教説話にまぎれこんで伝わったものもあったのである。そもそも人間が移動してきて、たとえば日本列島にすみついたとき、どこからやってきたにしろ、原初の神話をもっていたのである。世界の成り立ち、夜と昼の交代、日月の運行について、あるいは星ののぼる時刻や位置や形についての神話など、最初の人間の生活にとって、航海にとって、移動にとって必要不可欠な情報はたしかに共有されて、最初に日本列島にたどりついた人間のどこからかの旅を可能にしていた。舟で来たとばかりはかぎらなくとも、舟でしか来られなかったものもいたことはまちがいない。そして、太古の時代、丸木舟で大洋を漕ぎわたるということは、日月星辰、風や潮流についての膨大な情報の集積が必要だった。

　あるいは人の生き死にの話、死後の行方についての情報など、人はどこにいてもそれを知りたがった。それらについての情報体系はあらそって求められた。今日、本屋へ行ってベストセラーを買うようなもので、最新情報が隣の部族に伝わってきたとなれば、なんとかそれを入手しようとした。日月や星の位置の観測のしかた、そしてそこから時間や舟の位置を決める方法などについて、書物のない時代には物語の形で情報伝達がされたのである。さらには舟の造り方でも、人類最初の舟はどこ

でも同じようにして造られた。アフリカでも、オセアニアでも、自然発生的に同じような発想で、同じような技術で、同じような丸木舟や同じような葦舟が造られたのだと考えられるが、また、隣の部族のつかう舟をこちらの部族でも見よう見まねで模倣して造ることもあっただろう。機織や製鉄や犂耕といった技術は大昔から人間社会のあいだで伝播していた。そしてそれに物語が随伴していたのである。

　舟の造り方、航海の仕方、方角の見分け方、そしてそれ以上に海の彼方に、あるいは内陸であれば山の彼方にどんな国があるのかという地理学的情報も重要だった。海をわたってたどりついた島で、一つ目巨人が船乗りをつかまえて食べてしまうのでは物騒である。『オデュッセイア』にはそれに負けず劣らぬおそろしい島や海峡の情報が満載されている。カリブ海にはサルガソ海などもあり人喰いの藻が繁茂していたし、太平洋では超弩級の台風やハリケーンが荒れ狂う。あるいは突然噴火する「火の島」もある。それら危険な魔の海への航海の物語は比較的後の文化的航海物語になるが、神話時代でも実際上の海の危険についてはさまざまな情報が物語化して語られている。内陸であれば『西遊記』などにありとあらゆる天然の険や妖怪などの脅威が描かれる。これは民衆のレベルでは大昔から語られていた怪異や驚異であったろう。それらはすべてが実用的な航海や旅行の情報ばかりであったとはかぎらない。海の彼方、山の彼方の未知の国についての確実な情報を欲すると同時に、ありえないような不思議な国の物語にも飢えていた。旅の憧れと、

未踏の地や水域への冒険の恐怖と不安は不可分のものだった。死後の世界についての情報も切実な欲求であると同時に、それがこの世の現実的な地理とは根本的に異なったものであることについての了解もあった。まったくの空想と、実用的な海図やガイドブックが、同時に憧憬と不安から激しく求められた。

　古代社会が形成されるまでの世界では神話が貴重な情報源であり、また情報の唯一の伝達手段だった。人は地球上を東西にゆきかっており、飛行機も高速鉄道もない時代に、一日に千里を走るという獣たちを追って、人は二本の足で地球をくまなく駆け回っていた。いまなら、新幹線が大雨でとまったりしたら、京都から東京までどうやっても行けないと思ってしまうが、かつては雨が降ろうが、多少の地震があろうが、人は江戸に用があれば、京都からでも大宰府からでも、まず歩き出した。そして早ければ何日か、遅くとも何ヵ月後かには江戸についていたのである。標準的には一日10里で、京都と江戸もせいぜい10日の旅程だった。その10倍でイタリアから中国まで行けたのである。一年365日歩きつづければ、ほぼ地球をひとまわりできた。人が歩けば、人の大脳にきざみつけられた情報も同時に移動した。最初の人類が、鳴動し火をふく大地で大自然の脅威におそれおののきながら、理解をこえた大いなるものをなんとか感覚的にとらえようとして、「神」という観念に近づいたとき、その観念はその最初の人間の脳に刻印され、その後、どこへいっても忘れられない最初の感覚となり、やがてそれはその子に伝えられ、その子はさらに子供たちにその物語を伝え、

ギルガメシュ

神話という情報が世界をへめぐったのである。文化と言語はその後、定着した風土に応じて多様に変化したが、最初の「神」という観念は変わらなかった。それが今日まで「世界神話」という形で伝わっているのである。

昔は一般的に神話というとギリシャ神話だけが思い出された。それ以前の文明には、たとえば中国には神話がないとさえいわれたのである。インダス文明でも神話は残されていないと思われていた。チグリス・ユーフラテスのいわゆるメソポタミア神話は遺跡の発掘から粘土板が発見されなければなにもないと思われていた。

粘土版に記されたテクストははじめは断片的なものしかなかったが、やがて、「ギルガメシュ叙事詩」という名前でよばれる一連の物語が発見され、「エヌマ・エリシュ」という神話も見つかった。事情は似たりよったりだが、エジプトの「死者の書」の発見はそれよりは早かった。それらによって、書物に書き記されて残った神話としてほとんど唯一のものとされたギリシャ神話以外にも、すくなくとも古代文明のうち、西のほう

の3つの文化センターには神話があったことが確認された。インドでは、ヴェーダ神話が、近代になって発見されるまでもなく、古代から書物になって伝わっていた。それを宇宙論としてではなく、神話として理解するようになったのは比較的最近のことである。最近というのは、何千年もの昔からみて直近の100～200年ということだが、それ以前は「神話」とはギリシャの神々の事績を物語る古典のみを指すものとされていた。中国でも「神話」はないと思われていたが、「呂氏春秋」や「楚辞」という書物に断片的に記された天地についての記述をたどれば、確実に神話があったことが想像されるようになった。おそらく天地のはじまりから、人類の創造、大洪水、そして黄帝と蚩尤の戦いのような神々の戦いや、七夕のような天人と人間との愛を物語る「神話」があったのである。それを孔子が出て、「怪力乱神を語らず」といって戒めた結果、非合理な神話物語が否定され、テクストは散逸してしまったものと思われる。20世紀になってドイツの民俗学者エバーハルトが南中国の少数民族の地域で神話を調査して、「古代中国の地方文化」を著わした。そこには45の神話連鎖が叙述されており、3月3日の「女祭り」が祀る女神の神話があり、盤弧神話として知られる犬祖神話や、孫悟空伝承につらなる猿祖神話、そして火の神話、洪水神話、射日神話、それとつらなる月の女神や動物の神話、死や婚姻、供犠や農耕、竜や雷などの万象に神がいて、物語があることが知られたのである。すなわち、神話がないと思われた中国にも、世界のほかの地域と同じ天地の創造から人

間の生死、国の始祖と興亡、そしておそらく世界の終末をかたる「神話」体系があったことが予想される。そのモデルにしたがって古代の思想書、地理書、歴史書などのあちこちにちりばめられた神話断片をくみあわせると、脈絡のある神話体系ができあがることが想像されたのである。

　どんな原始社会にも創世神話がある。社会単位はそれぞれ神話をもっていて、それらが「国家」に統一されるときは、各地の神々のあいだに「系譜」や同一性が指摘されることがエバーハルトによって明らかになったのである。

　インドではインダス文明の神話はいまだに確認されていないが、その後のヴェーダ時代の文献には随所に神話が語られている。最終的には『マハーバーラタ』『ラーマーヤナ』の二大叙事詩にそれらが吸収されるとともに、民間の動物物語などに神話の民間伝承がうかがわれる。それらをとおして「インド神話」を復元することも、植民地時代以後のヨーロッパ人による貢献となった。インドでもいくつもの王朝が交代したことと、また仏教や近代ヒンドゥー教が古代の伝承を利用しながら、かれらの固有のテクストや伝承を確定する過程で、古代のテクストが否定されたり、恣意的に変更されたりした。その結果、今日インドの大多数の人が実践しているヒンドゥー教の聖典としての各ヴェーダからインド神話を抽出しても、それははなはだ断片的なものとならざるをえないが、それらを編纂した「インド神話」という書物は日本でも何種類か流通しており、ヨーロッパ的観点からの編集であるとはいえ、「インド神話」があ

ることはだれもがうたがいをもたない。

　中国、インド、メソポタミア、エジプトという、いわゆる四大古代文明の神話がギリシャ神話とともに残されてきたが、世界ではその後に形成された神話でも北欧、ケルト、マヤ・アステカそして日本にゆたかな神話があることが知られているし、オセアニアでは「マウイ神話」が島々に共通の世界観を提供していることが知られてきた。

　また、アフリカ、シベリア、南北アメリカには文字で書き記されはしなかったが、口承でゆたかな神話が残されていた。とりわけオーストラリアの神話は、オセアニアのマウイ神話とは神名も構造も異なった独自なものである。

　さらにその後知られた神話としてはロマン神話、スラブ神話、朝鮮神話があり、古代神話のかたわらには、まずローマの前身のエトルリア、そしてローマの神話があり、ギリシャとは異なった神話体系をもっていたことがわかった。また、中南米ではインカ、あるいはアンデスにマヤ・アステカとは別な神話があることが知られるようになった。インドではイランがゾロアスターによる宗教改革もふまえて、インド・イラン神話ではあっても異なった神話体系を伝えてきた。中国ではもちろん南の少数民族に独自な神話があることがエバーハルト以来の研究でわかってきた。

　それらの神話に入ってこないものとしてはバスク、ロマ神話があり、アイヌのユーカラがある。そして東ヨーロッパのハンガリーには、フィンランドと同じく、系統をことにするフィ

ノ・ウゴール文化があり、独自の神話がある。そして、グルジアではイラン系でもナルト神話をもったオセット族がいて、アルメニアやクルド族にはそれぞれ独立した文化と神話がある。こう見てゆくと世界の神話をすべて知ろうとすることは不可能なようにさえ思われる。アフリカやシベリア、あるいはアメリカの諸部族は数えていったら数百ではすまないだろう。それらの部族がそれぞれに神話をもっているのである。そして、いわゆる「神話時代」をすぎてから形成された文化圏、すなわちアラブ圏、あるいはキリスト教の影響のもとに固有の古代を忘れた西欧圏にも固有の神話はあったはずである。それ以上に、キリスト教の広がりのもとに忘れられがちなヘブライの神話があったのである。

　そしてはるかに時代をくだってテクストが確定されたものではフィンランドの「カレワラ」もある。これは時代があまりに近代までくだっており、リョンロットという「作者」も存在するので、古代の無名の民衆が語り伝え、国家の形成とともに国家的神話となったようなものとはちがった、近代的な創作であるとする見方もある。しかし、紀元前にホメロスがまとめれば神話で、19世紀にリョンロットが同じようなことをしても神話ではないということは偏頗だし、また、神話時代と歴史時代があって、神話は前者のものだとするなら、わが国の『古事記』でさえ、8世紀という歴史時代の産物であって、神話ではないことになりかねない。しかし、テクストとして確定された

時期がいかにあたらしくとも、古代からの伝承がその背後にあり、そのテクストが国民的神話として広く支持されているなら、その国の固有の神話としてさしつかえない。その点、たとえば「オシアン」は文学作品として認識されることが多く、固有の神話としての認識はそれほど広まっていない。

　テクストが近代になっても、その民族自身の手では確定されていない場合も、アメリカ、アフリカ、オセアニア、シベリアでは民族誌調査によって口承伝承のうち神話的なものが固定されていることがすくなくない。世界神話は民衆の心の中にある。それをさぐる手掛かりのひとつが古典神話のテクストであり、あるいは後代の叙事詩であり、また今日まで伝わる昔語りである。

　2017年3月

篠田知和基

目　次

はじめに ………………………………… 1

I ── 世界神話

I-1　世界神話へむけて ………………………………… 19
　I-1-1　神話とは ………………………………… 21
　I-1-2　神話と昔話 ………………………………… 23
　I-1-3　神話と宗教 ………………………………… 26
　I-1-4　神話と叙事詩 ………………………………… 31
　I-1-5　大神話 ………………………………… 37

I-2　地域的諸問題 ………………………………… 39
　I-2-1　フランスの神話 ………………………………… 39
　I-2-2　ローマ神話 ………………………………… 41
　I-2-3　北欧神話とゲルマン神話 ………………………………… 47
　I-2-4　中国神話 ………………………………… 48
　I-2-5　神話のない国 ………………………………… 49

I-3　共通神話の形成 ………………………………… 57
　I-3-1　世界の共通の神話 ………………………………… 58
　I-3-2　地域的特性 ………………………………… 69

II ── 世界の構造

- II-1　卵と鳥 ……………………………… 75
  - II-1-1　宇宙卵 ……………………………… 75
  - II-1-2　世界鳥 ……………………………… 78
- II-2　樹木 ……………………………… 80
  - II-2-1　世界樹 ……………………………… 80
  - II-2-2　樹木霊 ……………………………… 83
  - II-2-3　世界柱 ……………………………… 92
- II-3　大地 ……………………………… 101
  - II-3-1　磐石の大地 ……………………………… 101
  - II-3-2　陽石 ……………………………… 111

III ── 女神と至高神

- III-1　女神 ……………………………… 121
  - III-1-1　蛇女神 ……………………………… 123
  - III-1-2　世界のメリュジーヌ ……………………………… 130
  - III-1-3　メリュジーヌの先行話 ……………………………… 137
  - III-1-4　白鳥乙女 ……………………………… 145
  - III-1-5　黒聖母 ……………………………… 152
- III-2　愛の神話 ……………………………… 155
  - III-2-1　異類婚姻譚 ……………………………… 157
  - III-2-2　竜宮あるいは異郷逗留譚 ……………………………… 160
  - III-2-3　女神の嘆き ……………………………… 168

- III-3　復活神とトリックスター　……………… 173
  - III-3-1　復活神　……………… 173
  - III-3-2　トリックスター　……………… 177
- III-4　裁きの神と太陽の旅　……………… 178
  - III-4-1　裁きの神　……………… 178
  - III-4-2　太陽神　……………… 183
  - III-4-3　光の神話　……………… 186

IV──悪の原理

- IV-1　罪と罰　……………… 203
  - IV-1-1　災厄の神話　……………… 211
  - IV-1-2　戦争の神話　……………… 214
- IV-2　動物変身と獣祖　……………… 216
  - IV-2-1　変身譚　……………… 216
  - IV-2-2　竜退治　……………… 218
  - IV-2-3　獣祖説話　……………… 228
- IV-3　鍛冶神と狼男　……………… 235
  - IV-3-1　鉄剣の技術の神話　……………… 240
  - IV-3-2　狼神　……………… 242
  - IV-3-3　神殺しと犠牲　……………… 243

まとめ　……………… 255
参考書誌　……………… 257
参考文献　……………… 258
おわりに　……………… 271

I ──世界神話

I-1　世界神話へむけて

　世界各地の神話には共通の物語や、共通の構造がある。地域が隣接する神話には連続性がある。各国ごとに別々な神話をもっているようでも、もとは同じものであることが多い。

　たとえば、ギリシャ神話、ケルト神話、インド神話には共通性があることが神話学者らによって認められている。いままであまり指摘されてこなかったが、エジプト神話と日本神話にも共通するものがある。シベリア、アメリカの口承神話が共通の基盤をもっていることはよく知られている。これはアメリカ先住民がシベリアからわたっていったことがわかっているので、移動の際にもとの世界観としての神話をたずさえて行ったものと思われる。太平洋の島々には同じマウイ神話が広がっている。これも人々がカヌーで島から島へ移住していったのはたしかなので、人の移住にともなう共通神話の伝播と言える。

　それらいくつかのグループだけではなく、世界中に「世界神話」というものが想定されるようになった。世界中に同じような神話があり、すくなくともいくつかのグループごとに伝播や影響も跡づけられる。グループ分けはしかし、究極的には「人類」という唯一の種にゆきつく。その人類というひとつの幹から各地に枝分かれした。その全人類は共通した世界観を根本のところでもっているのである。さらに、その後、各地に形成された民族集団が相互に移動と交渉をくりかえし、人的にも、文化的にも入り混じってゆく。人類の最初の世界観である神話は、それが定着した土地の風土によって変容しつつも、共通の性格を維持し、さらに近隣の神話を吸収してうけつ

I ── 世界神話

がれてゆく。ひとつの国でも地域によって、時代によって、異なった神話が伝承されていることもあり、人類は個々の人間ひとりずつがちがう世界をもっているのだという多様性と、同時にすべて同じ人類という種であるという共通性の両方をもっている。また地域によっては強力な統一国家ができて、神話も統一され、公定のヴァージョンが確立されたところもあれば、統一などにはほどとおい部族連合にとどまって、神話テクストも口承のままで、部族ごとに異なっているばかりか、その形も昔話とかわりない地域もある。神話、伝説、昔話は画然とは分けられない。インドネシアの「ワニと兎」の昔話が日本に伝わって、『古事記』に神話「因幡の素兎」として収録される。もとは同じなのである。アメリカ大陸ではインディアンが部族ごとの神話を昔話と区別せずに語り伝えている。それらの話の中で、村の人妻たちを誘惑してまわる昔話の主人公でトリックスターのコヨーテが、天にのぼって北極星などの星を配列し、天体起源神話の造物主になったりもした。民族や文化がほろんで、それとともに消えた神話もあれば、19世紀や20世紀になって民間伝承をあつめて再建された神話もある。なかには文学者が恣意的につくりかえたものもあるが、とくに民間伝承をもとにしたものではない文学想像によって原初的な神話がつくりだされていることもある。たとえばナポレオンをめぐる神話があると同時に、南米を統一する大事業にのりだした独裁者についてのガルシア・マルケスら文学者による神話もある。なかには大宗教の聖典に収録されて、神話ではなく、信者の信ずるべき「事実」になってしまったものもある。

　しかし、そのさまざまな形とあらわれをとおして、国別の「個別神話」ではなく、人類の「世界神話」というものが想定されるのである。これはかならずしも「比較神話」ではない。比較を基盤にす

るが、国ごとの文化が固定されていることを前提にたとえばドイツとフランスの文学を比較するような作業ではなく、世界に共通する思考様式と文化があるということからの「世界神話」であり、それはまた、『古事記』なら『古事記』の唯一性、絶対性を相対化することでもある。『古事記』だけが唯一の神話ではなく、『日本書紀』はもとより、『風土記』にも神話はあり、さらに民間伝承にもうしなわれた神話の痕跡がみとめられる。出雲や日向にはちがった神話体系があり、また『古事記』に収録されたいくつかの「神話」は明らかにインドネシアなどほかの地域からきている。日本神話と同じものは他の地域にもあり、共通の要素もあれば、共通の思想もあり、日本のなかでも地域ごとに異なった神話もある。エジプトではヘリオポリスとメンフィスとテーベとその他にそれぞれちがった神話があったし、時代によって神々の性格も異なっている。エジプト神話、ギリシャ神話、日本神話という固定したものがあって、それら相互に比較しうるというのではなく、そのどこにも多様な神話があり、それがそれぞれ時代ごとに多様に変化をし、また他の地域の神話と混ざり合い、融合してきているのである。『世界神話』とは、そのような多様性と共通性をもとにした概念なのである。各種の聖典からも神話をとりだすことができるし、文学でさえ、神話的想像力のあらわれであるときには除外できない。いや、ギリシャ神話というものが、今日ではほとんどホメロスら叙事詩人が歌ったものか、エウリピデスら悲劇詩人が書いたものであって、文学でない神話はないのである。

I-1-1　神話とは

　神話とはなになにであるというような規定は実は人工的なもので、

何の意味もない。あえていえばそれは「最初の物語」以外のなにものでもない。それ以上は、文学とはなにかというのと同じことだ。美術といっても、なにを美術というのか本当はだれにもわからない。アフリカの岩壁に描かれた人物像や、ラスコーの洞窟に描かれた野牛やライオンの絵は美術なのかどうかなんともいえないが、「世界美術全集」などでは、ラスコーの野牛は「先史美術」として大きく掲げられる。呪術的なもの、あるいは実用的なものは美術、すなわち芸術ではないかというとそうもいえない。逆に、呪術につかわれたものと、そうでないものは判別できる。それらをもとにして宗教なるものを推定することはできなくはない。しかし、神話と宗教はちがう。神話は物語である。宗教では聖典をさだめ、それを絶対として、従うべきもの、依拠すべきものとする。法典として裁きの基準にもなったのである。それは改変不可能な、神のことばである。神話は人が語りだしたもので、語り手がちがえば物語も異なってきた。それを文化的創造としていけば文学になった。人がつくった文学作品を人生の掟として教会で朗唱し、万人がしたがうべきものとするなどということはない。神の啓示である聖典が一方にあり、反対側に人の創作である文学がある。神話は作者を特定せず、人々が集団で語り伝えるものではあるが、神の言葉ではない。むしろ最初の文学である。神々の物語ではあっても、それを語り出したのは人間である。内容は世界のなりたち、宇宙の根源、生と死の起源、そして神々の物語と、地上の王や英雄の物語までふくみうる。この最後のところは王権神話・英雄神話として、むしろ年代記的性格をもたされるが、事実だけの歴史記述ではなく、神々の意思によって王が即位し、神々の意思にそってまつりごとが行なわれるという記述のしかたがなされる。王の主たる任務も神々を祭ることである。やがて、

人々が王をえらぶ時代になれば、神話の時代はおわり、歴史的に実証されるもの以外は年代記からも排除される。語られる対象、その世界が小さな村に限定されるときは、物語は昔話の相を取る。しかしその境はむずかしい。

世界や宇宙のなりたち、はじまり、その構成について語る物語、人間や動植物や生死の起源について語る物語、神々の物語が神話である。地上における神とされる王たちの物語が王権神話で、村の小宇宙の物語は、山や湖の誕生奇譚であっても、村の神話であり、むしろ昔話であって、国レベルの神話ではない。ただし、小さくとも国を形成しているところもあるし、広大な地域でも大国の一地方でしかないところもある。一般に神話を形成しうるのは一定レベルの大きさをもった国であり、一定以上の大きさがあっても、言語、文化、政治的に独立していないところでは、独自の神話は形成されないとみていい。たとえば琉球神話は認められるが、日本より国土面積の広いアフガニスタン神話の独自性は微妙である。さらに日本の5倍の国土面積を持つカザフスタンも独自の文化の主張は当然でも独自の神話となるとむずかしい。

アフリカ諸国は古くから存在するが、それぞれの国として成立したのは20世紀であり、それ以前は西欧列強の植民地であり、その前は部族社会だった。アフリカ神話が認められるのに対して、ザイール神話、ケニア神話といった概念はむずかしい。独立性のつよい部族としてのドゴン神話はあるが、これはアメリカ・インディアンなどと同じく、部族神話の段階と認められる。

I-1-2 神話と昔話

ヤマタノオロチ神話はアンドロメダ神話より「七つの頭の竜」の

Ⅰ——世界神話

昔話に近い。トヨタマヒメ神話はインドネシアの昔話「なくした釣り針」やロシアの「火の鳥」に近い。『古事記』のオホナムチと兎の神話はインドネシアの「ワニと兎」あるいは「ワニと豆鹿」に近い。さらに、あまり問題にされないが、オホナムチの根の国での冒険は、ヨーロッパの昔話「悪魔の娘」に近い。その中で、最後にスサノオの髪をたるきなどにしばって、天の沼琴を取って逃げてくる話は「悪魔のヴァイオリン」と同じである。これは日本の神話だけが、外国の昔話をよせあつめたもののような性格をもっているということではなく、世界的に神話と昔話はそうちがわないということだ。さきに国の物語が神話で、村の物語が昔話だという大ざっぱな定義をしたが、かならずしもそれはいい加減ではなく、強力な王権が成立して、国の年代記を作成させるとき、天地開闢から語りはじめれば神話になる。しかし、村里の老媼が一族の昔話をしても、天地開闢にまでさかのぼらないのが普通だし、神だの、主（ぬし）だのといっても、せいぜいが山の池の主くらいで、同時にもっと大きな世界の主も想定されながら、それについては語らないという場合、世界規模の神話と村里規模の昔話という違いはでてくるのである。国家レベルの神話では、あえて全世界の主のことを語らないとしても、その世界以外に世界があり、そこには本当の世界の主がいるという話にはならない。原則として世界にはひとりの主がいて、その兄弟や一族が全世界を分治する。日本でもアマテラスが高天原を、スサノオが青海原を支配するようにいわれたときに、その海の彼方にはアメリカやアフリカがあって、そこにはそれぞれ別の神がいて彼らの世界を支配しているということでは具合がわるい。神話の神は「全世界」「全宇宙」を支配するのである。村の場合、そこだけが小宇宙で、峠のむこうにどんな村があるかはあえて無視するとして

も、年貢をとりにくる役人などを無視することはむずかしい。都には「天子さま」がいるなどという情報も、村の「神話」のなかに異質の要素として出てこざるをえなければそれは「神話」たりえないのである。
　規模の問題というより、天はひとつで、そこを治める神がいるという観念が神話には必要なのである。これは多神教であっても同じであり、多神教にも至高神がいるのである。あるいは合議制の神々の会議があったとしても、それが「世界」を支配する原理であればいい。したがって、国であっても、まわりをぐるりと別な国々にかこまれている小国では、なかなか神話が成立しない。世界を等しくみおろしているはずの「天」と、そこに君臨する至高神が、隣の国では別な名前でよばれているというのでは「世界」を説明する論理にはなりにくい。ギリシャでは、その政治的支配権のさきにも他の国があることを知っていたが、それでも中心と辺境という観念があり、ギリシャの中でも神託はデルポイで、地上権力はアテネを中心とし、北や南には神々の観念をもたない「蛮族」がいて、世界はギリシャだけとしていた。ペルシャ帝国の存在はいろいろと面倒だったが、ホメロスのころはギリシャと小アジアしか世界としては認識されていない傾向があり、トロイ戦争はアジアとヨーロッパの戦いで、それが「世界」だった。黒海の東岸は世界のはずれだったのである。反対の西のはずれはジブラルタル海峡で、そこには「ヘラクレスの柱」があり、ヘスペリデスの園があるとされた。
　規模の問題でいえば、世界の始まり、日月の起源、天空の構成、海陸のおこり、人類の創造、冥界のしくみなどを神話が説明し、それぞれの豪族の始祖伝承、家系の物語は家系伝説で、村の歴史は昔話で語られた。そこで、たとえば、蕎麦の根が赤い理由とか、何日

に大風がふく理由、鮭がいつごろ遡上してくるか、そのときどんな物語があったかといったことは昔話の領分だった。

　昔話には「昔々」に代表されるような語りだしの定型句があり、最後も「めでたし」あるいは「どっとはらい」などの定型句があるが、必須というわけではない。昔話では時と場所と人物を特定しないで、「昔あるところに、爺と婆が」というので、神々の名前と機能を特定しようとする神話にはならないとも思われるが、「夜ごとみしらぬ男が娘のところへかよってきた。あるとき、男に素性をたずねたところ、あした櫛の箱を見るようにといった」という語り方なら昔話であると同時に、三輪山神話にもなりうる。クレフシヤマ説話も山の名前を特定しなければ、蛇息子の昔話である。どんどん大きくなって育てられなくなったので山へ放したという「蛇息子」の昔話は数多くあるが、「それがクレフシヤマだ」といえば神話になる。また、昔話はこれこれだという言い方は人工的で、多くの昔話から共通する形式をとりだしたもので、例外的な昔話もいくらでもある。

　神話のみならず伝説では時と所と人物を特定する。源義経が鵯越で、とか、源平合戦で、というのだが、神話ではスサノオがどこそこで、とあえていわなくとも、「天の神が」とか「雨の神が」と、特定しながら、名をあげずにすますこともできるし、「王様が宮殿の池で」と言ってもいいのである。むしろ、歴史伝説で、時と所と名前を特定するのに対して、神話では昔話風に、「昔、王さまが」、というように抽象的に語ることもある。

I-1-3　神話と宗教

　罪と罰について考えると神話と宗教の違いがはっきりする。宗教、とくに啓示宗教ではモーセの十戒のように「なになにをしてはいけ

ない」と定められる。一方、神話はとくにそのような戒めをさだめない。あえて言えば、神話には不可解な禁忌が見られる。「見るな」、「言うな」というような禁忌は神話の基本だが、それは宗教的戒律ではない。人倫にそむく罪でもない。さらには神がときおりいきどおって神罰をくだすことがあるが、たとえば、神より音楽が巧みだと自慢した男が皮をはがれて殺されるようなもので、理屈も倫理もなにもない。神の怒りをこうむって罰をうけたのだ。たたりだといってもいい。

　神話とそれ以後の制度や考えかたを区別するもうひとつのものは法律である。神話の世界には法律はなかった。地上の人間たちの社会の秩序をたもつために法がさだめられ、それに違反すると「犯罪」となり、それにたいしては「刑罰」が課されるのである。法社会ができる前は、宗教が戒律をさだめていた。しかし宗教上の罪は罪障・罪業であり、その罰は死後の劫罰である。地上の法は死後までは追及しない。生きているあいだの懲役であり、あるいは死刑である。宗教では生きているあいだの人間に罰を課することはない。そして神話の神々は、人間が神をないがしろにしたようなときに神罰を下すが、罪というよりは過誤であり、傲慢であり、あえていえば罪過で、それに対する罰が神罰である。まちがっても刑法でいう「犯罪」「刑罰」という概念を神話にもとめてはならない。

　宗教では「殺すなかれ、盗むなかれ、姦淫するなかれ」という。神話ではゼウスの行動などを見ればわかるとおり、男神が女を愛すること、女神が青年を愛することはまったく自由で、その対象が地上で婚姻のきずなでむすばれていようがいまいが一向に関係がない。盗みが罪であれば、イアソンがコルキスへ行って黄金の羊を取ってきたのは立派な窃盗罪だが、それを裁くのは地上の法で、神話で

ヘルメス

はイアソンは手柄をたてこそすれ、罪にはならない。ヘラクレスが黄金のリンゴを取ってくるなどというのも同じである。私有財産制がはじまって、はじめて窃盗が成立する。ヒッポリュテの帯だってアマゾンの女王の帯である。取ってくるといっても強奪である。狩猟文化のころは、山野の獣を殺してもだれも文句はいわない。そのうち、あらゆるものに所有権が発生し、牛でも羊でも豚でも飼い主がいれば、それを殺して食べてしまえば問題となる。ヘルメスがアポロンの牛を盗んだときはアポロンが賠償をもとめたが、竪琴を与えて解決した。紛争にはなるが罪ではなかった。ちなみにヘルメスは泥棒の神である。オデュッセウスの部下がヘリオスの牛を食べてしまったときはヘリオスが怒ったが、盗みとはみなされない。黄金時代は山野に自然の実りが豊かで、人は労せずにそれらを取ってすきなだけ空腹をみたしたのである。水や空気と同じく、食べ物も万人のものだった。土地だって私有物ではなく、神々も地上の土地の権利など主張しようとは思わなかった。狩猟時代はあらゆる生き物を殺して食べていた。動物は生きるために殺しているので、殺しが罪だなどといっても、動物たちには理解できなかった。エジプト神話では「おそろしい女神」セクメトがライオンになって人間たちを貪り食った。これは殺害ではなく、洪水と同じ、浄化だった。人間た

Ⅰ-1 世界神話へむけて

ちが悪行にふけるのでいったんこれを地上から抹殺して人類をつくりなおそうというのが、神が洪水をおくる場合の論理で、セクメトの虐殺もそのひとつだった。神々は巨大な体軀をしていると想像されていた。人間などはその足元でふみつぶされるアリのようなもので、人間がアリをふみつぶしても生類の殺生の罪に問われることがないのと同じく、神が小さな人間をふみつぶしてもだれもなにもいわなかった。神を祀るにあたっては生贄をささげた。原初の生贄は人間でもあった。神にささげられた人間はむしろ幸福な死をよろこんだのである。

　犠牲は牛であれ、人間であれ、あるいはモースが言うように最大の犠牲である神であれ、生贄を捧げるのは宗教の最大の儀礼である。祈願の場合もあるが、多くは罪の清め、贖罪のためで、山羊であれば、それに罪をおわせて追放した。牛や馬であれば、清めの儀式で罪障を取り去って、神として犠牲にした。神話では、イピゲネイアのように犠牲になった乙女が鹿ですりかえられる話などが語られる。聖書でもイサクの犠牲が羊ですりかえられた。実際の宗教儀礼では血がながされる。神話では贖罪の山羊に相当するオレステスも結局は清められて許される。しかし宗教であれば、許していたのでは儀礼がなりたたない。たとえば日本では播磨の讚容郡で鹿をとらえて腹をさいて血をながして、そこに種をまいて豊作をいのったという。それを神話として、鹿をとらえたが、腹をさかずに放してやったというのでは豊穣儀礼がなりたたない。儀礼は最初の神話を反復する。神話は最初の物語を純化する。

　かつての神話学では、ハリスンの『古代の芸術と祭祀』によって神を祀る歌舞の所作（ドロ―メノン）がドラマになったという「芸術の儀礼発達説」を後生大事にとりあげるものが多かったが、それ

Ⅰ──世界神話

はドラマの起源としてはともかく、神話の発生の説明にはならない。神話はなんといっても所作ではなく言葉なのである。またその場合、神話をミュトスとして、ロゴスと対立するものとする説も一知半解である。まず、「神話」をなぜギリシャ語の「ミュトス」でいいかえなければならないか、日本語の「民話」「神話」という語はなぜいけないのかが説明されない。「神話」は神をたたえる言葉であり、単語や叫びではなく物語である。しかし「昔話」のように「嘘ばなし」ではなく、真実の語であり、世界観をあらわすものである。すなわちロゴスと対立してミュトスには思想がないなどというのは根本的にまちがっている。「神話」は世界観の言語的表現で、人間的秩序をこえた宇宙的秩序を「神々」というフィクションで語るものである。その世界は大江健三郎の言うような村の小宇宙ではなく、全世界であり、したがって神話は究極的に世界神話で、各国神話はその普遍的な世界神話を個々の言語で語る地域的ヴァリアントである。村の小宇宙でも、大宇宙と照応するミクロコスモスなら世界がそこから見えてくる。しかし現実には、人々の世界観はせまい風土に限定され、世界神話の地域的表現としての各国神話はかなり偏頗なもの、極限的なものとならざるをえない。

　宗教は教祖がうけた啓示をつげ、人々に行動基準をおしつける。法制度と同じく、人間の行動基準の規定が宗教の基本である。その規定を遵守させるためには死後の劫罰をもって脅す。神話は神々の世界を描くが、それはかならずしも死後の世界ではない。エジプトの死者の書ですら、そこで描かれる神話は神々の世界の物語で、現世ではうかがうことのできないその神々の世界を、死後、えらばれたものは覗き見ることができ、あるいはそこに参加することさえできるという。それはキリスト教的な、あるいは仏教的な地獄ではな

く、むしろ至福の世界である。ただし神々の世界は人間たちの生き方の手本になるようなものではなく、またそのような意図で描かれたものではない。世界の始まりを語り、太陽の死と再生を語っても、それと人間の倫理とは関係がない。神話には世界の成り立ちや構造についての思索はあっても人間の行動原理についての規定はないのである。

I-1-4　神話と叙事詩

　現在、『ギリシャ神話』とされているものの大部分は、ホメロスの二大叙事詩『オデュッセイア』と『イーリアス』に含まれる。『インド神話』もおなじく二大叙事詩『ラーマーヤナ』『マハーバーラタ』によるところが大きい。中央アジアのチュルコ系民族には神話は残されていないが、叙事詩『マナス』『ケサル』などが神話的に語られている。しかし『ニーベルンゲンの歌』『ロランの歌』そしてわが国の『平家物語』などは神話とは一線を画するとみられる。それはたんに成立年代の問題だけではない。イランの『シャー・ナーメ』ははたして叙事詩なのか、神話なのか、『平家物語』はそもそも叙事詩なのか。メソポタミアの神話とされる『ギルガメシュ』は叙事詩なのか、神話なのか。イギリスには神話はないといわれながら『ベーオウルフ』がある。これは神話ではなく、叙事詩なのか。いったい叙事詩とはなにか。武勲詩とはどう違うのか。これは文芸理論による定義では答えにならない。

　まず叙事詩は歌である。『平家物語』は琵琶の弾き語りである。その内容は源平合戦や安徳天皇の入水など、史実である。『ロランの歌』もシャルルマーニュやロランは歴史上の人物であり、ロンスヴォーの戦いも実際にあった戦いのようである。『ベーオウルフ』

Ⅰ——世界神話

『ニーベルンゲン』となるとどのくらい史実に即しているかわからないし、『シャー・ナーメ』『ギルガメシュ』では純然たる神話的主題とも思われる。『オデュッセイア』でも『ラーマーヤナ』でも登場人物はおおむね人間たちだが、神々が頻繁に介入し、超自然のことがらが次々にでてくる。歌であるというなら、ヘシオドスの『神統記』も詩である。詩でないというなら、『元朝秘史』や『三国志』は詩ではなく、なかば歴史である。朝鮮の『三国遺事』は歴史より神話に近い。すくなくとも、『日本書紀』の神代の部に相当するところは始祖や英雄の話でも天郎と河伯の娘柳花の結びつきや、金の蛙の王、金の卵から生まれた王子などは神話である。

　『三国遺事』は日本の『日本書紀』などと同じく、神話時代からはじめて三国、すなわち高句麗、新羅、百済のはじめのころまでを叙述した神話を含んだ年代記である。ペルシャの『王書』はその神話の部分を欠いた年代記だが、その記述は歴史時代にいたるまで神話的である。中国の『三国志』は明らかに『史記』につぐ歴史書である。『三国志演義』は小説である。『楚辞』の「天問」などは神話である。『呂氏春秋』にも神話的要素があろう。後の『西遊記』『封神演義』などは小説であり、『聊斎志異』は小説的説話集、『酉陽雑俎』は古説話集である。いわゆる神話の古典はうしなわれたとされるが、『楚辞』などの神話的テクストと、『史記』などの歴史、『酉陽雑俎』などの説話集、『西遊記』『聊斎志異』などの小説、とそろった中国の古典を見ると、ヨーロッパの『ニーベルンゲン』や『ベーオウルフ』をどこに位置付ければいいかがわかってくる。形式が韻文か散文かは問わない。その前に古典「神話」があるかどうかも別である。古典神話らしいものがないところで、多少とも神話的な素材をあつかったテクストがあると、それをその地の「神話」としたがる

ものだが、『ベーオウルフ』は8世紀の英雄叙事詩であり、かなり文芸化されたものとみられる。また古英語で書かれているが、物語はデンマークで展開し、主人公ベーオウルフはスカンディナビアのイエーアト人である。これをもってイギリスの神話とすることはできない。ゲルマン伝説をもとにイギリスの詩人が語った叙事詩である。

次に『ロランの歌』はどうか。フランスではこれは「シャルルマーニュのサイクル」の武勲詩とされる。アーサー王物語の同類とするのだが、それよりは史実に近いだろう。小説なら歴史小説というところである。

『ニーベルンゲンの歌』には歴史性はとぼしいが、神話性もとぼしい。ゲルマンの伝説、あるいは英雄神話をふまえているが、後にワグナーが翻案するような文芸化がすでになされていて、文学作品としての性格がつよい。

ギルガメシュを神話とし、ホメロスを神話をもとにした叙事詩、ロランの歌を歴史を基にした叙事詩、ベーオウルフを小説的叙事詩とすると、叙事詩でも内容によって神話であったり、小説であったりすることがわかる。

『シャー・ナーメ』は年代記的叙事詩であろう。いずれも地域的かつ歴史的特性をしめして、世界のほかの地域の神話や伝承とは形式やカテゴリーでは同様でも、内容は独自のものである。白髪の英雄ロスタムの冒険はまさに独特である。

ホメロスも『マハーバーラタ』も叙事詩である。『ニーベルンゲンの歌』も同じだ。『平家物語』は琵琶法師による語りもの文芸だが、韻文ではないので叙事詩とはいわない。「ギルガメシュ」も叙事詩という。韻文であり、歌われたものと考えられている。『平家物語』は「語り」であり「歌」ではなかった。日本では『万葉集』

I──世界神話

には長歌もふくまれているが、『古事記』は散文であり、その後、物語の祖とされる『竹取物語』も散文である。叙事詩はまず歌であり、ついで文芸であった。書承ではなく、口承だったが、後に書物の時代につくられた叙事詩は書物として流布した。神話も歌われることもあったが、特定の作者による文芸作品ではなく、集合的口承伝承だった。ホメロスは内容的には神話をとりあげるが、記述はホメロスという作者の手になるものである。リョンロットの『カレワラ』も、民衆の口承伝承をうけついでいるといっても、リョンロットという作者の個性、文体をぬきにしては語れない。叙事詩とは神話的文芸であり、個人の作者を想定する。アイヌの「ユーカラ」には個人の作者は知られていないが、集団の語りであるよりは個人的な歌であり、文芸作品に近いとみなされる。叙事詩は文芸であり、韻文であり、神話的物語を文芸化して語る。神話はむしろ昔話のひとつのような集団の口承伝承で、特定の作家をもたない。しかしギリシャ神話はホメロス以下、ソポクレスらの悲劇でもすべて文学であるといってよい。アポロドーロスは散文で、あまり文芸化はされていないが、これははじめから書物として書かれたものである。今日伝わったものではほかに『ホメーロス讃歌』とされるものがあり、それぞれの神についての讃歌で、33編が知られているが、叙事詩の朗唱にさきだってそれぞれの神がでてくる場面の前に歌われたのではないかとされている。悲劇が純然たる劇作品であるように、叙事詩や讃歌も「作品」であった。またそれも劇場などで朗唱されるような演劇的パフォーマンスだったと思われる。ただ、演劇が数人以上の俳優を必要としたのに対し、叙事詩は一人で朗唱、あるいは歌唱され、劇場ではなくとも歌われた。王たちの館などで叙事詩人がよばれて竪琴などにあわせて朗唱されることが多かったようであ

る。物語はだまって読まれるもので、その点が異なっていた。

　もともとは無名の神話語りが神話を語り、民衆の間で伝わっていったが、叙事詩人がそれを韻文にし、朗唱することで、固定し、悲劇詩人の解釈をへて、演劇になっていった。ただ演劇の場合は、後には作者とは別な演出家が独自の解釈をほどこして演出するようになり、叙事詩も作者と伝承者、すなわち遍歴の歌い手が異なる場合が普通になっていった。神話は叙事詩や悲劇にとりいれられない場合、『古事記』のように国家の年代記として編纂されなければ、民間の口承伝承にとどまり、昔話と区別されないまま断片化する傾向があった。しかし、ホメロスのような有名な職業詩人が創作したものは分類がむずかしい。神話は無名で、民衆のうち任意のひとりが語りだしたものを人々が語り伝えていって固定するものである。それが基盤にあって、後に国や王が、その国の年代記を策定させようとして世界の創世からはじめて語りだし、それを書物にまとめたときに、それまで自発的に民衆のなかから生まれた神話がとりこまれるなら、編纂者がいてもやむをえない。ホメロスの場合は、「ホメロス」という名前の不特定多数の叙事詩人、あるいは、無名の民衆がいたのだともされていて、詳細は不明である。しかし、『オデュッセイア』『イーリアス』の最初から最後まで首尾一貫した物語を指すときには、これは「文芸」というのがふさわしい。その中にとりこまれた個々の神話は神話だが、それを組み合わせた総合体は「作品」なのである。『マハーバーラタ』『ラーマーヤナ』も同様である。それは断片的な神話によって構成された「作品」である。『マハーバーラタ』の最後にパンドゥー族が町を捨てて、山にのぼってゆくところは、「作品」の「結末」であり、かならずしも「神話」ではない。『ニーベルンゲンの歌』でも、ブリュンヒルデの復讐の物語と

Ⅰ——世界神話

してよめば、文学的構成意図をもってつくられた「作品」である。ジークフリートとファフニールの戦い、あるいはブルグンドとフンの戦いとして読めば、国家的叙事詩であり、そこにちりばめられた超自然的な神々がかかわる物語は神話である。キルギス族の民族叙事詩といわれる『マナス』や、モンゴル族のチンギス・ハーンの一代記のようなもの、あるいはスラブの『イーゴリ公記』などは英雄の一代記で、神話より年代記の性格がつよくなろう。チンギス・ハーンや『イーゴリ公記』『元朝秘史』『原初年代記』のようなものは、王朝や一族の神話的年代記の性格がつよくなる。すなわち、叙事詩であれ、叙事文学であれ、世界のはじまりから終わりまで語るものは神話であり、王朝の始祖から現在までを語るものは年代記、英雄の一代記であれば伝記である。ただ、英雄の一代記でもそれを神々の物語とし、また世界全体の意思にかかわるように語るときは神話的な広がりをもつに至る。『平家物語』は一族の盛衰記であれば神話ではないが、それを宇宙全体のドラマの投影のように物語るなら神話性を獲得するだろう。『西遊記』『封神演義』あるいは民間伝承の文学化である『白猿伝』などはどうだろう。時代はくだっても神話的モチーフ、宇宙的広がり、超自然の介入をもち、世界の成り立ちを説明するものであれば「神話」であろうが、宗教や法律といった別な論理が超自然を説明し、解釈し、裁断するときには神話ではなくなる。人物の心理を追求し、描写や語りに審美要素が優越してくれば文学である。主人公が個人であるか、民族、王統、国家であるか、宇宙、あるいは神々であるか、物語の統一論理が法か、宗教か、神々の意思あるいは宇宙意思であるか、語り口が美妙ないしは面白おかしいか、物語の筋を追う荘重な叙事か、神々や自然の驚異に対する畏怖の念と敬意に満ち、ときに神がかりのエクスタシーを

I-1-5　大神話

　エジプト、ギリシャ、インド、北欧にはまとまった神話が残された。メソポタミアでは粘土板が発掘されて、『ギルガメシュ』『エヌマ・エリシュ』などが発見され、ヒッタイトやカナーンにも神話があったことが知られるようになった。カナーンはシリア、フェニキアの神話と共通するものと思われる。が、カルタゴでは、そのフェニキアの神話がうけつがれたと思われるものの、痕跡をとどめない。失われた神話としてはスキタイの神話がある。オセット族のナルト神話はそれをかなり保存していると思われるが、バトラスやソスランの神話にとどまり、世界観をあらわした神話は残されていない。グルジアやアルメニアでは同じ系列のはずながら、残された断片的な神話はほとんどナルト神話と共通性をみせていない。スラブ諸国も古典神話はなく、民間神話として森の妖精の物語などが残されているくらいである。ケルト神話は大陸では文字資料には残されず、アイルランドとウェールズで断片的な英雄伝説が残された。中国では、孔子が「怪力乱神を語らず」と言ったというように古典神話が否定され、『楚辞』などに断片的に残されているだけだが、それでもかなりのものをうかがい知ることができるし、南中国のミャオ族などの神話も収集されている。朝鮮半島では『三国遺事』などに神話が残されていて、とくに始祖伝承がゆたかである。アフリカ、オセアニア、シベリアには古典神話はなく、民間伝承が部族ごとの世界観を伝えている。ただしアメリカでもマヤ、アステカにはスペイン人の到来にさきだつ時代の資料がかなり残されている。

　ヘブライ民族の神話は『聖書』に利用されて残された。また、ユ

Ⅰ ── 世界神話

ダヤ人の宗教はヨーロッパに展開したあいだ、スペインやドイツで特殊な展開をした。その「カバラ」の神話を復元することができるかもしれないが、まだ、確定した神話体系にはなっていない。

ヨーロッパに展開した少数民族ではスペインとフランスにまたがるバスク族に独特な神話があり、ロマ、すなわちジプシーにも古典はないが、口承伝承にやはり特異なものがある。フィンランドは周囲のゲルマン系とは異なった文化をもっていたが、19世紀になってから彼ら独自の神話をリョンロットが『カレワラ』にまとめた。リトアニアには独自の神話が多少残っている。ほかのゲルマン系以外のヨーロッパではスラブとフランスが独自の神話をもっている。ルーマニアにもダキア人などの先住民族の神話があったと思われるが、大半は失われている。

アラビアの諸民族はイスラム教布教以前の古典神話を捨ててかえりみなかったが、イスラム後の物語世界としては『千一夜物語』をもっている。ただしこれを「神話」というのはいささかためらわれる。

大神話に属するものではローマ神話があるが、ギリシャ神話と習合して、ローマ独自のもの、あるいはローマ以前のエトルリア神話は保たれなかった。ただしオヴィディウスの『変身物語』は、ギリシャ神話をローマ風にアレンジしたもので、ギリシャには本来なかった話や解釈がみられる。ギリシャ神話にはまたアナトリアのプリュギア、リディア、あるいはヨーロッパ側のトラキアからもたらされたものもあった。オルペウスやキュベレ神話はギリシャにとっては外来神話だった。

ペルシャ神話もインド・イラン神話とまとめることもできるが、ゾロアスター教による新解釈がくわわったり、さらにペルシャ王国

が勢いをふるったときに、キュロス王やダリウス王の事績が神話化されて、インド神話とは異なったものを構成している。

I-2　地域的諸問題

　世界に共通の神話があると言っても地域的偏差があり、神話が失われた地域もある。

I-2-1　フランスの神話
　ギリシャやエジプトのような古典神話はフランスでは残されなかった。しかし、古いフランスのことを指すガリアの地では大陸ケルトの神話があり、鹿神ケルヌンノス、馬女神エポナ、そして鍛冶神スケルルスや、光の神ルーク、雷神タラニスなどがいたし、アルデンヌの森にはアルドゥインヌという土地の女神がいて、猪の姿で疾駆していた。セーヌ川にはセクイアという女神がいて、舟にのって川をゆききしていたし、ピレネーやアルプスには山々を支配する土地の神がいた。その後、ローマ人がやってくると、ローマの神話が導入され、ガリアの神話と融合してガロ・ロマン神話をつくった。ひとびとは山の上にローマ神話の神ユピテルの神殿をたて、あるいは軍神マルスや商業その他の神メルクリウスをまつった。また、ケルトの神々とローマの神々の対応表も作られた。アポロンの配偶者としては蛇を手にもつシロナという女神がつくられた。やがてゲルマン族のフランク人がやってくると、あらたな神話として巨人王ガルガンチュア、蛇女神メリュジーヌ、湖の婦人や、竜宮の女神モルガーヌ、あるいは森の神メルランなどが、アーサー王伝承や聖杯伝承などの騎士物語に組み入れられて語られた。アーサーや聖杯

Ⅰ——世界神話

ロムルスとレムス

の物語自体、南フランスでもともと語られていたものが、吟遊詩人たちの手でイギリスやドイツにもたらされ、それぞれの国で文芸化されたものだった。

　フランスではいちはやくキリスト教を受け入れたこともあって、古い民族固有の神話は抹殺されたり、ゆがめられたりした。鷲鳥妖精ペドークは山の洞穴に住んで、人里を訪れた。女たちの糸紡ぎなどを見回りに来るアリ叔母さんは、ドイツのホレ叔母さんの親類だったろうし、豊饒女神アボンドはケルトの大母神の末裔であり、光の女神ペルヒタはフランスではベルト女王という名前になったりした。そしてもちろん水の彼方には妖精の国があって、うつくしい妖精が永遠の若さを誇っていた。森の泉にはときおりその妖精があらわれて輝く裸身をさらして水浴をしていた。白鳥妖精の姿を借りて、羽を岸辺にぬいでいることもあったし、蛇女王ヴィーヴルであれば、ザクロ石の冠をぬいで女の姿で水浴をしていたこともあった。その裸の妖精を抱きしめて愛をゆるされれば、いつでも妖精をよびだすことができた。ただ、その秘密を人に語ってはならなかった。妖精の世界でお産があるときは、地上の産婆がよばれてゆくこともあった。お礼に、けっしてなくならないパンの塊をもらったりした。妖精が地上のお産によばれたときは、お礼に「妖精の贈り物」をした。いつま

でも若く、うつくしいように、とか、しあわせな結婚をするようになどという「贈り物」をもらえばいいが、妖精の機嫌をそこねたときは、14歳の年に永遠の眠りにつくようになどという「呪い」をもらうこともあった。フランスではそれらの妖精の物語は中世説話や昔話として語られたが、妖精が神であれば神話だった。「出産のときの贈り物」も産育神を祀る儀礼からでた神話だった。妖精だけではなく、魔女の神話もあったし、妖怪の神話もあった。セビヨの『フランスフォークロ』全7巻にはグリムの『ドイツ神話学』に相当する各地の民間神話が集められている。

I-2-2　ローマ神話

「世界神話」を考えるときに重要なはたらきをするのが「ローマ神話」である。一般的に「ローマ神話」というと「ギリシャ・ローマ神話」とくくられて理解されている。そしてゼウスがユピテル、アルテミスがディアナ、アプロディテーがウエヌス、ディオニュソスがバッコスとなるなどと、異称の対応表が付されて、ギリシャ神話をローマ風にかきなおしたオヴィディウスの『変身物語』などが主たるテクストとみなされる。しかし、じっさいは「ローマ神話」というものはギリシャ神話とは別なものとして存在したのである。その別なものが一緒になったのが「ギリシャ・ローマ神話」で、それはギリシャ神話ともローマ神話とも異なるものである。ローマはギリシャより遅れて成立した。いつ、どのような民族によってそれがつくられたのかということはむずかしい。神話では捨て子だったロムルスが狼にそだてられた後に、ローマを作ったとされる。この話はもちろんギリシャ神話にはない。その後、ローマは世界帝国をつくり、ギリシャを帝国にくみいれ、やがて、ギリシャ人たちが古

I ── 世界神話

代ギリシャ文明をうけついで、それに東方の諸文明もとりいれながら文化の都であったコンスタンティノープルを首都として「東ローマ帝国」をつくった。この段階で、征服者が被征服者の文化を自分のものとしてとりいれたのである。征服者が文化的には被征服者になった。しかしその前から、ローマはギリシャ文化を貪欲に吸収していた。神話でもギリシャ神話のローマ神話への採り入れがすすんでいたのである。もともと別なものだったローマ神話とギリシャ神話が、ローマが後進国であった時代からギリシャを征服した時代までにさまざまな形で融合していった。日本が中国や朝鮮の神話を採り入れて、古来の日本神話の上に「日中朝神話」をつくったようなものである。じっさいは日本はローマのように隣の先進文化を征服支配したりすることはなかったから、「ギリシャ・ローマ神話」のようには「日中朝神話」は形成されなかったが、そこには共通の要素が散見されるのである。高い文化はかならずその近隣に広まってゆく。ローマはギリシャ神話を受け入れてあたらしい神話をつくる。その後、ローマがガリア（大陸ケルト、今日のフランス）を支配すると前述のように土着の神話とローマ神話が融合した「ガロ・ロマン神話」が形成される。そのような近隣神話の伝播・融合のもっとも顕著な例が「ギリシャ・ローマ神話」なのである。ゼウスの神話がユピテルの神話と融合してあたらしい神話をつくりだす。シュメールとバビロニアでは、古い神話があたらしい王朝によって吸収された。インドとイランでは同じ神話がときに善神と悪神が役割や解釈をかえて移植される。孤立した神話はなく、それぞれの神話がギリシャ・ローマ、インド・イラン、シュメール・バビロニアのように、近隣に拡がってゆき、相互に採り入れられて融合してゆく。メソポタミアではアナトリアにヒッタイトが生まれ、シュメール・バビロ

ニア神話を採り入れながら、かなり独自な神話を形成した。シリアではそのメソポタミア神話をうけついだ古代フェニキアの神話がカナアン神話として形成され、フェニキアの植民地カルタゴにも輸出され、また、近隣のヘブライ民族にも影響をあたえて、ユダヤ教をつくりだしてゆく。そこではインドとイランにおけるような同一神格の逆転現象も往々にしてみられ、最高神バアルが悪魔になったりした。これとエジプト神話も、モーセたちがエジプトにとらわれていた話にあるように、密接な関係にある。ファラオはパロという名前で聖書に登場し、イエスとマリアもヘロデ王の幼児虐殺をのがれてエジプトへ逃避したりする。ユダヤ教はキリスト教に採り入れられて後にヨーロッパ全域を支配するが、エジプトとギリシャ、メソポタミアとギリシャも同じ神話を共有していた。あるいはアナトリアのキュベレ、トラキアのオルペウスなどはギリシャ文化圏の拡大とともにギリシャ神話に吸収されてゆく。現在ではインドからアイルランドまで共通のインド・ヨーロッパ神話が見られるとされるようになったが、そのなかでもギリシャ・ローマ神話がもっとも顕著な神話の伝播と融合の例を見せているのである。

　ただし、ギリシャ神話がめだつせいか、ローマ神話のほうは忘れられがちである。アイネイアースがトロイから逃れてローマの祖となった話、女神アンナ・ペレンナ、あるいはオプスなどはローマで国家的祭祀の対象となる女神である。

　火の女神ウエスタはギリシャのヘスティアに相当するが、役割はかなり異なっている。農業神サトゥルヌスはギリシャのクロノスだが、性格はちがう。カルナ、ヤヌス、コンコルディア、テルミヌス、パレース、フォルトゥナ、ラレース、ゲニウス・ロキなどがローマ独自の神である。大半は家つきの霊のような下級神である。ギリ

I ——世界神話

シャでもアガトダイモンという精霊が、家についたり、人についたりして、人の目にはふれないまま、その家や人の運勢を左右したりしたが、ローマにはその種の精霊がたくさんいた。ギリシャではニンフとか、ファウヌス、あるいは木々の精ハドリアヌスといった集合的な自然の精霊がいて、ローマではむしろ都会や家々のなかにそれらの精霊がすみついていたのだといえるかもしれない。

ウエスタも家庭内で祀られたが、ラレースなどでも、公の祭祀はされなかった。しかし公の祭祀としてはバッコス祭もあったし、なにより、クイリヌスという神の祭祀が重要だった。デュメジルも『ユピテル、マルス、クイリヌス』という本でそれについて論じているが、一般にはよく知られていない。マルスと同じ戦の神ともいうし、第三機能の生産にかかわる神だともいう。デュメジルはまさにこれを農業神としているのである。

どうやらローマにはローマ本来の神々がいたようである。それがギリシャを帝国に併合することによってギリシャ神話と習合し、あるものは外来神としてあらたに受け入れ、あるものは、ユピテルやディアナのようにギリシャの神と同一視しながら、オプス、クイリヌスのようにローマ古来の神はそのまま保たれた。ギリシャ神話は主要なものはすべてローマに受け入れられ、ローマ古来の神話に追加され、あるいは上書きされたのである。たんに隣りあっていただけではなく、軍事的、政治的に併合して、ひとつの国になったと同時に、文化的にはむしろギリシャ化した部分もあって、ギリシャ神話がローマ神話に移行する。中国とインドなどでも同じことがおこっても不思議はないのである。「インド・中国神話」といった概念はまだだれによっても打ち出されていないが、ブラフマン、インドラ、シヴァが梵天や帝釈天や自在天などになり、サラスヴァ

ティーが弁財天になるというような「解釈システム」は、ふたつの神話の融合をしめしている。もちろんインドにおいて、仏教が成立したときに、古来の神話がとりいれられていって、それが中国へ伝わったのだが、仏教というインド宗教の伝播とは別に、ヒンドゥー神話も漢訳されて中国に伝わるのである。同じことが日本の「神仏習合」でもみられる。

　インドは中国の方向だけではなく、まずはイランの方で「インド・イラン神話」を形成し、イランはより西のアラビア世界と接触することによってペルシャ・オリエント神話を形成、それがギリシャ神話に受け入れられて、アナーヒーター、イシュタール、イナンナ、アスタルテ、アプロディテーという一連の女神などを形成、それがローマのウエヌスまで連なるのである。ちなみにアスタルテはエジプト神話でも神とされている。

　問題は、これらゆたかな神々をもったローマ神話がなぜ、ギリシャ神話と融合し、それに吸収されてしまったかのような観を呈するのかということである。そこでは世界的にいたるところでみられる法則、つまり軍事的征服者は文化的に被征服者になるという原則があてはまるかもしれない。荒くれものの騎馬戦士が富裕な農耕文化地帯に侵入して征服し、略奪をほしいままにする。ただし、その富をこれからも長く手にいれようと思えば、農地は破壊せず、農民も大事にして、いままでどおりに農耕によってゆたかな富を生産させ、その収穫を収奪するにこしたことはない。その場合、豊穣祈願の儀礼なども、豊作のために必要だとなれば受け入れる。農民の風習、文化はそのまま採用されるのである。ギリシャはかならずしもゆたかな穀倉地帯ではなかったが、一方のローマが世界に冠たる軍事国家だったことはまちがいない。農業国としてはむしろギリシャ

I ── 世界神話

より進んでいたのだが、それより都市文化としてのギリシャの演劇や詩や哲学がローマ人を幻惑した。ギリシャ文化はローマによってうけつがれ、そのままヨーロッパ文化の母体となったのである。豊穣神、地霊、家付きの精霊などはローマのほうが盛んに崇拝されていた。しかし、天空神としてのゼウスを中心にしたオリュンポス神族たちの秩序とヒエラルキー、そして彼らがあらわしていた世界観はローマの素朴な自然霊信仰には知られていないものだった。ローマはギリシャ文化を吸収することに夢中になり、帝国の東の中心地コンスタンティノープルはギリシャの文化人、芸術家のメッカとなった。そこではローマ帝国の首都であるにもかかわらず、ギリシャ語が公用語になったのである。当然、神話も先進国の神話として敬意をもってローマ人たちに受け入れられた。

ローマが占領したガリアでも、フランク人たちはケルトやゲルマンの神話より、ギリシャ・ローマの神話を優先させ、ガロ・ロマン神話をつくりだした。これはギリシャ・ローマ神話のヨーロッパ版だった。ガロとはケルトの意味で、ケルト・ローマ神話だった。ユピテル、マルス、メルクリウス、あるいはウエヌス、ユノらは、タラニス、スケルスス、トゥタテス、ブリギッテなどの土地の神々と習合した。またケルヌンノス、エズス、エポナなどの在来の神々もオリュンポス神族の構成と同じような原則によってガリアのオリュンポスを構成した。ただ、これは文字でしるされることがなく、碑銘や神像もその後導入されたキリスト教によって破壊されて残らなかった。

ただ、ローマ人たちがギリシャを征服してその地の神々とローマの神々を習合させたときから、異なった文化の神々が究極的には同じ世界神話の神々の地域的偏差であることがわかったのだった。

I-2-3　北欧神話とゲルマン神話

　地域ごとに別々な名前の神々がいたのが、交易や軍事統一などによってひとつの世界を作って行く過程で統一されてゆくということは、ローマとギリシャの融合、その後のローマによるヨーロッパ支配などの過程で証明されていった。それぞれの地域の民がそれぞれの言葉をつかいながら、結局は同じ神をあがめているということがヨーロッパでは文化の融合によって知られていったのである。ギリシャ神話にメソポタミア神話が入り込んでいるということも理解されていた。ゲルマン社会ではヨーロッパの各地に展開したさまざまな部族がそれぞれにちがった言葉でちがった名前の神々をあがめていたが、ゼウスがユピテルであるように、ゲルマンではヴォータン、北欧ではオーディンがゼウス＝ユピテルと同じような役割を果たし、アレスやマルスのような軍神に相当する神も、ウエヌスやアプロディテーに相当する美と豊穣の神もいるとみなされたのである。そこで神々についてはゲルマンと北欧の国々の違いはほとんど問題にならなかった。とはいっても、スウェーデン語とドイツ語はだいぶちがっている。ノルウェーでも、アイスランドでも、さらに言葉はちがっていたが、神々は多少の名前の変化だけでどの地域でも同じ神々がいるのである。ドイツやスイスからオランダをへて、ノルウェー、スウェーデン、アイスランドまでの広範な地域に、それぞれの言語の違いをこえて、同じゲルマン・北欧神話が広がっている。ギリシャ・ローマ神話はガロ・ロマン神話を生み出し、ゲルマン・北欧神話を成立させたのである。スウェーデン神話とかアイスランド神話というように国の名前で神話を語るものはいない。そのかわりにゲルマン・北欧神話があるのであり、それこそ世界神話のひとつなのである。北欧に隣接するバルト諸国はスラブ神話の系のなか

に入る。これはロシア・東欧神話といってもいい。ヨーロッパではもうひとつフィンランドとハンガリーにフィノ＝ウゴール神話がある。スペイン、イタリアはフランスとともにロマン神話を構成するとも言うが、スペインのケルト文化は広い意味でのガロ・ロマンに入るし、イタリア中世の文化はフランク王国の文化の一部ともみなされるのである。

I-2-4　中国神話

　日本の弁財天がインドでサラスヴァティーであるというようなことをローマ神話の項でのべたが、そのようにインド神話を受け入れた中国でも、多様な神話の習合がみられた。仏教がまさにインドから来たが、インド国内ではそれ以前のバラモン教の神々は「天部」となり、古来の神話にとけこんでゆく。その古来の神話には、道教もはいりこむ。それらの諸宗教の習合にあたっては日本における本地垂迹説のような理論化もこころみられているだろうが、また地獄の十王のように、さまざまな神格を追加してひとつの機能を多様な出身の複数の神格にになわせることもあった。閻魔はインドのヤマからきているが、仏教説の性格より、民間伝承の地獄の神の性格がつよく、道教においては泰山府君の下におかれる。インド神話、仏教神話、道教神話、そして中国古来の民間神話がならびたって十王になるのである。それをさらに弥勒菩薩、薬師如来などと習合させるのである。西王母などについては道教神話とも、古代民間神話とも目されるが、最近はオリエント神話の影響を見る説もある。あるいはチュルコ・モンゴル族、北辺のツングース族などとの交渉によるそれらの神話要素の借用もあろう。民族的にも漢民族の伝承のほかに中国北方民族、南方民族がそれぞれ部族ごとに神話伝承をもっ

Ⅰ-2　地域的諸問題

ていた。

Ⅰ-2-5　神話のない国

　世界に神話のない国はないはずでありながら、古代の初期王朝によっても、近代の文筆家によっても、あるいは外国の民族学者によっても「神話」が確定されていない国がある。それもかなりな規模の国家でありながら神話がないのがイギリスであり、トルコであり、サウジ・アラビアである。サウジの場合は古代アラビア神話があったはずで、ヘブライ神話などにその断片が記録されているが、アラビアがイスラム化する過程で前イスラム時代の伝承は否定され、抹殺されて、今日ではイスラム以前の時代の神話伝承は存在しないことになっている。トルコもイスラムであり、さらに現在トルコ共和国に住んでいる大部分の「トルコ人(チュルク人)」は、10世紀ごろまでに中央アジアからいまのアナトリア半島に移住してきた人々である。それ以前は、紀元前にヒッタイトやプリュギアの文明がアナトリアにさかえ、その時代の神話は一部知られているのだが、それらはいまのトルコ共和国の神話としては認識されていない。ヒッタイト神話はヒッタイト人の神話であり、プリュギアの神話はギリシャ神話に吸収されたものが残って、それ以外は失われた。ヒッタイトもプリュギアも各地を転々とする遊牧文化で、アナトリア半島に定着していたわけではなさそうである。ある時期にはアナトリア半島にはイラン人がやってきて、ペルシャ王国の一部となったが、そのときのイラン神話をアナトリアの地域的神話とすることもできない。ネムルト山の古代遺跡は世界遺産として指定はされているが、トルコの遺産ではない。トルコには彼らチュルク族の固有の伝承があるはずだが、それはサウジ・アラビアと同じく、イスラムによっ

49

I ——世界神話

て否定されている。アナトリアの民話はかなり豊富に収集されているが、神話的なものはすくない。おそらく、その地にすでに神話が存在し、それを否定した以上、それにかわるものをもちだせなかったのであろう。チュルク族はトルクメニスタンやタジキスタン、ウズベキスタンなどにも分布しているが、状況は同じで、古典神話は存在しない。

イスラム教はキリスト教に対してはどちらかというと同じ啓示宗教として理解をしめしている。しかし、イスラム教が布教された地域にかつて存在したプレ・イスラム信仰については非寛容で、すべてをイスラムの教えで統一しようとした。昔話や、『千一夜物語』のような物語は存在するが、民間伝承でも世界の成り立ちを説明するような神話的説話はきびしく排除された。現在のイスラム諸国でもインドネシアやマグレブ諸国では古代伝承の抹殺はそれほど行なわれなかったが、イスラムの中心的な地域、すなわち、メッカ、メディナ、バグダッド、あるいはダマスカスでは古代神話は存在しなくなった。コーラン以外に世界を説明する伝承はないのである。

トルコではそのほかに、古代の神話時代にはバイカル湖のほとりにいて、アナトリアには後に移住してきたという事情があった。その地に語られていた神話は異民族のもので、トルコ(チュルク)民族にとっては無縁なものであり、さらにイスラムが容認するものでもなかった。

そのような事情から、トルコ系民族における神話の不在はある程度わかるが、イギリスに神話がないということはいくぶん不思議に思える。イングランドという国がかなりはやくから成立し、固有の文化を主張していたのである。しかしいわゆる「イギリス神話」はない。「英国」という国が、アイルランド、ウェールズ、スコット

50

I-2 地域的諸問題

ランドとイングランドに分かれていて、それぞれ独自の文化を主張していたということが、イギリス神話を固定させなかった原因のひとつだろうし、アイルランドやウェールズではケルト神話がそれぞれに存在した。また「イギリス文化圏」の政治的中心であったイングランドは、ローマの支配を直接うけており、ローマ文化を神話もふくめて継承していた。後のシェイクスピアもローマ神話を利用しているのである。野蛮な地方文化より、ローマ文化をうけついでいる先進地帯のつもりでいたのだろう。また、そのイングランドにはノルマン侵攻があり、フランスやオランダから王がやってきたりして、それぞれの伝承もあるといえばあったが、より共通のものとしてローマ文化、ローマ法、ローマ神話をうけついだのである。そこでもまず『ベーオウルフ』が中世の神話的テクストとしてあったはずだが、それはイングランドよりアングロサクソン、あるいはゲルマンの伝承であり、舞台はデンマークである。アーサー王物語もウェールズか、でなければヨーロッパの伝承だった。18世紀には「オシアン」が、古代からの民間叙事詩の復元として造られたが、文芸的性格がつよかった。それにそれはスコットランドないしはアイルランドのもので、ケルト系のものであり、イングランドのものではなかった。

さらには、20世紀にトールキンが近代神話を創作したが、これは明らかにトールキンの創作であり、これを人類共通の遺産としての古代神話とみなすひとはいない。

それ以外ではロビン・フッド伝承などをイングランドの民間神話とすることがあるが、ある程度歴史的にあとづけられるもので、神話的性格は希薄である。獅子心王リチャードなどについてもエルサレムなど国外では伝説的武勲をたて神話化している部分もあるが、

Ⅰ——世界神話

イギリス神話を構成するにはいたらない。これはフランス神話にシャルルマーニュ物語群の説話がふくまれることとは性格をことにしている。リチャードはフランス人の母、アリエノール・ダキテーヌにフランスで育てられ、英語をほとんど話せず、父王とフランス王の抗争のときはフランス王に臣従をちかった。即位後も外国でくらし、イングランドにいたのはわずか6ヵ月で、英国王としての仕事はしなかった。シャルルマーニュもヨーロッパ中を転戦し、主たる居城も、いまはドイツ領になるアーヘンにあったが、母も后もフランス人であり、フランク王国の統一者となり、サラセン人と戦ってこれをヨーロッパから撃退し、伝説につつまれて長寿をまっとうした。フランスでもたとえば、エルサレム王となったゴドフロア・ド・ブイヨン、そのあとをついだボードワン、その一族の女帝メリザンドや、プランタジネット朝の王となったアンジュー家の領主たち、ノーマン・コンケストの主役となった征服王ウイリアムらもフランス人だったが、いずれもエルサレム王国史や英国史の人物たちで、いかに伝説的に潤色されても、すくなくともフランス神話の人物にはなりえないのである。ただしマーカタンテの『神話事典』では「ブリティッシュ」としてロビン・フッドはもとより、ベーオウルフも、征服王ウイリアムも、獅子心王も、猫の昔話のディック・ホィティントンもあがっている。ただ、この本はアーサー王物語の英雄をイングランド神話に入れているし、北欧の鍛冶屋ヴィーラントをウエイランドとしてそこにいれている。さらにはオーウェルの「動物農場」をいれているので、いわゆる「神話」概念をはずれる選択がされているとみなされる。

　ロンドン塔の神話は漱石も描いていて、イングランドの象徴としてのカラスや、アン・ブーリンの亡霊の話などもあるが、やはりな

かば歴史伝説であり、またその主人公に外国系の王族が多いということもあって、英国人ですらこれらをイングランドの神話とすることをためらう。英国では、王室の陰謀や暗殺の話が大半だが、日本で壬申の乱などの史実がいかに伝説化されても神話とはならないように、英国でも王室をめぐるドラマは歴史伝説にとどまっていたし、その王室がノルマン、フランス、スコットランド、オランダ、ハノーファー、あるいはスペインなどの王家の闘争の場となっていたために、イングランドというアイデンティティが王室では生まれにくかったこともあった。

　イタリアはどうかというと、ローマ神話はあったが、イタリア神話はなかった。イタリアという国が国家として成立したのは1861年になってからで、それ以前はミラノ、ヴェネティア、ジェノヴァなどの都市国家しかなかった。イタリアという国の固有の文化、神話を考える風潮がなかったのである。ただ、イタリア語によるイタリア文学はあり、ダンテ、アリオスト、タッソー、ペトラルカ、ボッカチオらがいたが、そのボッカチオは『神々の系譜』でギリシャ・ローマの神話を祖述した。イタリア神話はそこでは忘れられていたのである。ローマ以前にはエトルリアの文化・神話があったが、ローマ神話に吸収されて姿を消した。

　スペインははじめはローマの属州であり、その後、ウマイア朝によるイスラム支配をうけた。レコンキスタ(国土回復運動) 後、15世紀にエスパニア(スペイン) 王国ができたが、16世紀にはオーストリアのハプスブルク家に吸収される一方、ラテン・アメリカの経営をすすめ、ヨーロッパでもオランダを帝国の一部として領有するなど、イベリア半島の王国という印象は希薄だった。結局、ローマ、アラビア、ハプスブルク家と、つねに外国の大帝国の一部にとどまって

いて、エスパニアとしての文化的独立の意識は弱かった。神話学者のマーカタンテはレコンキスタの英雄エル・シッド、誘惑者ドン・ファン、中世の騎士道物語の主人公アマディス・デ・ガウラなど、中世説話の主人公をあげ、ほかにドン・カルロスなど歴史上の人物をあげている。が、それよりはバスク神話、あるいはピレネ神話をあげるべきであろう。

　スペインよりもむしろスラブ諸国、ルーマニア、ハンガリー、あるいはバルト諸国、そしてグルジア、アルメニアなどにゆたかな神話があるのである。ただしこれらの諸国は多くは「東ヨーロッパ」に属するとされるが、いわゆる「スラブ諸国」ではなく、グルジアやアルメニアは古代スキタイの神話をかなりなまでに継承すると見られる。ルーマニアはダキア人の神話を保存している。古代トラキアの文化はブルガリアに継承されたが、トラキア神話としてはほとんど残らなかった。

　国別の神話を策定することがむずかしいのは中央アジアをふくめたシベリアで、古代スキタイ族の文化の影響が多くとも、神話伝承としては、スキタイ神話の継承は多くない。むしろアメリカ大陸まで移動したモンゴロイドの原神話というものが採集される。国としてはロシアであり、あるいはウズベキスタンなどであっても、これらはまとめてシベリア神話・中央アジア神話・北アジア神話とされるだろう。

　ひとつの民族の神話がその地に残り、後にやってきた異民族によって継承されるかどうか。としても、民族の移動のあとも土着の文化の吸収のしかたもさまざまで、その継承がはっきり確定されることがむずかしい。メソポタミア神話にしても、その地にかわるがわる栄えたシュメール、アッカド、アッシリア、バビロニアのそれ

ぞれの文明はかなり共通した神話を継承したとしても、それぞれの文明の中心はすこしずつずれていた。さらに、その周辺にはヒッタイトやウガリットの神話もあることがわかってきた。ヒッタイトはいまのトルコのあたりに王国をきずいた。ウガリットはシリアのあたりで栄えた王国である。さらにフェニキア人はその文化をうけついで、地中海に展開した。その文化圏の広がりは、チグリス・ユーフラテスという観念とはいささか異なっているのである。中国でもいわゆる黄河文明というものと、漢民族が長安や洛陽に都をさだめて栄えさせた中国文明と同じものかどうかかならずしも明白ではない。「文明」としては南の揚子江の沿岸にも「長江文明」が栄えたという。それにたいして、北方の文化はなるほど黄河に近いかもしれないが、ナイルの沿岸に発達したエジプト文明とはかなり様相をことにするだろう。世界の古代文明の四つのセンターという観念と神話をきずいた文化とは同じではない。地理的にも多少ずれていて、神話をつくるには大きな川のほとりである必要はないのである。ナイルであっても、王国、あるいは文化の中心はつねに同じではなく、いまのカイロのあたりが古代からの文化の中心だったわけではない。ルクソールの遺跡はかなりとおいのである。アブシンベル神殿は移築されたにもかかわらずさらに遠い。

　中国については孔子が「怪力乱神を語らず」といって、不合理な神話的思考を拒否したために古代の神話テクストがなくなってしまったのだといわれたが、『楚辞』などの現存するテクストからも十分に古代神話が復元されるようになってきた。

　神話をもたない民族はない。そういいながら、たとえばモロッコやチュニジアには固有の神話があたかもないかのように考えてしまう。チュニジアには「神話時代」にはフェニキア神話に属するカル

Ⅰ——世界神話

タゴ神話があった。ただ、これはイスラム化以後は否定されたし、フェニキア神話自体がうしなわれてしまった。それらをすべて復元することはむずかしいが、いちおう知られているものから整理すれば、五大古典神話はエジプト、ギリシャ、メソポタミア、インド、中国であり、成立がそれより数千年から数百年おくれるものでは朝鮮、日本、イラン、北欧、ケルトがある。五大神話の周辺の神話としてはローマ、ヒッタイト、スキタイ、アイヌがある。より後代になって知られたもので、マヤ・アステカ、スラブ、口承文化ではオセアニア、南北アメリカ、シベリア、アフリカの神話があり、大国のはざまにかくれがちな文化として中央アジア、バルト諸国、バルカン諸国、東南アジアがあげられよう。以上の25の地域にはいらないものはカレワラのフィンランド、バスク、ナルト、古代スキタイ、アラブ諸国などであろう。ロマの神話、ユダヤ人の神話などがそのほかにでてくる。イギリスが入らないことについてはケルト神話においてふくめたという答えしかありえないが、決してイギリス人を納得させる理由ではないのは言うまでもない。ドイツはゲルマン・北欧神話に入ることになっているが、それではオーストリアはとなると、あいまいである。ワグナーにみられるドイツ地方伝説はどちらかというとオーストリアのほうだろうし、その前のファウスト伝説、ホメンクロス伝説などはどうなるのかわからない。イギリスの「ベーオウルフ」もゲルマン神話としてとりあつかわれることが多い。それ以外でもイギリスの古伝承は一般にゲルマン神話に属するのである。

Ⅰ-3　共通神話の形成

　原初の人類はアフリカに発生して世界中に展開した。その長い旅のあいだ、原初の記憶をたもちながらも、つぎつぎに住む場所によって原初の世界観、すなわち原神話は風土的変化をこうむった。アフリカの風景とシベリアのそれ、あるいは砂漠の風景とオセアニア、それらは神話の舞台としても、背景としても、衣装としても、それぞれ異なった装置となった。また人類は多様に分岐しながら、いくつかの民族的グループを形成していった。神話としてもインド・ヨーロッパ神話、スキタイ・シベリア神話、インドネシア・ポリネシア神話などがみとめられる。イスラム文化圏の共通の神話もある。中国神話もさまざまな民族の文化によって構成されている。アフリカ、アメリカも異なった文化圏を形成している。ただしシベリア神話とアメリカ先住民神話、そしてアイヌ神話には共通性も見られる。さらには日本神話とエジプト神話にもときに連続性がみとめられるようにさえ思われる。世界の神話は思いもかけない遠方同士でむすびつきながら、いくつかのグループを形成する。それはかならずしもアジア、ヨーロッパ、アフリカといった地域的なまとまりとは一致せず、また民族的な近縁性ともかならずしも一致しない。アメリカ先住民はバイカル湖のほとりから移住した。ほぼ同じ人々が南にくだって東南アジアからオセアニアに展開した。一方、民族的にはかならずしも近縁性がないとも思われるアイヌ民族に北方アジアの文化が伝わっている。人の動きと文化の伝播経路、そして風土の同質性とはそれぞれ交錯しながら、同じ風土に同じような神話をちがった人々が根づかせたり、遠く離れた地域に同一の起源の

Ⅰ――世界神話

人々が同じ神話を移植したりする。

I-3-1　世界の共通の神話

　ギリシャ神話、ケルト神話、インド神話に共通性がある。いままであまり指摘されてこなかったが、エジプト神話と日本神話にも共通するものがある。シベリア、アメリカの口承神話が共通の基盤をもっていることはよく知られている。「世界神話」というものが想定されるようになった。世界中に同じような神話があり、すくなくともいくつかのグループごとに伝播や影響も跡づけられる。グループ分けはしかし、究極的には「人類」という唯一の種にゆきつく。その人類という一つの幹から各地に枝分かれした。その全人類は共通した世界観を根本のところでもっているのである。さらに、その後、各地に形成された民族集団が相互に移動と交渉をくりかえし、人的にも、文化的にもいり交ってゆく。人類の最初の世界観である神話は、それが定着した土地の風土によって変容しつつも、共通の性格を維持し、さらに近隣の神話を吸収してうけついでゆく。ひとつの国でも地域によって、時代によって、異なった神話が伝承されていることもあり、人類は個々の人間ひとりずつがちがう世界をもっているのだという多様性と、同時にすべて同じ人類という種であるという共通性の両方をもっている。また地域によっては強力な統一国家ができて、神話も統一され、公定のヴァージョンが確立されたところもあれば、統一などにはほどとおい部族連合にとどまって、神話テクストも口承のままで、部族ごとに異なっているばかりか、その形も昔話とかわりない地域もある。神話、伝説、昔話は画然とは分けられない。

　「世界神話」という概念を出す以上は、共通の神話をあげなけれ

I-3 共通神話の形成

ばならない。オルペウスの地獄下り、浦島の異郷(竜宮) 訪問、白鳥処女、こぶとり爺などが世界的に広まっていることはよく知られている。一方、日本神話というものは昔はなく、出雲神話、日向神話、大和神話などで、それぞれの土地で支配者たちが、自分たちの国とその統治とを正当化する神話を作っていたのである。それが、統一大和国家ができたときに、物語も統一して『古事記』などがつくられた。これを「日本神話」と呼ぶのであり、エジプトなどでもアモンやプターを最高神にした神話があったというより、ヘリオポリスや、テーベや、メンフィスにそれぞれの神話があったのであり、それらがそれぞれ別の国家をつくってあらそっていれば、メンフィス神話はあっても「エジプト神話」はなかった。それが、統一王権ができるにいたって、アモンとラーをいっしょにしてアンモン＝ラーという一つの神にしたりして、統一エジプト神話がつくられた。さらにエジプトはアラビアからシリアまで征服しようとしたり、今度はアッシリアやバビロニアが攻めてきたり、ペルシャがエジプトまで征服したりした。そこで、ダレイオスやクセルクセスやアレクサンドロスといった征服者たちの帝国が何代も安定した政権経営をしていれば、やがては大ペルシャ帝国神話といったものもできたはずだが、クセルクセスはサラミスの海戦に敗れ、ペルシャは砂漠のはてに引き返して行った。インド・イラン神話という概念はあって、ほぼ同一の神々をもってその両国の神話世界は構成されるのだが、この両国は統一王権をたてることはなかったから、その神話もひとつにはならなかった。さらに、ペルシャ、すなわち古代イランはユーラシア全域に展開した遊牧民からなっているがスキタイを攻めたとき、スキタイ族は自分たちにはまもるべき町も王宮もないといって、攻めれば逃げ、いなくなったと思えば、砂漠の果てから忽

I——世界神話

然と現われて略奪するという機動作戦でダレイオスをなやませた。都もなければ、書物文化もなく、彼らのスキタイ神話はギリシャ神話とイラン神話を総合したものであったと思われるが、後世には残されなかった。イラン神話のほうも『アヴェスタ』から後代の『王書』にいたるまで、なんども編纂、統合の努力がなされながら、ひとつのまとまったものとして今日にまで伝わらなかったのは、王朝が離合集散をくりかえし、ときにヨーロッパやアフリカまで攻めていっても、そこで大敗を喫し、世界帝国の建設の野望を抱いた英雄はみな壮途の途中で倒れて、その事業をつぎの世代に継承させることがなかったからである。アレクサンドロスでも一代かぎりで、彼が若くして倒れたあとは、後継者あらそいによって帝国は分裂したのである。アッチラのごときも、征服した版図は広大だったが、それをまとめて統一帝国をつくる時間はなく、また、機構、組織的にも非定着性の遊牧騎馬集団だったので、何代もつづく王都に世界図書館をたて、その蔵書の冒頭に世界のなりたちと神々について語る世界神話をおくというところにまでいたらなかった。ローマはその点、法体制にしても、行政機構にしても、きわめてよく整備されていたが、それでも古代ギリシャを東ローマとして吸収しただけにとどまって、世界帝国はつくっても文化的な統一はしなかった。イギリスもフランスもエジプトもローマ帝国の一部になったが、それぞれの言語・文化はそのままだった。文字ですらラテン文字とギリシャ文字が並行してもちいられ、オリエントでは地域的な文字がつかわれていた。

　それでも、ギリシャはローマ帝国にふくまれた。ローマが陥落してからは1000年のあいだ、コンスタンティノープルがローマ帝国の君府となり、ギリシャ語が公用語となっていた。そこで、神話

I-3 共通神話の形成

も、もともとエトルリア神話を受け継いで独自の世界を構成していたローマ神話が、こんにち「ギリシャ・ローマ神話」とよばれるようになっているのである。この文化的統一が帝国内にもっと広まれば、「ギリシャ・ローマ・エジプト神話」「ギリシャ・ローマ・エジプト・メソポタミア神話」となったろうし、ゲルマン神話もそこにふくまれたかもしれない。事実、現在のフランス、当時のガリアではそれ以前の大陸ケルト神話とローマ占領軍の神話とが融合して「ガロ・ロマン神話」ができかけていた。ローマとギリシャでゼウスとユピテルの同一視が行なわれたように、ガリアではタラニスがそこに付け加わろうとしていた。ただし、それが確立される前にローマはゴート人によって滅ぼされ、ガリアはフランク族が独自の王国と文化をうちたてて、「グレコ・ガロ・ロマン神話」は出来上がらなかった。

出雲神話と大和神話があわさって日本神話をつくったように、テーバイ神話とメンフィス神話が統一されてエジプト神話になったように、ギリシャ神話とローマ神話がギリシャ・ローマ神話をつくったように、ペルシャ帝国やフン帝国、あるいはローマ帝国やモンゴル帝国が帝国の全地域を文化的に統一する時間と野望とがあれば、世界神話がはやくから形成されていたかもしれないのである。しかし実際はメソポタミアでは、シュメール、アッシリア、バビロニアと地域も王朝も交代し、イナンナ、イシュタール、アスタルテなどと同一神格の継承がみられても、神話としては王国同様、統一は実現せず、やがてメソポタミアの地にさかえた文化は砂にうずもれたのである。

中国では数多くの王朝が交代し、その領土もはてしなく広がったり、いわゆる中華の地が中心になったりしたが、国家としては中原

I──世界神話

の主が全中国を支配する体制が5000年のあいだつづき、モンゴルや満州族が政権を取っても、中国文化は連綿として継承されたのである。もちろん、辺境には少数民族文化があり、また、文化政策のちがいがあり、文化大革命のようなものはしじゅう繰り返された。孔子が怪力乱神を信ずることをいましめたりもしたから、『古事記』のように一書にまとまった中国神話は失われたが、その内容は『呂氏春秋』でも『楚辞』でもあるいは『史記』にもうかがわれるのである。これもその内容は中国国内各地、諸民族のそれぞれの神話を集合したものであったろう。インドではヴェーダと二大叙事詩がはやくから、統一神話の方向をしめしていた。しかしそこでもインドラ、ヴィシュヌ、シヴァ、ブラフマンと至高神の交代がみられた。こんにちみられる「インド神話」は統一あるまとまりというよりは多様性のほうがきわだつだろう。

　その事情は実はギリシャでも変わりはない。クレタに栄えた文明に北方民族が侵入してきてギリシャ文化をつくったが、そのさい、もちろんクレタの神話も、あるいは地中海を支配していたフェニキアの神話も吸収した。また、イオニアとかペロポネソスとかアカディアといった諸地方、後にはアテネとかスパルタという都市国家それぞれの神話が統合されてギリシャ神話になったのである。統一王権はアレクサンドロスまで出なかったし、アレクサンドロスの勢力下においてもギリシャ本土はそれぞれの都市国家のままだったが、すくなくとも神話的にいうかぎり、まずはアルゴー船の冒険があり、ついでトロイ戦争があった。このふたつはいずれもギリシャ世界を精神的に統一するものだった。現実の歴史に合致するかいなかはともかく、各地のそれぞれの民族、そしてやがてはそれぞれの都市国家が「ギリシャ」という統一理念のもとにまとまる機会はペルシャ

Ⅰ-3　共通神話の形成

との戦いでも当然あったのである。ペルシャとの戦いでは最後までアテネとスパルタとそしてテッサロニキなどが対立したままだったことはヘロドトスの『歴史』に見るとおりだが、精神的には全ギリシャがアジアの巨大勢力に対抗したのである。ペルシャのほうもギリシャまでくるあいだ、道々、アジアの諸民族を征服して征服軍にとりこんでいったから、ギリシャを攻めるクセルクセス軍にはインド兵もエチオピア軍もいたのである。そちらはよせあつめで結局はばらばらになったが、攻められるほうはすくなくとも精神的、文化的、あるいは言語的にはまとまっていて、そのよりどころとしてもギリシャ神話があったともみられるのである。政治的には対立抗争のくりかえしであっても、ギリシャ語文化はホメロスやヘシオドスを共通の文化としていた。それがペルシャの脅威に対して、すくなくとも精神的紐帯を強化してあたったのである。神話的にはトロイ戦争において、ヨーロッパとアジアがそれぞれ諸国連合をつくって戦った。その間もたえず対立抗争があり、アキレウスが腹をたててひきこもったり、仲間割れなどは毎日のことだったが、ともかく、アジアとの戦いはトロイ戦争という神話に集約され、ギリシャ人が代々、朗唱する共通文化になった。そのギリシャではエジプトの神々をみずからの神統譜にとりこもうとする努力もみられた。オシリスをディオニュソスと同一視するようなこころみは、ローマ時代ではあるが、プルタルコスに見ることができる。

　統一王権ができ、安定した治世が一定期間継続すれば、統一神話ができあがる。あるいは王が自国と世界の年代記を策定させる。統一王権がなくとも精神的文化的な連帯感が形成されているところでは、外敵に対する抵抗力として精神的統一がはかられ、同一言語による神話や叙事詩が語られて、その諸部族の結束をつよめた。かく

Ⅰ──世界神話

て、エジプト、ギリシャ、インド、中国には統一神話ができあがったのである。

　一方、統一王権の意識も文字ももたなかった遊牧民が太古においてはユーラシア大陸を縦横にかけめぐっていた。ゲルマンの大移動というのはそのひとつ、あるいはその最後のほうのあらわれにすぎなかった。インド・ヨーロッパ文化、あるいはユーラシア文化がそのなかにスキタイ族、ケルト族、モンゴル族、トルコ族、そしてさらにはアラビア人たちまでふくめてユーラシア大陸をゆきかったひとびとによって渾然一体とまぜあわされ、あるいは争いながら影響しあった。このユーラシアの人々は文字をもって彼らのそのときどきの神話を書き残すことが、文字文化以前にはなかったが、口承の神話はもっていた。それが、その後の文化の伝播の基盤になったにちがいない。神話学者のリトルトンらはイギリスまでわたったイラン系のアラン人が固有の神話をもたらして、それがアーサー王物語になったと称した。考古学者のギンブタスはカフカス北部のクルガン（墳丘）をきずいた人々の文化がヨーロッパの古層文化を形成したとした。一部の神話学者は黒海沿岸においてギリシア文化の洗礼をうけたスキタイ族の文化がツングース系の遊牧民によって朝鮮にまで伝えられ、そこから日本にもたらされたのではないかと想像した。ケルト人にしても黒海沿岸からヨーロッパに広がったが、スキタイ人でも、アラン人でも、そして後のゲルマン族でもさまざまな人々が中央アジアからヨーロッパに、そしてまた北方に広まったし、フィンランドやハンガリーに定着したフィン・ウゴル語族の人々にしても、同じような展開をしたのではないかと思われる。ずっと後になるが、現在ヨーロッパ各地にちらばってジプシーとよばれたロマにしても、北インドからヨーロッパにわたってきたことはたしか

である。さまざまな民族がユーラシアを移動している。現在トルコにいる民族の故地はバイカル湖のほとりとみなされている。そのころ、バイカル湖のほとりで隣あっていた人々が何千年かの後に日本とトルコと、そしてアメリカにそれぞれわかれ住んだのだという想像もある。チュルコ・モンゴル、ウラル・アルタイ、インド・イランなど、さらにセム系のひとびともふくめて、もとはひとつにちがいない人類がユーラシアを北に南に、東に西に行き交って、大洪水も大地震も大噴火も大寒波も目撃し経験しながら、そのつど、自然のおそろしさをまのあたりにしては、それを抽象化し、物語にして語り伝えていった。その諸部族がやがて、あちこちに定住地をもうけ、国家を形成し、歴史を書き残そうという意欲を持ったときに、最初に語られ、書かれたのがそれぞれの神話だった。そのもとはユーラシア大陸をさまよいながら神々に問いかけ、神々の言葉を聞き取って、記憶にきざみこんできた人類の十万年の記憶だった。

　文字も統一王権もないころの人々は夜になって月の明かりのもとで、かがり火を焚いて、月の女神を祀る祭儀を行なった。月の女神は蛇のかたちで、人々と交わった。それがたとえばギンブタスらが想像する神話以前の祭儀である。これはユーラシアのみならず、ほとんどの地域に共通している。ただし、蛇女神神話としてはメリュジーヌ、トヨタマヒメ、クン＝アイ、作帝建神話、ガンガーとシャンタヌなどに限られる。ガンガー、トヨタマヒメは蛇ではなく時にワニとされる。

　王や戦士や祭司が登場すると、太陽神崇拝が優勢になる。日月の葛藤の神話が日本、アメリカ、東南アジアで語られる。ギリシャ、エジプト、インド、北欧では物神崇拝より人文神話の時代にはいっていて、太陽と太陽神とが距離をもつようになる。

Ⅰ —— 世界神話

　日月の神話と世界創生神話は同じころに成立することが多い。宇宙卵が混沌の海に浮かび、それが割れて空と陸になる。そして空に日月が生まれるのである。

　海底にもぐって泥を取ってきて大地を造る潜水型、魚をつりあげるようにして島をつりあげる島釣り型などが、各地にみられる。

　山川の創造はあまり報告されない。特定の山がどうやって出来たのかというような起源神話はあるが、山川一般についての神話はあまり多くなく、山の神、川の神が指示されても、どうやって山川をつくるかということは語られない。海底からもくもくと噴煙があがって、やがて火口が顔をだし、盛大な噴火をつづけながら、島が、そして富士山のような山ができあがってくる様子を物語る神話があれば感動する。しかし、世界の火山、たとえばストロンボリ山でもエトナ山でもヴェスヴィオ山でも、その噴火や、山の形成を語った神話はない。火山によって壊滅した文明の記録でもいいがそれもない。洪水の神話は世界中にあるが、噴火の神話がないのはなぜだろう。

　そもそも洪水もある地域の特定の洪水を物語るのだろうか？　世界中が海になったという話はあるが、なになに川があふれたとか、黒海に地中海の水がながれこんで、岸辺の家々を水没させたというような神話はない。神話は現実の出来事を報告する報道記事ではないからだ。特定の火山の噴火の話はないが、空から火や石がふってきて町が滅ぼされた話はある。

　いずれにしても、二本の足で大地をふみしめた人間たちが、やがてふえておごり高ぶるようになり、神々をないがしろにしたので、神々がその人間たちをほろぼそうとして、洪水、火の雨、あるいは猛獣をはなったという神話はある。

I-3 共通神話の形成

海や山は最初からあったのである。

猛獣も人間たちが登場する前から地上をかけまわっていた。

最初は自然の猛威をその獣たちの姿で物語った神話、すなわち動物神話が生まれた。やがて、人間と同じような姿形で人間と同じような行動をする神々が想像された。その神々に、しかしその前の動物の姿であらわされた自然の猛威が付与され、同時に、それをそれまであらわしていた動物の顔も貸し与えられた。あるいはエジプトの女神セクメトのように、人を罰する時にはおそろしいライオンになり、人に恵みを与えるときには温和な猫に、そ

ホルス

して神々の会議につらなるときには人間の姿になる神も生まれた。

総じてエジプトの神は動物のしるしを頭上につけ、あるいはその動物の顔をつけたり、あるいは時に全身動物になったりしたが、最初、動物神がいて、やがて人文神が登場し、動物神の性格をその象徴とともにひきついだのである。しかし、エジプトの冥界の神であるアヌビスのように、人間にならず、動物身の犬の姿のまま崇拝されたものもいたし、聖牛アピスのように特定の牛がえらばれて神とされることもあった。実はアヌビスの場合もすべての犬がアヌビスになるわけではなく、地獄にアヌビスという犬がいるのである。地上にはアピスという聖牛がいる。アヌビスは不死だが、アピスは動物の命をもっていて、やがて死ぬ。そうするとほかの牛がえらばれ

Ⅰ――世界神話

てアピスになる。ホルスは人間の頭のかわりに隼の頭をのせてあらわされることが多い。空をかける太陽神であり、天空から地上をみまもる隼でもあるのである。そしてファラオに転生したときには人間である。たしかなことは太陽そのものではないということだ。エジプトでは太陽そのものが神とされる段階は知られていない。しかしアメリカなどでは、天体としての太陽が擬人化して神となる。問題は、日本のアマテラスは天体としての太陽なのか、それともギリシャ神話のヘリオスのように太陽の御者なのか、あるいはオリュンポスの十二神の一人アポロンのように太陽の原理をあらわすもので、実際の太陽の運行にはついていかないのかである。日本では往々にしてアマテラス＝太陽という誤解があるが、日本神話は物神の段階ははやくすぎて、その後、月を地上の蛇で祀るような動物神話の時代をへ、太陽神話の時代にはいったときは、物神でも動物神でもなく、人文神で天体そのものではもちろんなく、またその天体とともに空を回るわけでもなく、ただ太陽をつかさどるだけの存在になっていた。

　エジプトでも太陽神ラー（レー）は、はじめは物神としての太陽であり、やがて、天空をあまがける隼などであらわされたが、ファラオンの時代には物としての太陽ではなく、また動物の性格も希薄になり、天地の至高神として人間の姿で想像され、ファラオの祖とされるようになった。もっとも彼の後継者であるホルスは隼の姿であらわされるほうが多く、太陽の舟にのっている図でも隼の頭で描かれる。太陽自身は太陽円盤か「太陽の目」ウジャットで表され、そのどちらかをささげもって、太陽の舟にのる隼神として表わされた。ホルスの神話では太陽そのものとして現れるものはない。

　ホルスはオシリスの子だが、オシリスはプルタルコスによって

Ⅰ-3 共通神話の形成

ディオニュソスと同一視され、フレイザーは「アドニス、アティス、オシリス」で、同じ神のちがう地域におけるあらわれとした。殺されて蘇る植物神、豊饒神

ウジャット

だという。植物の死と復活をつかさどるという機能については異論があろうが、アドニス、アティス、オシリスが同一神であるというフレイザーの見方は、より広範な地域で同一神の異名をもとめることをうながした。

Ⅰ-3-2 地域的特性

たいていの神話が世界中にあるが、それでもあまり普遍的でない話がある地域に頻出するということがある。ギリシャ神話に何度もでてくる「わが子を殺して神に食べさせる話」は北欧では敵の子を殺してその敵に食わせる話(ヴィーラント)になり、どこにでもありそうだが、たとえば日本にはみられない。それがギリシャでは何度もでてくる。ひとつはリュカオン伝承で、たずねてきたゼウスに王がわが子を殺して供した。キリスト教伝説ではキリストがまずしい旅人に扮してまずしい老人夫婦の家をたずねると、なにも供するものがないので、ただ一羽のガチョウを締めて食べさせた話がある。仏教説話では仏陀に供するものがないので自らを火に投じて食べさせた兎の話があり、「究極の饗応」のモチーフとみなされる。地獄で永遠の飢えと渇きにくるしめられているタンタロスもわが子をゼウ

I ── 世界神話

スに供したといい、これは同じ話が名前をかえて伝えられたかと思われる。リュカオンはその罰で狼になるのだが、ジラールらに言わせれば、これは狼をトーテムとする部族のイニシエーション儀礼で、一定期間狼になってさまよった後、共同体の成員としてむかえられる話で、ゼウスもゼウス・リュカイオス(狼のゼウス)だったという。その説の当否はともかく、子を殺して食べさせるという話ならアトレウスにあり、兄弟に妻をさらわれたので、その復讐に兄弟の子を殺して食わせた。あるいはピロメラが義理の兄に犯され、その上、それを人につげないように舌をきられたとき、その姉が復讐に自分達の子を殺して男に食わせた話もある。舌を切るというモチーフなら「舌きり雀」にあり、口をきけない動物、音声は発せられるが人間の言葉をうしなった鳥など、「歌を忘れたカナリア」モチーフはかなりの頻度で世界神話にあらわれる。日本ではホムチワケが生まれてから鬚が腰にたれるまで言葉がいえなかったといい、鳥がとぶのをみてはじめて「あ」と言ったとも、言おうとしたが言葉にならなかったともいう。逆に口をきけないはずの蛇が秘密をつげたり、蛇の肉を食べたら動物のことばがわかるようになったなどという話もある。日本では「聞き耳頭巾」などになり、世界的に「蛇の肉」などで語られる。が、子を食らう話は日本にはない。

　子を食らうというのは、フランスの昔話の「眠り姫」で、森からつれかえった眠り姫が生んだふたりの王子と王女を姑の王妃が食べようとした話があったりする。「青髭」も妻をもらっては次々に殺していたが、殺した妻の肉を食べていたのではないかとも思われる。テクストではそうは書いていないが、民間伝承で、怪物婿の話ではたいてい、花嫁は食べられる。ハイチの「蛇婿」ではただの男の嫁にはならないと言っている高慢な娘をあるとき見知らぬ男が嫁にも

らってつれてゆくが、森を通る途中でがりがりと頭から食べてしまう。日本なら、山中のあばらやにとまったら新妻を鬼に食べられた話が『今昔物語集』などにあり、中国でも似た話では、虎が男にばけてやってきて女をさらっていって食べてしまったなどという。人間を食うという話では同じだが、わが子を殺して食うというのとはすこしちがう。わが子というのではクロノスが生まれてくるわが子をつぎつぎにむさぼり食ったといい、伝説ではダンテの『神曲』地獄篇にも登場するピサのウゴリーノ伯爵が牢獄で飢え死にしかけて、一緒にいたわが子を食ったという。犬や虎がわが子を食うという話はあるが、人間が自分の子を食うという話が神話として伝わっているのはヨーロッパだけかもしれない。

しかしそれも南フランスの伝承でよく知られている話に「恋敵の心臓を女に食わせる」話があるのを思うと、まさに肉食文化ならではとも思われなくはない。たいていの話では、夫からいま食べた肉は妻の愛人の心臓だといわれると、妻はさわがずに、大変結構なお料理でしたといい、ひそかにその夜、夫を殺して、その肉を今度は豚に食べさせたりする。さらに、悪魔、あるいは魔法使いのところにつれられていったものが、これを食っていろといわれて人間の腕を食わされた話がよくある。日本の山姥、あるいは鬼女も人間の肉を食うが、これは人間ではないとされ、黒塚の鬼女も人を食うことによってすでに人間ではなくなっていることが示されるが、ヨーロッパでは人を食ってもそれによって人間としての特質をうしなうとはかぎらないようである。

ギリシャでカドモスが竜の歯をまいたら騎士が生まれて、たがいに闘ったという話も特異である。足の骨を保存しておいたらそこから人間が復元された話などはかなりの地域にみいだされるし、石か

らの誕生もあるが、竜の歯はめずらしい。竜の骨が山脈になったというのはピレネーの起源神話だし、竜ではないが、北欧の原初の巨人ユミルを殺したらその体が世界をつくったというときには、骨が山になったなどという。であれば、歯だってなにかになってもよさそうで、身体の一部が人間全体をつくるという思想は世界的にみとめられる。

　エジプトでナイル川の洪水が恵みの水としてありがたがられ、洪水がこないときは災厄がおそうと信じられていたのも特異だが、人が悪徳にふけったときに、人類を罰するために神がくだす洪水が、エジプトでは恵みの水では人を罰することにならないので、その代り、太陽神の娘ハトホルがライオン神セクメトとなって人々を食い殺したというのもあまり他の地域では語られない話である。太陽神の娘が人食いライオンになるというのは、イシスの額にまきつくコブラ・ウラエウスが毒液を吐き出すのを灼熱の太陽光線と同一視するのと同じ、太陽の熱がはげしい地域の特有の話かもしれない。したがって、このセクメトによる人類虐殺がほかの地域の洪水神話の地域的変容とされるのだが、洪水とライオンではだいぶ話がちがうようにも思われる。洪水ではなく、火の雨、石の雨がふるというのはまだわかる。それもふくめて、めったに大雨のふらない乾燥地帯で、灼熱の太陽や火の雨が人々をほろぼす話になるとすれば同一神話の地域的変容にはちがいない。

II ── 世界の構造

世界の神話には世界のなりたちを語る共通の神話がある。それらを地域的偏差をふくめて見てみよう。

II-1 卵と鳥

II-1-1 宇宙卵

世界のはじめは混沌の海であり、光もない闇であった。そこに卵が生まれ、ほのかに光りながらただよっていた。「カレワラ」でも原初の卵が海にただよっていたが、ギリシャでもエジプトでも、本来の神話にはかならず、原初の闇と、宇宙卵、そしてそこからの世界の創造が語られる。日本でも『日本書紀』では天地未剖の時に世界は鳥の子のようであった、というのが卵

パーネス

のことであろうとされる。洪水の海にただよう瓠箪のように、原初のときにも卵がただよっていたのである。中国ではその卵のなかに盤古という巨人がいて、手足をつっぱって殻をわり、上の殻を天とし、下の殻を地とした。ギリシャではその原初の卵に蛇がからまっていたともいう。そのなかにいたのが万物を生成させるもとのエロスであった。この卵がわれてエロス、あるいはパーネスとも呼ぶ原初の神が生まれたとき、そのからだにからまっていたのが、卵にか

II ―― 世界の構造

らまっていた蛇だともいう。子供が生まれたときに首や頭にえななどをまきつけてくることがあり、これを特別な英雄のしるしともいい、あるいは人狼のしるしともいう(ニコル・ベルモン「誕生のしるし」)。エジプトでは原初の混沌(ヌーン)に卵が浮かび、そこから最初の太陽があらわれたという。海上からのぼる日の出を卵のように想像するのは世界的なものである。卵の黄身が白身のなかに浮かんでいる様子が太陽が水平線に上る様子を思わせる。そしてそこから鳥が生まれてくるときは、太陽鳥、あるいはフェニックスのイメージになる。また水に浮かぶ卵は、子宮の中で羊水に浮かぶ胎児をも思わせる。洪水と水に浮かぶ瓢箪がそのイメージでもある。瓢箪の中にも水がたたえられ、その中に小さな生命の胚が浮かぶ。その瓢箪の中にもまた水があり、そこにも瓢箪が浮かぶ。そのような世界水をいれた瓢箪、あるいは瓜は、日本の天人女房の話で天へのぼった男が切って世界の洪水をひきおこしてしまう瓜を思わせる。そこからはてしなく流れた水が天の川となり、男をおしながして、地上へ帰してしまう。神話学者の大林太良はそのような瓜を世界水の壺とよぶ。世界の水がひとつの壺、あるいは瓜のなかにおさめられている。それが混沌の海に浮かんでいる。洪水のときに兄と妹が瓢箪にのって逃れる。瓢箪も瓜もあるいは桃も、そのなかに最初の生命がやどっており、それが水に浮いてやってくる。と同時にそれをわると、世界童子とも呼ぶべき文化英雄が世界水とともにあふれだす。国の始祖が箱にはいって漂流してきたという話も世界的に分布する。箱ではなく、「うつろ舟」でもいい。そのなかにはいっていたのが、蚕であることもある。あるいは親子でもいいし、猫として生まれた子供とその母でもあれば、石垣島や海南島では犬の子をはらんだ娘でもある。その親子が漂着した離れ小島はそれもまた大海に浮かぶ瓢箪

II-1　卵と鳥

の形をしている。その島の上で二人が反対周りにまわって出会って交わって子孫をつくる。原初の海に漂流する箱はモーセの場合はゆりかごである。ペルシャのキュロス王もゆりかごにいれたまま流されたという。このキュロス王については、その母が大いなる放尿をして世界を水没させる夢をその父が見た、あるいは陰部から生いでたブドウの木が世界にいっぱいに広がったともいう。放尿夢も洪水神話のもとだが、高麗の始祖伝説でも語られる。王建の出生神話である。朝鮮ではまた卵が漂流してきて、そこから始祖が生まれたという話も多い。東海竜王の妃が卵を生んだので不吉だとして舟にのせて流したのが、岸にたどりついて、やがて男の子が生まれて王になった。それが脱解であるという。

朝鮮では天からふってきた卵から生まれた始祖の話もあり、神話学者の三品彰英は卵生始祖伝説の地域としている。しかしその卵は多く海をただよってくる。そして世界の始まりの神話の変奏と解釈することができる。瓢箪を腰につけて海をわたった始祖の話もあるが同じ神話の変奏のひとつである。

漂流する箱に入った英雄の話はランクの『英雄誕生の神話』と、コスカンの「漂流する箱」に論じられている。卵でも箱でも果物でも同じで、桃太郎までつながる話だが、箱も容器もでてこない神話でもその亜型とみなされる例があり、インドで火の神アグニ、あるいはアパム・ナパートという神が大海のなかへはいってそれを受胎させ、世界をつくったという神話がある。水中の火の神話だが、水中にもえている火はランプのように、ガラスや貝や真珠などの中でもえている。水中にはいって海を受胎させる火、あるいは生命の原理は、ギリシャでは卵にはいったエロスとなり、エジプトでは卵にはいった太陽になる

Ⅱ——世界の構造

Ⅱ-1-2　世界鳥

　イランでは『鳥たちの会議』という神話テクストがあるが、『シャー・ナーメ』にも巨大な世界鳥シモルグが登場する。世界鳥、世界魚などはどこにでもあってよさそうであるが、じっさいにはそういった神話はあまりみられない。世界獣もない。天から狼がくだってモンゴル族をつくったというような話は、最初の王が夜な夜な狼になってツンドラを疾駆したというロシアの話にもなるし、始祖獣としては熊の場合も虎の場合もあるのだが、それがシモルグのように空全体をおおうほど巨大であるといった伝承は虎にしても熊にしても語られない。海の動物なら、巨大魚は語られるがそれもクジラくらいであり、大陸全体を背負っているような本当に巨大な魚はいない。実は世界樹などでもほんとうに世界をおおう巨大な木が想像されることはすくなく、ささいな木をさして、これが世界樹だといったりする。山でも世界山、宇宙山という想像はあって、須弥山、スメール山がそうだが、ときには抽象的で、みえない山であったり、世界全体を山であると言ったりする。しかし、それではその山はどこからみえるのかというと、世界全体だからそれ自体はみえないということになったりする。したがって矮小な世界樹と同じく、矮小な「世界鳥」がいてもふしぎはない。事実、「光の鳥」「火の鳥」「真実の鳥」「知恵の鳥」などはいたるところにいる。世界をとびまわってあらゆる出来事を報告するムニン・フギンという北欧神話のオーディンの鳥はじつは世界鳥であったかもしれない。宇宙卵もかならずや世界鳥がそこに生みおとしたのである。

　シモルグはしかし始祖ではない。世界をおおう巨鳥であり、世界中の鳥をあつめてひとつになる存在でもある。鳥たちの王というモチーフがヨーロッパの昔話にはあり、少年が冒険にでかけて、鳥た

II-1　卵と鳥

ちの王、獣たちの王、魚たちの王につぎつぎに道をたずねたり、超自然の力のある羽や爪をもらったりする。鳥たちの王は風の神でもあるようで、ゴーッという地軸をゆるがすような轟音をたてて飛来する。スラブ圏でよく語られる超自然の英雄である。獣たちの王や魚たちの王より、鳥たちの王のほうが一段と強力で、万能なようにみえるのは、天空を支配する至高神の位置に近いからともいえる。エジプトの太陽の舟やメキシコの

シモルグ

翼ある蛇ケツアルコアトルも巨鳥として想像することもできるかもしれない。日本の天の鳥舟も、鳩船といえばかわいらしいが、磐楠舟などというと、巨大な磐座が空を飛来してくるようにも思われる。太陽の祭壇ではないかといわれる山中の巨石が異界から飛んできた岩で、それが飛ぶ様子は巨大な鳥が大きな翼を広げたようだとも想像されるだろう。地上ではオロチとされるが、空中では巨鳥である。それがときに巨石でもある。

　じっさいに巨大な存在は人食い鬼でも、カバなどでも、ただ鈍重なだけでたいした力はなかったりする。巨人伝承と世界の主の伝承はちがうので、世界樹も宇宙山も現実に大きな姿をみせる必要はない。しかし鳥だけはあるとき翼を広げると空が隠れて、真っ暗になったりする。太陽の鳥、火の鳥、金の鳥もそのヴァリエーションである。かならずしも寸法が巨大でなくとも、その光が世界中を照

らす火の鳥は同類である。八咫烏、金鵄などもそれにつらなる。エジプトの太陽神ホルスは隼であらわされるが、これは空全体をおおう巨鳥である。その左右の目が太陽と月で、羽を広げると空をおおうのである。あるいはその鳴き声で世界を震撼させる鳥もいる。日本神話で、アマテラスを岩戸からひきだすためにつれてきた常世の長鳴鳥も世界鳥の一種である。

II-2 樹木

II-2-1 世界樹

　世界をおおう木、あるいは天まで届く木を世界樹とする。もっとも「世界樹」の概念にふさわしいのは北欧のユグドラジルである。世界はこの一本の大木で、根のほうに死者の国があり、蛇がとりまいている。地表の根方に人間たちの国があり、上のほうに神々の領域であるアスガルドがある。ただしこの場合の「木」は地図のようなもので、現実に木の枝のうえにアスガルドがあるわけではない。また人々がその木の枝を伝ってアスガルドやヴァルハラへゆくわけではない。ちがう世界へゆくときはハイムダールが守っている橋をとおってゆく。虹の橋である。巨人たちの世界、アース神族の世界、ヴァン神族の世界はむしろ虹の橋でつながった浮島のようなものである。そのほかに人間たちの世界、死者の世界、小人たちの世界がある。ユグドラジルが世界であるというのは明らかにたとえで、具体的な世界の構造ではない。

　世界を巨大な樹木そのものにたとえ、そこが世界の中心であり、全体でもあるが、その樹木をのぼって天へゆくことはできない。下の世界から上の世界へは虹や橋をつたわって往来し、かならずしも

II-2　樹木

その木の幹をのぼるものではない。つまり、これは天へゆくはしごではないのである。

　これはそれ自体が世界であり、世界を樹木で表したというより、樹木にたとえたのである。世界というのは1本の大きな木のようなものだという「たとえ」である。根のほうに地獄があり、人の世ミッドガルドをとりまくヨルムンガントの蛇がいる。戦場で死んだ戦士たちの館ヴァルハラは上のほうで、その屋根の上にいる山羊はユグドラジルの葉をかじっている。上の方といっても、天空に浮いているのではなく、「樹木でいえば」梢のほうにある。宇宙を山であらわした須弥山も同じ発想で、山のいくつもの層にそれぞれの生がある。いわばそれらは目にみえない樹木であり山であって、そこに住んでいるものにはそこが山であり木であるという意識はもちようがない。この

ユグドラジル

場合はたしかにその山や木は「宇宙軸」ということができた。しかし、それがどこにあるかというと、それは「たとえ」でしかなかった。一家の家系を家系樹であらわすことと同じで、上のほうの神々の住まい、下のほうの死者や魔物の住まい、そして中間に人間たちの世界があるのを一本の木でたとえたのである。

　ところでこのユグドラジルは植物種としては、なぜかトネリコで

Ⅱ——世界の構造

ある。トネリコという樹種は日本ではあまりなじみがない。じっさいには日本でも自生しているのだが、庭木としては使われない。また自然の森林で、めだつ巨木でもない。もっとも日本自生のトネリコはFraxinus Japonicaで西洋種のFraxinus excelsior とはちがう。近縁種にアメリカーナとかシリアカなど多種ある。セイヨウトネリコは樹高30〜40メートルに達するが、モミが60メートルにおよぶものがあるのにくらべれば、巨大ではない。枝のはりも樫が20〜30メートルまで伸長するのにたいし、トネリコは横枝はほとんどのびない。単幹がすくなく、株立ちをするいわば雑木である。ヨーロッパ各地にはえる「巨木」としてはモミや樫があげられるが、トネリコが巨木として祀られている例はあまり知られていない。成長ははやく、あっというまに大きくなるが、何千年も生きる木ではない。強度があるわりにしなやかで加工しやすいので、テニスのラケットや野球のバットに使われた。神殿などの大きな建物の主要な建築材料にはならない。むしろ薬用植物で、葉や根を煎じて利尿剤や降圧剤としてもちいた。北欧では最初に人間がつくられたとき使われたのがトネリコであるという神話がある。加工しやすいが、そのため裂けやすく、木登りには適さない。なぜこのトネリコが「世界樹」なのかわからない。そもそも北欧でもユグドラジルはいかなるテクストでも「世界樹」という表現はされていない。この根から知恵の泉がわきだす。その根方に蛇がまきついている。これは世界蛇である。日本でも日本列島をささえているナマズ、あるいは竜がいる。ヴァルハラの屋根の上にいる山羊がこのトネリコの葉を食べている。神々のすまいアスガルドが、このユグドラジルの枝のうえに乗っているのか、木の陰にあるのか、不明である。世界を一本の巨大なトネリコにたとえて叙述しても、それでは、具体的に神々の住まいは

どうやってその木のうえに建てられているのかはわからない。塀があり、建物があり、リンゴのはえた庭がありというように叙述されても、ユグドラジルのどこにそれがあるのかは不明である。先にも言ったが、世界を一本の木になぞらえて物語にしたので、具体的に追及するとしどろもどろになる。

II-2-2　樹木霊

世界樹信仰は必ずしも普遍的ではないかわりに、植物霊信仰ならどこにでもあって、森の木を切ってきて門口にかざるような風習がみられる。ヨーロッパでは5月の祭りでモミの枝を家々にかざる。日本の門松のようなものである。クリスマスにもモミを切ってくる。いずれも樹木霊、あるいは植物霊信仰である。神話でも森の木が特別な霊能を発揮した話が語られる。ものいう樫の木のたぐいである。

また「ジャックと豆の木」でよく知られる空へ達する植物がある。竹などの場合もあるが、多いのは蔓科の植物で瓜、あるいは朝顔などである。モミの木などでものぼってゆくとどんどんのびて天へつくというものもある。

しかし、どこにでもあるようでも、実はエジプトにもギリシャにも植物霊信仰はあっても天へのぼる木の神話はない。世界樹神話もない。メソポタミアにもない。いわゆる「大神話」には「ジャックと豆の木」もユグドラジルもないのである。

一般の植物霊信仰は、穀物信仰であれば穀霊を考えるが、多くは狼、羊などの動物や白鳥などの鳥に仮託される。麦穂や稲束だけを祀ることはあまりない。日本の神社などで注連縄に藁をさげるのはシデのたぐいで、穀霊信仰に近いが、聖性を稲であらわしただけともいえる。注連飾りにつかう羊歯も特別な意味をもっているわけで

II——世界の構造

アテナ

はない。玉串につかわれる榊もたんなる依り代か植物霊かの判断はむずかしい。畑の穀霊と森の樹木霊、あるいは森林の精霊とはちがう。森には精霊がすむという思想は世界的で、大きな木にも霊がすむ。あるいは木霊が森にいるともいう。

樹木霊ではアティスが松の木になったという。常緑で、葉がおちず、寿命もながい松が生命力の象徴となっても不思議ではない。そのあたりではむしろ、レバノンの国旗に描かれるレバノン杉の、その亭々たる様子は神聖なものを思わせる。神話学者ブロスはオシリスがレバノン杉を象徴にしているのではないかという。神話では、オシリスの死体が閉じ込められ、復活までの時間をすごしたのはタマリスクあるいはタマリンドである。とくに樹高の高いモミの木も特別の尊崇をうけてもふしぎではない。神像をきざむのに松の木をもってした。たとえば特別に堅い胡桃とか木肌の美しい黒檀などではなく松であったのは、何か特別の意味があったかというと、アティスの場合には死んで松に転生したし、他の伝承では、松の木をきってそれを衣でくるんで死んだ神として祀っていると、それが彼の復活のときに活きて動き出したという伝承もある。ディオニュソスの木蔦あるいは葡萄、アテナのオリーブ、アプロディテーのミル

テなどはそれぞれの神を特定する持物である。とくにオリーヴは食用油のもととして、地中海地域の食文化に大きな役割をはたしている。揚げ物や油漬けで食肉、魚肉の保存が容易になった。アテナイが、アテナ女神をオリーブをもたらしてくれたものとして特別に尊崇する理由である。オデュッセウスがポリュペーモスの目を突いて退治したのもオリーブの木の杭である。

　それでも、ギリシャでは特に植物霊信仰といえるものはそだたなかった。ドドナの樫の木も、神託の木ではあっても、木自体が崇拝されたわけではない。それにたいして顕著な植物霊信仰がみられるのはドルイドの樫のヤドリギの祭式だろう。黄金のヤドリギが天の火をやどしているというのと、それを切り取ってもってゆくと地獄の灯になるという考えが、たとえばローマの詩人ウェルギリウスあたりからあった。日本で言えば、イザナギが黄泉の国で櫛に火をつけてイザナミを見たように、ウェルギリウスの詩の主人公は黄金色のヤドリギをかざして松明のようにして地底の世界をへめぐるのである。これはとくに黄金の色でなくともよさそうで、ようするに燃してあかりになる木である。松明に松をつかうのは、油が多くよく燃え、かつ火持ちがいいからだ。黄金色というだけなら、イチョウでもプラタナスでももっとあざやかな金色になるものがいくらでもあるし、赤く紅葉する木もあるが、それらは多くは灯用には適さない。その点ヤドリギが松明になるかというとむしろこれは疑問だが、その聖性が灯の色を思わせるところからきているのは明らかだし、もうひとつは樫の木によく落雷することと関連させて、雷の火がヤドリギにやどるという思想があったものといわれる。となると、松明としての灯明用にしろ、雷の木にしろ、それはとくに植物霊信仰というよりは雷光や灯火の信仰ではないかとも思われる。

Ⅲ―世界神話の構造

　オシリスの棺を包み込んだというタマリスク（あるいはタマリンド）は、タイなどでみられる仏頭をつつみこんだ木、あるいはアンコールワットの寺院をのみこんでしまうガジュマルなどの木の生命力への信仰を思わせるが、アンコールワットでもとくにガジュマルの信仰はない。フリーメーソンの祖とされるアドニラムあるいはヒラムの墓にうえられたアカシアが特別の尊崇をうけたりするが、その木が地下の死者の肉を吸って大きくそだって、魂の転生に一役買うという話はなさそうである。森の木1本1本に死者の魂が宿って、転生をまつという想像が大江健三郎の森にみられるが、これはどうも彼の個人的想像のようである。彼には自分の木、雨の木、泥の木、もえあがる緑の木など、特別に樹木霊への思い入れがあるが、世界神話に類例のないのが残念である。神木、神樹はあって注連縄がしめられたりしているし、うろができた大木ではうろのなかに小さな社をおいたりしたものがある。これはヨーロッパでも、木のうろに聖母像をおいたり、特別に霊験のある木として祀ったりするものはあるのだが、樹木霊信仰一般とはいいがたい。

　それにそのような樹木霊ととくに成長のはやいマメ科の木やつる性の草木、あるいは竹などを関連させたものも多くはない。「ジャックと豆の木」のような昔話はよくあって、天へのぼる手段になるし、中国の狗耕田伝承では竹が天の金蔵をつきやぶったりする。かぐや姫のように竹の節の中から天女が生まれるという話もあるのだが、それが信仰として確立し、樹木神社が大木を神体としてその前に拝殿を作って祭るという例はすくない。ヨーロッパでも特別な樹木が口をきいて予言をしたという伝承や、神託の木とか、神のやどる木などはあるが、それらが祭式として固定したものはめったにない。

Ⅱ-2　樹木

　ギリシャではアポロンにおいかけられたニンフのダプネが月桂樹になった。神に愛された人間が樹木になったり、また樹木から人間にもどったり、人間の子供を生んだりする。中国では伊尹(いいん)の母が大洪水をのがれてゆく途中、ふりかえってはいけないというのをふりかえったら桑の木になった。そしてその木のなかでそだってでてきたのが、後に宰相になる伊尹である。しかし、それらの伝承が祭祀を形成することはない。

　木の柱を広場にたてる風習でも、本当の宗教祭式にはならないし、柱の神、樹木霊を祀るというわけではない。天を崇拝するのでもない。それらを世界樹と言ってみてもなんにもならない。日本でも各地で柱をたて、そのうえに松明をつけて燃す祭りがみられるが、そのさいの柱は諏訪大社の御柱祭のように特別の木をえらんで切り下ろしてきたようなものではなく、アルミポールで代用しようと思えばそれでもいいものである。

　中心か辺境かについては、象徴学的に考える必要はあるだろう。崑崙(こんろん)山は辺境にあるがなお中心である。というより、世界にちらばった人間たちはいずれも中心から疎外されたところにいるのである。楽園をおわれた人々なのだ。その楽園の木は生命の木なのか、知恵の木なのか、あるいは宇宙木なのかというと、これは樹木霊としての生命の木であったのが、本来であろう。樹木霊の信仰には木の大小はあまり関係しない。しかし巨大な樹であれば、おのずからそこに神霊がやどるように思えただろう。石ひとつに神霊がやどるのと同じである。

　それにたいする機能的な柱は天をささえるのであれ、そこから天にのぼるのであれ、それ自体に生命や神霊がやどる必要はなく、樹皮もけずられ、むしろつやつやとみがきだされたりする。あるいは

II──世界の構造

はしごのように登るための刻み目がつけられたりする。その場合は純然たる道具である。

　天の神霊をむかえる装置としては立て砂や門松のような、あるいは一本の榊の枝などがつかわれ、高い柱でも、大木でもある必要はなく、象徴的なもので十分だった。

　それと、柱たての儀礼の柱は機能も意味も異なっていると見るべきである。しかしひとつの石を世界の中心であり、へそであるというときには、世界がそこに集約されると見ることはできる。そして柱をその石の上にたてたときは、それが世界をあらわすことはありえた。

　植物霊信仰は森林地帯の住民には強固だったろう。そのなかでも特に大きな巨木を尊崇することはむしろ自然で、日本でも巨木は大事にされた。しかしたとえば、雷の木として中国で桑の木が大事にされたということは、桑がどちらかというとあまり巨木にはならないこととあわせて考えさせられる。ヨーロッパではモミが、日本では杉がまわりの樹種より高くなる。その結果はもっとも高くそびえる木に雷がおちて、幹がおれ、あるいは火事になる。杉やモミによく雷がおちるからといって、それらを雷の宿る木とはしないのである。ヨーロッパではむしろ樫の木(オーク)が雷のやどる木とされ、黄金のヤドリギが雷をやどしているとも思われた。樫は高木になるより、横に枝をのばし、雷にはあまりあたらない。というより、落雷がはげしく、背の高い木が雷をうけて毀損するとき、樫はしっかりと生えてなにごともない。これは桑の木でも同じだったかもしれない。

　ゼウスの木、樫はたとえばドドナに亭々たる大木として生えていたようである。ガリアでもかつての英雄にちなむウエルキンゲト

Ⅱ-2　樹木

リックスの「樫の木」などがあり、日本でいえば、どこそこの大銀杏とか、一本松などというような感じで、どこからも目立ってすぐわかる大木が特別の木とされた。ドルイドは樫にのぼってやどり木を切って祭儀を行なった。フランスの聖王ルイは樫の木の下で裁きを行なった。あるいは菩提樹はインドではもちろん釈迦の木だが、ヨーロッパでは、精神の病をなおす聖なる木として尊崇された。

　エジプトやパレスティナのほうでは「いちぢくかえで」が聖木とされた。聖書に題材を取った「エジプト逃避行」の絵などで、その下でやすむ聖家族が描かれる。いちじくに似た実がなるが学名は Ficus sycomolus で、樹高は20メートルくらいだが、乾燥地帯では大きなほうである。アフリカではもちろんバオバブがあるが、これも樹高は25メートルくらいである。樹齢でいえば、松の一種でカリフォルニアには4700年のものがあったという。その木にはプロメテウスという名がついていたが、1964年にあやまって伐採されてしまったという。日本の縄文杉も4000年程度の樹齢とみなされているが、4〜5000年の樹齢の樹木はヨーロッパではめずらしくはない。スウェーデンで樹齢9500年になるトウヒが発見されたが、なぜかきわめて矮小な木だった。

　それらの木にくらべて、トネリコは成長は早いがすぐに倒れ、樹高はさして高くなく、幹のふとさも目通し何メートルというようなものはない。それがなぜ世界樹、宇宙樹なのかといわれるとよくわからない。

　「聖なる木として厳しい掟に守られたオークの樹は、(…) 巨人的大きさと樹齢を」もつものと想像されていただろうとブロスはいう（『世界樹木神話』）。トネリコでは到底、神話的想像においても天にとどくような創造の時からはえつづけている木にはならない。シベリ

II――世界の構造

ア・シャーマンの聖樹はカバの木で、斎場にたてられ、シャーマンの天への旅や、儀礼によって招きおろされた天の精霊のやどるところとされる。この場合、シャーマンの儀式を行なうところではどこでも手にはいる木でなければならず、せいぜい日本の榊くらいのものと考えられる。とおい山の中にはえる大木を伐ってきて祀るわけにはいかないのである。シベリアのツンドラでどこにでも生えているのはカバである。それのみならず、ブロスによればカバの木は「光の木」である。

儀礼でつかわれる木はドルイドの宿り木であれ、日本の榊であれ、キリスト教の棕櫚であれ、あるいは、このシベリアのカバであれ、どこにでもあるもので、とくに巨大である必要もなく、その点はヨーロッパで五月の春の祭りに森から切りだしてくるモミの木や、クリスマスのモミの木も大木である必要はない。森の生命力を表せばいいのである。その木のまわりで、みんなで輪になって踊ったからといって、その木が「世界」を表しているとはかぎらないし、一番高い木を切ってきて、村の広場にたてることがあったとしても、それが「天」を表しているとはかぎらなかった。

天へのはしごや天の支柱という概念はあり、諏訪の御柱はおそらく天の支柱だろうが、これを「世界樹」であると言った場合、何を言ったことになるのだろう。まずこれは高さは16メートルと決まっていて、高いことは高いが、五重塔ほど高いわけではない。またひとつの神社に4本たてられ、それが同時に上下両宮ばかりか、秋宮、春宮にもたてられるので、世界を唯一の柱であらわすようなものではない。解釈の問題だが、その助けになる神話は知られていない。

それにたいして、五月に若木を森から取ってきて、戸口にうちつ

けるような風習、門松のようなものは明らかに異なっている。そもそも生きた大木をもって世界をあらわすというユグドラジルのような信仰がすでに、柱たての風習などとは異なっている。年のはじめに山にこもって翌朝、日の出とともに山の木をかざしておりてくるような風習には樹木霊を里にむかえるという意味がみとめられるが、それは大木をもって宇宙軸とするような思想とはつながらない。生きた大木に注連縄をめぐらせてそれを祀るときにしても、そこに宇宙全体の姿を想像したり、その大木によって天にのぼろうとしたりすることはまずない。天の神をむかえるときも、立て砂のようなものをたてて、そのてっぺんに松の葉をさすところには樹木霊信仰と天神信仰とが接続したところがみられるが、象徴となるためには巨木である必要はない。

　大樹や森林については荘厳なものとして、またその生命力にたいする尊敬から敬われるが、個体としての樹木は形がさだまらず、やがて寿命がきてたおれるし、高くそびえたものは落雷や大風でたおされる。大森林を神の森として大事にし、また伊勢神宮や春日大社のまわりに原生林を配して禁足地とするようなことは、たとえばフレイザーがとりあげたイタリアのネミの森でもみられるのだが、大石などとちがって具体的に神格化することがむずかしく、個々の神として祀ることはない。木に神霊がやどっていて、斧をふるうと泣き声がするとか、血がながれるという思想は世界的で、フランスの16世紀の詩人ロンサールも「樵よ、手をとめよ、血がながれているのが見えないか」と言ったが、そのようなアニミズム的精霊観と具体的宗教祭祀とは別だ。まして世界樹祭祀などはどこにもないのである。（植物神話については、篠田『世界植物神話』八坂書房、2016参照。）

Ⅱ──世界の構造

Ⅱ-2-3　世界柱

　神話学、あるいは文化人類学では、神話的な柱や大木やあるいは木の枝をすべてひとしなみに「世界樹」とするが、その機能はさまざまある。切り取った一本の木の枝が大木そのもの、さらにそれが象徴する世界そのものをあらわすこともあるが、たんに樹木霊をあらわす場合もあり、斎場の飾りでしかない場合もある。黄金枝であれば、闇をてらす明かりとされるが、じっさいに儀礼において「光の木」となる事例はそう多くはない。大木を信仰しても、それを世界と同一視するとはかぎらない。枯野という舟をつくった大木は朝日でできる影と夕日でできる影がそれぞれ国の境までのびていた。その影がおよぶ範囲が「国」であり「世界」だったが、これを切り倒しても、別に世界にはなんら変更はなかった。

　シベリア諸族におけるテントの中心柱、儀礼の柱、シャーマンがそれをつたって天へゆく柱は、通路であり、これと天をささえる柱は同一である場合もある。天を支える柱は世界国家的には世界の四隅にあり、往々にして崑崙山などに擬せられるが、それが世界の中心ではない。それにたいしてユグドラジルは世界が巨大な樹木そのものにたとえられ、まさにそこが世界の中心であり、全体でもあるが、その樹木をのぼって天へゆくことはあまり問題にならず、下の世界から上の世界へも虹や橋をつたわって往来し、かならずしもその木の幹をのぼるものではない。つまり、これは天へゆくはしごではないのである。

　シベリアのシャーマンがテントの心柱にのぼって天へゆく擬態をするさいのテントの中心柱は、世界にひとつの世界の中心ではなく、どこにでもつくることのできる儀礼空間の中心であり、テントごとにある。日本の家屋の大黒柱も同じだが、そこに宇宙のシンボリス

ムを見ることはむずかしい。家自体が小宇宙であるという観念はあり、屋根の棟に天神をむかえる鳥居のようなものをたてたり、そこに鳥型の飾りをのせたりすることは、各地の建築における棟飾りに見ることができる。しかし一本の柱で、宇宙全体をあらわすことはないと言っていいだろう。大黒柱で天神を祭る例はないのである。トーテムポールのように一本の柱に縦軸の時間を集約するようなことはありうる。しかし一本の柱のてっぺんが天神で地中にうまったところが地の神であるという構造はすくないだろう。朝鮮の天下大将軍、地下女将軍であっても、一本の柱の垂直の象徴ではない。

　五月の柱メイポールは本来、生木である。森から切ってきた生木を村の広場にたてて、そのまわりで村人がおどった。クリスマスツリーなども同じである。

　ゲルマンの世界柱イルミンスルはたしかに天を指示する儀礼的な柱であろう。これをユグドラジルと同一視することはグリムの思いこみで、留保が必要である。生木と樹皮をはいだ柱とはちがう。生命がやどるか、道具になってしまっているかの違いである。メイポールの場合は、広場にたてるために樹皮をはいでも、そのかわりに樹冠に葉を残したり、あるいは葉のついた枝をまきつけたりするし、あるいは緑の布を螺旋形にまきつけもする。

　ユグドラジルというのは現実には存在しない木である。それにたいしてイルミンスルは現実に人々がたてた柱で、それを宇宙軸であるとしていたのかもしれないが、その実態はわからない。ある種の記念の柱であっても、かならずしも宇宙論的なものでも信仰のものでもなかっただろう。国をたてたときにそれを記念して打ち立てた石碑のようなものではなかったろうか。オペラ「ノルマ」などではこのイルミンスルを神殿のように描くこともあるが、ドルイドの時

II——世界の構造

代であれば、神殿はなかった。北欧神話ではオーディンが試練として この木あるいはユグドラジルに9日間つるされていたという。このときは生木であったとも思われる。が、葉をうしなった枯れ木であることもあり、あるいは切り倒した木の幹をたてたものであったこともあるようである。シャルルマーニュが打ち倒したというイルミンスルはそれが唯一のものではなく、ゲルマン人の樹木崇拝のかたちとして各地にあったものと思われる。ウプサラの神殿わきに生えていたイルミンスルはイチイであった。しかし時にはガロ・ロマン時代にガリアの地に多くみられた神像柱のようなものとして想像されたこともあったらしい。イルミンスルとはたんに「大きな柱」という意味だともいう。シャルルマーニュがザクセン遠征のさいにイルミンスルを打ち倒したというのはそのころの記録には記されている事実だが、それがどこだったのか、そのイルミンスルは円柱だったのか、木の柱だったのか、トーテムポールのような神像だったのか、枯れ木か生木かはまったくわからないのである。その解釈としても男根崇拝とも太陽崇拝ともいうし、たんなる戦勝記念ともいう。

それにたいして、ブロスが紹介するシベリアの世界観にみられるものはまさに世界樹である。「地中のへそには、最も樹高のある樹、すなわち巨大なモミの樹が生えていて、その枝々はバイ・ユルゲンの住まいにまで達している」。バイ・ユルゲンは天神である。この木は「頂は天に達し、その根は冥界に根ざす」(『世界樹木神話』) もちろん、現実に目にすることのできる木ではない。あるいは「天を貫く木の根方から黄色く泡立つ水が流れ、それを飲めば疲れが取れる」(前同)。ユグドラジルの根方からも知恵の泉がわきだす。世界樹の根方から水がながれるのが重要である。キュロスが生まれるとき、

II-2　樹木

先王が夢に娘の陰部から大きなブドウの木が生え、世界をおおうところを見た。その前には、同じ娘が放尿をして世界を水没させる夢を見る。泉がわき出す世界樹である。

　世界観としては「宇宙軸」「世界樹」は存在する。しかし、現実にそれがどこかにそびえているわけではない。儀礼的に、そのどこにもない世界樹をたてることはある。むしろシャーマニズムの実修にかかわることで、シャーマンが空をとぶのと同じく、現実には目にみえない世界である。昔話では「ジャックと豆の木」のたぐいが知られている。天へのぼるはしごは神話では存在する。儀礼でも象徴的には建てられる。しかし、それ自体は信仰の対象とはならない。

　抽象的世界観の象徴表現である「世界樹」「宇宙山」を村の祭礼のかがり火の竿などに見ることには慎重であるべきだろう。

　ゲルマンのイルミンスルは天の象徴といわれた。実はよくわからないものなのだが、すくなくともそれは世界そのものではなかった。ユグドラジルとは異なっていた。北欧では村の広場に柱をたてて、それをユグドラジルとみたてる儀礼はない。レバノンのドルーズ族のイニシエーションで、入門者に課される試問に、「生命の木はどこにはえているか」というものがあり、それぞれの人間の心のなかにと答えないと失格となる。ユグドラジルも、どこに生えているのかと問われて、ウプサラにだの、アイスランドのなになに火山の頂になどと答えたのでは入門試練は通過しない。また神を祀るのにユグドラジルをどこに建てるのかといわれれば、やはり、心に念ずるのだという以外にないだろう。イルミンスルとユグドラジルの信仰が同一文化の中にあるなら、目にはみえない世界全体としてのユグドラジルを、現実の地上において、象徴的にイルミンスルによってあらわすということもできるかもしれないが、この問題は、もっ

II──世界の構造

とじっくり考えるにあたいする。樹木象徴ですぐに思い浮かぶクリスマスのモミの木はけっして世界樹ではなく、森の生命力の象徴である。

つまり樹木信仰はほとんど世界全域にあるが、その形はさまざまで、枝をかざるときもあるし、若木を植えるときもあり、枝葉を取って丸太を柱としてたてるときもある。あるいはその柱としては竹のようなものや、石でさえいいこともある。石柱だと、どちらかというと陽石とみなされるが、エジプトのオベリスクだと宇宙的象徴をもっている。森林にとぼしく、すべてのものを石でつくりあらわす文化では、北の森林地帯の文化において大木であらわされたものが、石柱によってあらわされるのである。また各地の儀礼で、細い木の柱、ないしは竿をたて、そのてっぺんに鳥などをのせたものもある。柱松は柱の上に篝火や灯明をのせるが、あるいは松の薪や藁をのせて、そこに下から松明をなげて火をつけることもある。柱の上にのったものがゲーター祭だと日輪とみなされる。これらの「柱」は世界樹であるよりは灯明の台とみなされ、柱松が竜燈松となって、村はずれの一本松のてっぺんにつるした灯明になるときには、灯明自体が意味をもって、松はたんにそれをさげるだけの機能と意味しかないことにもなる。柳田國男は柱松と竜燈を起源的に同じものとする。要するに盆の迎え火であり、柱自体にはそれほどの意味はない。

柱としてはソロモン神殿の祭壇の前に建てられたヤキンとボアズという二本の柱がある。これは屋根をささえる柱ではなく、なにものっていないただの円柱である。真鍮の中空の円柱だったともいう。ヘブライでも、一般にオリエントでも、古代の神殿には祭壇柱というものがあり、これにつかまって神に、あるいは祭司にいのるので

II-2 樹木

ある。罪をおかしたものが追われて神殿に逃げこんでも、この柱につかまれば官憲は手をくだすことはできなかった。後にキリスト教の教会もアジール（避難所）としての機能をはたすようになり、治外法権とされたが、もとはこの古代の神殿の祭壇柱の思想である。その柱は鳥居や立て砂のように、そこから聖域がはじまる印となる境界柱である。それにすがったものは、神のふところに保護されたのである。そこは境であるとともに中でもあった。

ヤキンとボアズ

オシリスを形象するジェドという柱がある。一本の柱に横木を何本かつけたような形だが、オシリスの背骨をあらわすともいう。あるいはこの上に生命の象徴アンクーがのり、そのうえに日輪が描かれた絵もある。

柱が境か中心かという話は、ヘルメス柱とディオニュソス柱についても議論される。ヘルメス柱は境界であり、ディオニュソス柱は祭壇柱である。これは、須弥山と王宮や首都の位置との関係にもなるだろう。小さな村里でも、村境の道祖神や道切りの縄などから、神社の鳥居やしめ縄、あるいは立て砂などとの関係にもなる。神をむかえる印の立て砂が中心なのか、それともそこから人は中へはいってはいけない結界なのかということでもある。女人結界といった観念が後にはでてくるが、女人が中心から排除されるのではなく、逆に、女人、すなわち母胎を中心とする世界観もある。へそ石が子

Ⅱ ── 世界の構造

宮であってもいいし、あるいはインドのリンガであってもいい。その神聖な象徴が国や村の中央にあってもいいし、山の端にまつられていてもいい。聖域は神聖な異界のはずれ、あるいはその山のふところにまつられ、人々の市はそこからはなれた平野に造られたかもしれず、竪穴住居にすんでいたころは、環状に配置された住居の中央に祭壇のある集会場がつくられたこともあった。しかし、その聖域、あるいは斎場が、大きな神殿集合のなかにすえられるときは、その中央よりは、多くは北の隅などにしつらえられた。西洋の教会でも、主祭壇はかならずしも内陣の中央ではなく、端におかれて、神をまつった司祭がふりかえって、信者たちに説教をし、あるいは聖体を授けた。もちろん、集中式とバジリカ式とラテン十字式とあったが、東端のアプシスに祭壇がおかれることもあれば、十字の交差点におかれることもある。ローマのサン＝ピエトロではドームの下に置かれたが、コンスタンティノープルのアヤ・ソフィアでは東端に置かれた。そのあたりは人間の動きと神の位置との関係にもかかわってくるだろうが、そこでもなお、人が集まるところいたるところに神を祀る祭壇がある場合と、祭壇はメッカにしかなく、ふつうの王城はそこからはなれたところにある場合があったのである。はたして、世俗の生活や国家の中心と信仰の中心は地理的に同一たりうるのか、それとも比叡山や高野山のように都からは離れたところに信仰の中心がおかれるのか、そしてまたその場合でもいわゆる西方浄土などは世界の中心とみなされたのか、それとも地の果てと考えられたのかという問題がある。また柱や塔をたてれば、それが世界の中心とみなされるかというと、改築後のアヤ・ソフィアなどの回教寺院のミナレットはもちろん世界の中心ではなく、キリスト教会の塔もピサの斜塔にしてもけっして世界の中心ではない。

II-2 樹木

　つまり、村の広場にメイポールをたててもはたしてそれが世界の中心なのかというと、それは行政の中心でもなければ、信仰の中心でもなかった。そこで天をまつったわけでもなかった。多くは植物霊とそれに伴う万物の復活を祝ったので、王城も、首座教会も、あるいはドルイドが神を祀る樫の木もそれとはべつなところにあった。それを世界樹とか宇宙軸といってみてもひとびとの宗教も神話もすこしもそれによって解明はされないのである。

　諏訪の御柱は聖域をしめす門松のようなものであると同時に、神社の四隅にたてられて、天をささえるとも考えられるが、これを世界樹といって世界をあらわすというのはただしくないだろう。中心柱ではなく、四隅の支柱だからだ。そのてっぺんに鳥をつけた鳥竿といったものの場合はまたちがって、そこでは天をささえる機能はなく、天を祀る象徴的装置である。

　その鳥を弓で射落とす儀式、あるいは柱のうえに松明をつけて、下から火をなげて、その松明をもす柱松の儀礼などだと、柱は象徴的性格より、鳥や松明の支えとしての意味のほうが明らかだ。それが何かをあらわすかというと、柱松の場合は迎え火をかかげる柱で、祖霊をむかえる目印だというのが正確なところだろう。柱自体ではなく、その天辺につけた松明が目印になるので、柱のかわりに高い松の木のこずえに松明や灯明をさげてもいいし、櫓の上でもいい。

　シベリアのシャーマニズムではテントの中央に柱があり、そこをのぼってゆく足掛かりがあって、シャーマンは神がかりするとそこへのぼって天空遊行のもどきをする。天へのぼる梯子にみたてたもので、それをもって「世界樹」というのはまとはずれである。これが多くはカバでつくられるのにたいし、シベリアでは「世界軸」が大地のそこにむかって生えているというときにはモミの木が想定さ

Ⅱ——世界の構造

れる。それが大地をささえているのである。地上には生えていない。日本の要石なども大地の中心までのびているといい、それが世界をささえている。地下にも世界を考えるとき、その地下へむかって柱や樹木がのびていると想像することはむしろ論理的かもしれない。

伊勢神宮や出雲大社に「心のみはしら」というものがあり、ふとい柱が地中にうめられている。伊勢のそれはけっして大黒柱のように神殿を支えているのではなく、象徴的な役割しかしていないのだが、まさにそうだからこそ、それが宇宙軸なのだというのはそうかもしれないと思われる。またそうでなかったら、なんのためにそんなものがあるのかということになる。この場合は土台石や要石、へそ石ときわめてよく似た位置にあるのである。鹿島の要石も大林太良(『私の一宮巡詣記』)によれば、「金輪際」までとどいている。地中深く貫通して、まさに宇宙の中心になっているという。こうなってくると「宇宙軸」というものも考え直さなくてはならなくなり、高い柱がたっていれば世界樹、宇宙軸だというのではなく、むしろ床下や地中にうめられたへそ石のようなものが宇宙軸なのではないかとも思われてくる。

そこで興味深いのは萩原秀三郎の見解で「へそに柱を立てて、太陽の招代と」するという観念である。とくに「柱たて」が大事だというのはうなずける。三内丸山遺跡などでも構造物というより柱をたてることに意味があったともみられる。

この柱は石のオベリスクでもいいし、柱をのせる土台石でもいい。また地中に深く貫通するパイルでもいい。あるいはヴェネティアなどで、都市をつくるために海中にたてられた基礎の松の木でもいいかもしれない。柱であっても天をささえるものもあれば、土中にあって宮殿をささえるもの、あるいは世界のまさに軸になるもの

もあるだろう。その軸はかならずしも地上に立っているわけではない。むしろ地中にうめられて、人の目にふれないものが「軸」であるかもしれない。かつそれは生きて風にそよぐ樹木ではなく、切られ、削られた材木であり、あるいは石柱である。「軸」というのはそういうもので、ふつう、人の目にふれるものではなく、また簡単に広場や神殿に建てられるものではないとも言える。鹿島の要石を柱にして祭りのときに建てるという習俗は考えられない。

II-3　大地

II-3-1　磐石の大地

鹿島の要石が地軸を貫通する宇宙軸であるともいうが、地表に出た部分はただの石で、へそ石などとよばれているものが地中深くつづいていて、地球はその軸の周りを回転しているとすると、これは巨大な世界石である。実際に地表にとびだしたオベリスクのようなもの、メンヒルのようなものはそれにくらべれば微々たるもので、世界石、宇宙軸であるには、地表にせいぜい4〜5メートルの高さにそびえる必要はなく、すべては地中にもぐっているといってもいいのである。世界樹でも、モンゴルのそれは地中深くさかさまに生えていて、地面のうえにはすがたをあらわさない。

・島釣り、国引き

世界のはじまりを語る神話には、卵が混沌の海に浮いていたというものではなく、陸地が生まれてくるという話もあり、また、一種の仮設足場のようなところから、海洋を攪拌して島をつくりだした話もある。あるいはカヌーの上で釣り糸をたらして、島をつりあげ

Ⅱ——世界の構造

た話もある。これをとくに「島釣り型」と「潜水型」に分類する習慣があるが、世界神話的にいえば、その分類はあまり意味がない。というのは、そのほかに「国引き」神話もあり、水平にひっぱってくるのが「国引き」で垂直につりあげるのが「島釣り」だとしても、その両者にじつは根本的な相違はないのである。そもそも釣りをやってみればわかるが、垂直に糸をたらして獲物をつりあげるという釣りはなく、たいてい、水面近くになげた釣り針にかかった魚を引き寄せるのである。あるいは海底から泥をすくってきて、それで島をつくるという話(潜水型)も、鳥や亀が水底にもぐって泥を取ってくる場合と、海底の泥をロープでつりあげる場合では違うのかどうかということになる。日本では天の浮橋から矛をたらして海水をかきまぜて、それを引き上げたときに滴った塩からオノゴロ島ができたというところでは、潜水型とも攪拌型ともいえる。その島におりたったイザナギ・イザナミが柱のまわりをまわって交わったという神話は、離れ小島に漂着した兄妹が島をたがいに反対周りにまわって出会ったところで相手と交わるという話にも似ていることになる。つまり洪水神話型となる。これらはいずれも、原初の混沌の海から世界が生まれたというのではなく、陸がすでにあって、その国を拡張しようとして国引きをしたり、潜水して泥を取ってきたりするので、すでに陸と動物たちの世界が存在しているという設定である。どうやってつくったかよりも、最初になにがあったかで、海に卵が浮いていたと考えるか、島があったかというちがいになる。島の場合、最初は混沌の海だったのなら、どこからでてきたかだが、エジプトではベンベン島という丘が最初からあったという。そこにアモンがたってオナニーをしてシューとテフヌートを生みだした。これは砂漠のなかから浮き出した岩盤ともみられるが、海底から隆

起してきた島ともみられる。宇宙卵が海に浮かんで、そこから天と地が生まれるという設定と、島ができて、そこに最初の人類の男女がのって動植物やほかの島々を生んだという設定の違いである。その島がどこからできたかで、海底から浮き上がったか、海底の泥をかためたか、あるいは海水を攪拌して凝り固まらせたか、そのプロセスの違いはさして重要ではないだろう。いずれにしてもそれが造物主が創造の業を行なう基地になる。

　国引き神話というのは、すでに国があってもっと広い土地がほしいというので、隠岐の島をひっぱってきたので、これは明らかに創世神話ではなく、国土拡張神話である。これと同じ神話が北欧にあり、ギュルヴィが四頭の牛が引くことのできる犂耕地を女神ゲフィン(ゲフィオン)に要求し、認められると、牛にむちうって、大地にふかく差し込んだ犂で土地全部を自分の領地までひっぱっていった話がある(「ギュルヴィのたぶらかし」)。土地をひっぱっていったということならたしかに「国引き」だが、わずかの所領を要求して、魔法の力で大きな土地を獲得したというのがメリュジーヌの物語で、レモンダンが領主から「鹿一頭の皮でかこめるだけの土地」をもらいたいといって、鹿皮をほそくさばいて、長い細紐にして、それで広大な土地をもらったという話も思い出される。この種の「策略」はよく見られるものである。

・ベンベン丘

　エジプトのベンベンというのは解釈によれば混沌の原理であるヌーンの子アトゥムが立つべき場所として作り出したともいう。あるいはアトゥム自身が丘になったともいう。最初は混沌の海に蓮の花がさきだし、そこに最初の神があらわれたというインド的な想像

Ⅱ——世界の構造

もある。最初が氷だったというのは北欧神話で、みわたすかぎりの氷原というのも原初の光景としてはありそうである。ただし、この氷のなかから生まれた巨人ユミルを殺したところ、その体から天地ができたともいう。最初、天地をつくった「原理」と、その後、陸地や島、あるいは動植物をつくった創造者、あるいは造物主との関係がどこでもかならずしも論理的ではない。有という観念が最初の存在をつくりだしたとか、万物創生の原理としての「エロス」が混沌の海を受胎させたという神話と、モノを生み出すには男女の二原理が必要で、立つなり寝るなりする場所がないとだめだというような即物的な観念とがあって、後者では原初の土地、原初の島を考える。どこでも島の創造ないし誕生があって、そこにどこからかすでに存在する造化の神、あるいは男女神がやってきて創造の業を行なうということになる。それがエジプトのベンベンであり、日本のオノゴロ島であり、あるいはどこかの離れ小島であり、大洪水のあとで箱舟が漂着した山のいただきでもある。

そこでしかし区別が必要なのは、混沌の海から天地の創造をしたものと、そうやって生み出された土のうえで動植物をう生み出したものとの違い、すなわち創造主と造物主の違いである。あるいは造化神という概念もある。エジプトではアトゥムが「みずから生み出すもの」で、すなわち創造者に近いが、人間や動物を粘土でこねあげたのはクヌームで、中国なら女媧である。北欧ではユミルが氷をなめて、氷の中から最初の人間をとりだす。さらにこのユミルを殺して、その死体から天地をつくりだす。穀物や植物が女神の死体から生まれたというハイヌウェレ神話も創造神話でも造作神話でもなく、穀物起源神話である。

生物の創造ではなく、世界の創造は天地でもいいが、やはり堅固

な陸地が最初であるべきだろう。エジプトのベンベンについても神話学者リーミングは「潜水神話と同じ泥の塊」とみなすが、石棺の書では、固い岩と叙述される。泥か岩石かという違いはわずかなもののようにもみえるし、岩もくだけば泥になる。泥も固まれば岩になる。しかし、実際には潜水神話がもぐって取ってくるのは石ではなく、泥であり、アトゥムがその上にたって創造の業を行なったベンベンは岩である。

　そして世界樹という思想が世界中にあるように、世界石もまた世界中にある。かならずしも創造の業を行なう作業台でなくとも、その上にすわれば雨がふる雨ふらし石や、鬼が調理をしたという鬼のまな板、あるいは夜泣き石などがある。より普遍的な形としては「子生み石」として、多くは丸い玉が祀られる。あるいはへそ石、要石などもある。その要石が鹿島神宮では大地の中心まで続いているというのが示唆的で、つまりは世界軸なのである。子生み石なら、生命を生みだす造物主である。石から生まれたソスラン、ミトラ、孫悟空が思いだされる。子生み石が母性的であれば、各地には男根石、陽石、あるいは石棒があり、あるいは地上に建てられたメンヒルやオベリスクなら、巨大な男根であるとともに太陽崇拝のしるしである。その男根石が巨大になったものが須弥山で、すなわち宇宙山である。須弥山、メンヒル、要石は同じものである。地下に潜っていても地上に屹立していても同じで、地上にあるから目に見えるとはかぎらない。われわれが生活する場所が須弥山の中腹だとしても、その山自体は世界全体で、その山容はそこにすむものにはみえない。目にみえるのは要石でもへそ石でも小さなもので、それが世界の中心といわれてもぴんとこない。しかし鹿島の要石は石柱で、大地の根底まで通じているという。地球の中心といってもいい。

II――世界の構造

鹿島が世界の中心だと思うひとは少ないが、それが達している地球の中心が世界の中心と感じる人は多いだろう。しかし、地球上のどの地点でも、重力の方向へほりすすめば地球の中心に到達する。そこからさらに天空をあおげば、「天頂」が頭上にみえる。そこまでの線が世界の「軸」と考えられる。すべて観測者のいるところが世界の中心なのである。

しかし路傍の石仏は地軸にまで達しているわけではなく、地球上の任意の一点にころがっている。また、仏像は木でも乾漆でも金銅でもなんでもよく、たまたま加工しやすい石があったところで石仏がつくられているだけである。もっとも石でも木でも銅でも漆でも、あるいは曼荼羅でも、構成されたパンテオンの真ん中におかれたものは世界の中心である。

男根石や丸石が豊穣のシンボルとされる場合、子が生まれれば、その石が生んだものとされた。石自体、小さな丸石を「生む」ことがあるともされ、あるいは静岡県榛原郡(現・牧之原市)の大興寺の裏の川のがけのように、瓢簞石が地中から生まれるところもある。固い石がおいそだってやがて大地からしぼりだされるのである。あるいは「さざれ石のいわおとなりて」というように、長い時間がたてば、砂利もかたまって岩になると信じられていたし、生きた人間が神の禁止にそむいた途端に石にかわったなどという伝承もすくなくない。立山の姥石などというものもそのひとつである。日本では大仏は金銅仏がふつうだが、世界では大仏であれ、観音像であれ、石のほうが多いし、磨崖仏であれば、岩肌にじかに掘られる。バーミヤンの仏像が破壊されたのは記憶にあたらしいが、エジプトのアブ＝シンベルの神像もダムの建設により水底にしずむはずだった。いずれも高さ20メートルをこえる巨像である。そしてより大きな

II-3 大地

神々の像が高い山々をふみしめて天にまで達しているとか、エジプトの神シューが天をささえているというような神話的想像もされる。

あるいは磐楠船という舟が岩でできているという想像もある。

陽石の場合もそうだが、石の柱を見るとすべて男根象徴だとし、木の柱だと世界樹であるというのは、ひとつの解釈ではあっても、そう言っただけでは実は何も示していない。大昔は世界中、どこでもなめらかで細長い黒い石をその地の神の「ご神体」として祀ることが多かった。ソアノン(Xoanon)というのは、そのような石や木の棒で、ほんのすこしだけ目鼻をつけて神をあらわしたものである。神像というより、石ころひとつに神霊がやどるように思って、それをひろってきて祀るのと同じで、象徴的なものであり、擬人的あるいは写実的表現の必要はなかった。河原などをあるいていて、なめらかな石があると拾って大事にするのと同じことで、さして深い意味はない。それが、たとえば20センチくらいの長さのなめらかな石になると珍しがってそれをありがたがったりする。空から落ちた隕石であったり、1メートル、2メートルに達するような細長い石であれば、村の宝物になる。それを村はずれに立てて祀っているうちに、なんらかの霊験があるという噂が生まれたりして、その石が特別な崇拝の対象になることもある。形にもよるだろうが、とくに男根だとも、あるいはオベリスクだとも思わず、はじめはめずらしがり、そのうち噂が噂をうんで、特定の霊験をもった信仰対象になっていったりする。リンガを拝む習俗のあるところ、金精様などといって、石や木で男根をあらわしたものを拝むところでは、たしかにそれは第一には男根だが、とくにそのような信仰が知られていないところでも石棒がたっていると、すべて陽石だというのは問題だろう。

II ──世界の構造

　樹木でも屋久杉のような巨大なものがあればありがたがる。大きな木にはよく注連縄がめぐらされる。巨石、巨木はそれだけで、珍しがられ、ありがたがられる。

　大林太良は石柱について、ヘルメス柱を境のしるしとしたあとで、それが辺境であると同時に中央であり、宇宙軸になるのだとしているが、その理屈がどうもよくわからない。中央がどこか地のはてにあって、生活や政治の中心がむしろそこから離れた辺境にあるということは、メッカとそこから離れた国々の場合を考えれば理解はできる。政治の中心と宗教的な中心は別だとか、世俗的な国家は世界のあちこちにあるが、宇宙軸はどこか遠いところにひとつだけあるという、このふたつは別な考え方だが、そのような解釈はできなくはない。しかし、村境に境界石をたてて印にし、あるいは外敵に対する防御、除災とする風俗は、わが国では道祖神の習俗で、これは宇宙軸にはならない。

　大林太良はそのあとで、ゲルマンのイルミンスルにおよび、それがユグドラジルにあたるとしたあと、そこから三本の道が出ているので、世界の中心だとする。なかには地中にうめられた青い石もあるという話になると、いわゆる要石、へそ石になり、世界の中心ではあっても柱かどうかわからなくなる。つまり、辺境か中心か、柱か土台かで、世界をおさえるのか、支えるのか、あるいは世界全体を象徴するのか、さまざまに解釈できるのではないかと思われる。マンハルトはイルミンスルを「生命の木」とした。こうなると、エデンの園に生えていたのが、そもそも生命の木だったのか、知恵の木だったのかという議論ともかさなってきて、すくなくとも樹木霊信仰にはつながっても宇宙軸とはずれてくるように思われる。スラブの場合は、「柱」とされるものは神像である。さいごにフルトクラ

ンツの説をひいて、これらの柱の起源はゲルマンより南北アメリカをふくめたユーラシアのものだとする。つまり陽石のような石棒や、ソアノンのような神像、あるいはトーテムポール、そして要石・へそ石、村境の道祖神や、朝鮮のチャンスン、縄文の鳥竿、そしてユグドラジルやメイポール、あるいは諏訪の御柱、そしてまたクリスマスツリーや、エデンの園の生命の木、それらをすべてまとめた概念がありうるのか、が問題となる。石だったらすべて男根、木だったらすべて世界樹、山だったらすべて宇宙山とすることと同じく、道祖神や、チャンスン、ヘルメス柱、要石、トーテムポール、メイポールをすべて同じものとするのは象徴学としてもいかがなものかと思われる。べつにそれらを同じ宇宙軸象徴だとしなくともいいので、ヘルメス柱はヘルメス柱で考えればいい。これとディオニュソス柱は機能が異なっていて、形は似ていてもディオニュソスの場合は祭式の行なわれる斎場にたてられて、その前で儀礼が行なわれ、ご神体にあたる男根はそれとは別な場所でかつぎまわったり、祀られたりする。神の顔をのせた四角い柱としてはヘルメス柱と同じだが、ヘルメス柱は男根がついていて、村境にたてられ、そこではあまり祭式は行なわれない。ディオニュソスでは男根崇拝はあるが、ディオニュソス柱には男根はつけられず、別に男根だけ女たちがかついでまわる。神像ののった柱ではゼウスやメルクリウス、マルスの場合はもっと巨大なオベリスクのような円柱になり、広場の中央や山の上にたてられる。これがよく天の主神(スラブの場合ペルン)をのせているので、天を祀る柱だとするのは早計で、メルクリウスの場合は天神ではない。石でもブルターニュにあるメルラン(マーリン)の腰掛石といわれるものは、そこで祀ると雨がもたらされる雨石だといわれるが、雨は天からふってくるので、それこそ天神をあ

II――世界の構造

らわしたものだとされかねない。デルポイのオムパロスというのは大地のへそ石で、そこも世界の中心とされていて「地下と地上と天上をむすぶ」ものである(『世界シンボル事典』)とされるが、これはどうみても天を祀るよりは地を祀る要石のようである。

　それが大地をおさえる要石であれば、その下にナマズがいるか、竜がいるかは地域によって異なるものの、天よりは大地に属するものである。といっても大地の豊饒をあらわすのは樹木霊で、樹木といえば、神木や、神託の木、あるいは生命の木がそれぞれ存在する。ギリシャでもドドナにゼウスの神託をうかがう樫の木があり、デルポイにもアポロンの神託をうかがう石があるとはいえ、そのどちらも宇宙軸とはみなしがたい。ヘブライ人のベテル、メッカの黒石カアバも性格が異なる。この場合はそれ自体は宇宙軸ではない。しかし天空からその石まで垂線をたらし、さらにそこから地軸まで宇宙軸を想定し、その中心をカアバがおさえているという発想であれば、一連の世界樹―臍石連関にかかわってくる。その場合、神話学者の井本英一はさまざまな聖所に見られる共通構造として、宇宙のへそにあたる黒石と、聖堂ではよくみられるそれをおおう天空型のドームと、そのドームの天頂にあいた穴が実際の天空の天頂と地下の地軸をつなぐ線につらなると考える。さらにたいていの聖所に井戸があり、そこに天空の星が映る。井戸は当然地軸までつらなると想像されただろう。臍石がその地軸までつづく井戸をふさいでおり、その上にドームがあり、ドームの穴が天頂とつながっている。この場合の黒石は宇宙の井戸をふさいでいるのである。天の水がドームの穴をとおして地の井戸とつづいていて、たとえば、リンガであればその周りの窪みであり女陰であるヨニがそれを受けていて、そこに水がながれている。リンガが天の水をうけ、それをうけたヨニが大

地の井戸にそれをながす。その一連の井戸と石と穴のあいたドームと天の水とをつなぐのが「宇宙軸」であることになる。メルランの腰掛石もそこに座って雨をよぶなら、その下は地軸に達する井戸があるのである。

　ローマのサン＝ピエトロ大聖堂では、ドームが天をあらわし、そのてっぺんに空いた穴から本物の空が見え、そこから星の光がふりそそぎ、雨もまたはいってくる。天空を星のうつる井戸に映してあらわす想像は日本では伊勢の朝熊山(あさまやま)の金剛證寺の明星の池にもみられる。聖堂の地下に井戸があるという構造はシャルトルの大聖堂にもみられるが、サン＝ピエトロではむしろ主祭壇バルダッキーノの下には聖ペトロの墓がある。サン＝ピエトロは古代の墓地の上に建てられているのである。墓でも井戸でも象徴学的には地下世界をあらわすが、その上に祭壇があり、祭壇柱でささえられて天蓋があり、そのうえに星をちりばめたドームがあり、その二重の天の上にほんものの空があって、空と地下とが交通するように穴があいているという。「宇宙軸」というものはそのようなものであろう。

II-3-2　陽石

　インドのリンガでも、あるいはディオニュソス祭でかついでまわる男根にしても、日本の田県神社の男根でも同じだが、どちらでも、宇宙軸からずれた位置にあるものは世界石にはならない。ヘルメス柱は境界柱で、さえの神であり、あるいは里程標で、そこに供え物をしても、それを天の象徴として祀ることはなかった。このヘルメス柱になぜ男根がとびだしているのか、説得的な解釈をくだしたものはない。村境に陽物をたてるのは僻邪だといわれる。世界中いろいろなところ、野原や、村境に石棒がたてられているのがみられ

Ⅱ——世界の構造

るが、どんなにみごとな5〜6メートルのメンヒルでも、あるいはエジプトやローマのオベリスクでも、それは天のささえでもなければ、雷がおちるところでもなかった。また、田の中にたてられたものは豊饒を期待する陽石でありえたが、王宮広場にたてられた方尖塔は王権と天神崇拝をむすびつけるものではあっても、陽石ではなく、また世界や宇宙をあらわすものでもなかった。

むしろ要石、へそ石のようなものがすくなくとも、たいていは王城の中心であり、そこを中心にしたときの世界の「軸」とみなされることが多かった。

須弥山は世界である。それをミクロコスモス的に象徴するのが五重塔、あるいはインドのストゥパである。あるいはもっと象徴的なものは小さな五輪塔で、地水火空風をあらわしている。五重塔の水煙はそれを展開している。

オベリスクやピラミッドも天体の運動や天空の構造と関連させられていて、じっさいには地上の支配者の墓であり、あるいは記念碑であっても、その権威のうらづけに天との照応がはかられている。それらについては宇宙的記念建造物という言い方ができるだろう。それにたいして、諏訪の御柱でも、東南アジアの各地の祭りでたてられる柱でも、ヨーロッパのメイポールでも、それを全宇宙を縮約するミクロコスモスであるとは一般には言えない。石と木のちがいかもしれない。

山の場合、須弥山ではなくとも、神々のやどる山としてはオリュンポスがあり、カイラーサやエベレストも神の山とされる。方舟がついたというアララットも聖なる山だし、富士山も聖山にちがいない。ただし、アララットも富士山もそこに本当に神がすんでいるかどうかとなると問題かもしれない。崑崙山は西王母の住まいであり、

II-3　大地

泰山は泰山府君の領域であるが、同時に天へのぼる入り口である天門がある地で、それなりに聖なるものともいえるし、中国には聖性観念は希薄だともいえる。アトラスは天を支える山だが、ゼウスに背いた罰として、石、あるいは山になって、天を支える苦役を課されたのである。聖性とはおよそ関係がない。世界中の山がすべて神聖なわけではなく、日本ではよく「秀麗な」形の山が神奈備山で、あるいは神のよりしろであるというが、一方で、修験道の山は愛

ディオニュソス

媛県の石鎚山のようにごつごつした山だし、山が神体となっている諏訪でもその形は秀麗にはほどとおい。たんにそのふもとに神社をたてたので、その背後の山を神体としただけかもしれない。ヨーロッパのアルプスなどは長く人のふみこまない悪魔の領域であった。万一そこに迷いこめば悪魔のえじきになるといわれ、なかにはタンホイザーが滞在したヴェニュスベルクのように、美女のすむ歓楽の山もあったが、魔性のものであることにかわりはなかったという。じっさい、魁偉な山容の高山がつらなり、きびしい自然が支配していて、深い谷は昼なお暗く、雪のいただきからは雪崩がおち、氷河に迷いこめば氷漬けになって二度と出てこられない、おそろしいところで、聖なる場所には程遠いとも思われたが、それもまた聖性の表れなのかもしれない。そして、山にはことに底知れぬ洞穴があり、山中の洞穴はたいていは聖なる存在の住まいであり、神々の誕生の秘密がひめられたところである。また、密儀の入門者はそこにこもって仮の死を経験して生まれ変わるところであった。そのような

Ⅱ——世界の構造

意味で山には聖なる洞穴があるとか、おそろしい超越者がすむということはできるが、すべての山が宇宙の柱であるわけではないのはいうまでもなく、神話でもどこかの山を宇宙の柱とするものはそう多くはない。

さて、これは現実の山の話である。オリュンポスも現実の山であるが、そこに神々がすまっているというのはもちろん想像であり、オリュンポスにのぼったものは神々などいないことに気がつかざるをえない。たとえば、そこに神殿がもうけてあれば、そこにこそ神々がいるものと考えることもできるが、オリュンポスにはそのようなものはなかった。ガリアの山々では山上に柱をたて、そのうえにメルクリウスやゼウスの像をまつったものはあったが、それとてもいわゆる神々の住まいとしての神殿ではなかった。洞穴であれば、底のしれない洞穴になにかおそろしい気配がするなどということもあったが、ただの山では山自体に神霊を思うこともかならずしも普遍的ではない。

木であっても、巨木であれば思わず畏怖の念にうたれるようなどっしりしたものもあるが、だからといって、そこに神がやってきて止まっているというわけではない。昔々、阿弥陀如来が一本の杉のこずえに降臨したが、怪しいので豪のものがそれにむかって矢をいかけたところ、鳶が一羽おちてきたという(『今昔物語集』)。神社に埋められた石や柱が地中深く貫通していて、世界の中心に達しているという発想はおもしろい。であれば、その上にたてられた神殿、神社で、世界を統べる神にむかって祈ることにも蓋然性がでてくる。神は地中ではなく天上にいるとして、天にむかって犠牲をささげたりする場合、空にのぼってゆく煙のゆくえに「天」を想像することもできる。その場合、天までとどく柱をたてるより、儀礼を整備し、

II-3　大地

祭式と宗教的想像力によって、天、あるいは神を観ずるのである。また天の神は多くは「暇な神」になり、地上の現世利益には関係しなくなる。空を振り仰いで合格祈願だの、家内安全だのを大声で唱える人がいれば、たいてい、気が狂ったと思われる。

　実際に「宇宙軸」なるものを地上にうちたてるほど大それたものはいない。それは観念の世界にあり、宇宙に思いをこらしたときに見えてくるのである。それを見る装置としては明星の井戸でも、穴のあいたドームでも、ただのくぼんだ基礎石でも、地中にうめた柱でもいい。

・要石

　ギリシャのオムパロスはまさに要石で大地の中心まで達する宇宙軸だともいうが、大地の底から神託がきこえるときに、オムパロスはむしろそれにふたをするような役をする。ドドナの樫の木はゼウスの神託をつげるが、木自体が世界をあらわすわけではない。性格が一部似たものであっても本質的にはちがうものかもしれないし、同じ神話が風土的に異なった解釈をされて根付いたものかもしれない。

　天によって送られた災厄をのがれる道の途中、ふりかえって石や塩の柱になったという話が聖書にもある。石像の目から血がながれたら大洪水がくるという予言が現実になったという神話があって、これは天の災厄を逃れる話と、禁忌にそむいて石や樹木になる話が接続しているのである。人間が木になる話と同じく、石と人間がいれかわる想像があり、石でも血を流し、予言をし、あるいは成長し、変身をする。石地蔵を背負っていたら重くなってとても背負っていられなくなったという話もある。石が子を生む話もあるし、石自体が崖から生みだされるという話もある。神の禁令にそむいて禁足地

II――世界の構造

オムパロス

に足をふみいれたとたんに雷鳴がとどろいて、その姥が姥石になったという話があるが、なにかの切っ掛けでまた人間にもどるという話もある。観音像が動き出したとか、子どもの身替りになって首をきられたなどという話もあるが、禁忌を破って石になったものに子どもの血をそそいだら生き返ったというグリムの「忠実なヨハンネス」という話もある。石は生きていて、成長し、時に人間になり、人間がときに石になる。そういう変性の可能な世界が神話の世界である。

・臍石とおおなまず

日本でもっとも有名な臍石である鹿島神宮の要石が、地底のナマズ、あるいは竜をおさえているというのが大津絵などで流布された伝承で、日本の中世史家の黒田日出男によれば、ナマズは本来竜で、日本列島全体を背負っている巨大な竜だったという。それをたった一個の石でおさえるというのはまさに要石だが、これはむしろゴシックのカテドラルなど石造りの高楼を築いたヨーロッパにこそふさわしい。石で組んだアーチをくずれないようにするのが、アーチの天辺におかれた要石である。鹿島神宮の場合はそのような力学的均衡などの問題ではなく、むしろ生物学的なイメージで、世界魚をおさえているのである。この石がなかったら、日本は竜、あるいは巨大魚にひっぱられて漂流してアフリカの属国にでもなってしまう

かもしれないし、オーストラリアあたりから、いい国がやってきたと、まさに「国引き」をされてしまうかもしれないのである。要石はそれを引き抜いたら世界がぐらぐらとゆらいで崩壊するようなものである。日本では巨大ナマズをおさえているという。この石がささっているので、大地がぐらぐらしないでおさまっている。やわらかい構造を、一本の釘、ひとつの石がおさえて、固定させている。五重塔なども似たような発想で、中心の柱は上階をささえているのではなく、天辺からつるされた錘なのだという。大地がそのような役目の要石でおさえられているということは、その下にはなにもないか、あるいは海か、あるいはマグマしかないという認識で、天空についても同じような構造が想像されるはずである。高天原というのもアーチ型の天蓋であれば、まんなかに要石があるにちがいない。日本の想像では要石より井戸の滑車があって、そこから地上の井戸へ水をくみにきたりする。天空と地上とが瓜のつるやあるいは井戸のつるべなどでつながっているという発想はアメリカの先住民の世界でもみられるもので、星娘が空から穴をあけて地上の様子を見たり、縄をつたって地上と往復したりする。高天原からニニギの一行が地上へおりてくるときもどうやらそんな様子だし、イザナギ・イザナミが天の浮橋から下にぬぼこをたらしてオノゴロジマをつくったときも、この種のアメリカ先住民の世界の天空観と同じような観念がみられる。陸地のほうもそんなものとすると、根之国といわれる地下世界ともそんな手段で往復できるようにも思えるが、オホナムチ神話では木の国からおりてゆき、坂をのぼってもどってくるようである。それでもオホナムチが根之国で草原にはなったかぶら矢をとりに行ったときは、ねずみ穴から下におちて、難をのがれる。これも地下世界と地上、あるいは根之国が穴でつながっているとい

Ⅱ――世界の構造

う想像である。要石がその穴をふさいでいれば交通は遮断される。その要石が穴をふさぐ役ではなく、巨大魚をおさえている役をしているのなら、日本神話は世界樹や世界鳥ではなく、世界魚で世界と宇宙を想像している世界ということになる。これはオセアニアでよく見られる世界観だ。

　ちなみに臍石を地面の穴や天空の穴をふさぐ栓と見る想像もあり、デルポイのオムパロスは、デウカリオンの洪水の水がすいこまれた割れ目をふさいでいたともいう。あるいはそれをどかせば神託がきこえるのだともいう。要石なら、まさに栓にほかならない。空の臍は北極星である。

Ⅲ——女神と至高神

世界の至高神ははじめは母神だった。万物を生みだす大いなる母が世界のはじめだったのである。やがてその母神が子神を抱いて水のほとりにあらわれるようになった。水は豊穣の象徴で、そのかたわらにたつ母子像は穀物がゆたかな実りをもたらすことの象徴だった。しかしその背後には子神の父親が暗い闇にひそんでいた。聖家族を構成する「老人、母、子」のなかのもっとも暗い存在である老いたる父、それが文脈を変えれば、天の至高神であり、光あれということばで万物をつくりだした創造者でもある。もっともこの父なる神ははやくから子なる神、精霊としての神とに分化した。場合によると好んで背景にしりぞいて、前景の母子像に光をあてさせる。

III-1　女神

　女神はどこにでもいる。大地であり、月であり、水であって、豊饒の原理である。蛇や蛙の姿になり、またそれらをしたがえる。動物たちの主(ポトニア・テロン)としてはライオンをしたがえ、あるいは猛獣や鹿などをわしづかみにしている。狩猟文化では獲物を支配する。農耕文化では豊作を保証する。先史時代、まだ農耕がはじまっていなかったころも、尻や乳房を誇張した女神像が造られ、祀られた。子が生まれることを祈ったかどうかわからない。性の喜びをあらわしたものとも思われないが、性の力をもった呪術王ではあったろう。狩猟の成功をいのるにも、女祭司が呪術を行なった。遊牧社会では、一般に父権がつよくなる。羊の群れを支配するのも牡ヤギである。牡や家長が群れをひきいて、草原を走り、他の部族と交戦し、雄鶏のように掟を課した。女神はむしろ初期農耕社会の

Ⅲ——女神と至高神

キュベレ

豊饒の原理をあらわした。やがて王権が確立すると、女神の位置は後退する。夜、月のひかりのもとで行なわれた祭祀も、昼、王宮で専任宗教者が行なうようになった。女は後宮へひっこむ。

狩猟時代と初期農耕時代を支配した女呪術王は、神話では戦いの女神、動物たちの主、そして豊饒なる大地、穀物の母をあらわした。アプロディテーやアスタルテも本来、戦いの女神である。アルテミスは動物たちの主だった。ライオンをしたがえたキュベレも動物界の支配者である。大地女神ガイアはさまざまな怪物を生みだした。デーメーテールは穀物の母だった。

社会が明確に農耕中心にならないあいだは、死と再生の女神が世界を支配する傾向がある。狩猟だけでもなく、遊牧だけでもない、複合社会だが、かならずしも定着農耕にシフトしたわけでもない古代社会である。たとえば、北欧では、バイキング文化が続いたあいだ女神の支配する時代が続いた。スカディ、フレイヤ、ヘルなど、さまざまな形と名前をもった死と再生の女神が信仰された。ギリシャでもヘカテは冥界の女王だった。日本では農耕社会になってから神話が形成されたので、穀物や食物の女神や、農耕をする女神はいたが、狩猟をする女神は明示されなかった。狩猟者が祭る山の神

は女神だが、名のない神で、神話もない。それでも黄泉の国の支配者になったイザナミは死と再生の女神である。国も山川も火も水も彼女から生まれた。狩猟や牧畜の要素はとぼしい。また稲作文化の様相も明確ではない。むしろ焼畑文化の相を思わせる。しかし、彼女が支配する根の国は死と再生の母胎である。生命が芽生えるには一旦死ななければならないという思想は世界的だった。母神は大地、あるいは冥界にいて、まず死をつかさどる。したがって戦いの女神の性格ももっていた。アテネも武装した姿で生まれ、戦さの神としての性格をもっていた。アプロディテーも武装せる女神だった。彼女がギリシャで軍神アレスの情人となるのは、軍神として合一していたからともみられる。エジプトでは「おそろしい女神」という観念があり、大いなる女神はすべて「おそろしい女神」である。

III-1-1　蛇女神

　考古学者のギンブタスはヨーロッパ古層の社会には広範に蛇女神信仰があったとする。考古学出土品では蛇をあしらった土器で、日本の縄文土器に似たものが見つかっている。その蛇はあるいは蛙女神の形になったりもしている。スキタイの祖といわれるエキドナも蛇体の妖怪だった。妖怪というのはギリシャ文明からの見方で、スキタイでは敬うべき大女神だったかもしれない。クレタでは蛇を両手にもった女神像が残され、蛇女神なのか、蛇祭司なのかはっきりはしないが、蛇神が信仰されていたことは明らかである。フランスでは蛇妖精メリュジーヌの話がよく知られているが、本来は蛇女神であろう。見てはならない日にのぞいて見ると下半身が蛇だったという話だが、全身蛇が本来の姿だったのではないだろうか。日本ではトヨタマヒメが、見るなという日にのぞいて見ると「ワニ」だっ

III——女神と至高神

たとも「竜」だったともいう。サメだという解釈もあるが、いずれにしても蛇体の海の怪物、あるいは神である。この日本の話とフランスの話のあいだにはインドや東南アジア、あるいは朝鮮の話がある。それぞれが距離をつめるごとにだんだんと似てくるというのではなく、むしろ遠いものほど類似点が多かったりする。ミャンマーのクン・アイ神話では、湖の蛇体の主が湖岸の牧童の吹く笛にひかれてやってきて、牧童を湖底の宮殿へみちびき、やがて、湖岸に卵を生みにやってくる。この卵から生まれた王子が後に敵に攻められたとき、湖底の母竜にたすけてもらう。朝鮮では高麗の始祖作帝建が竜宮にまねかれて怪物退治をし、お礼に竜宮の王女をもらってくる。この王女が竜の姿になって時折、宮殿の井戸から海底へ通っている。その秘密を王がのぞき見た結果、蛇王女は二度ともどらなかった。インドではワニにのってやってきたガンジスの女神ガンガーとシャンタヌ王が、女神のすることを一切とめだてしないことという約束で夫婦になるが、生まれる子供を次々に川に投ずるので最後にたまりかねてそれをとめると、女神はこれまでといって去ってゆく。ワニにのってやってきたのはワニ女神だったからだろう。このあたり、女神がワニでも竜でも蛇でも、そのちがいは風土的変異といえるだろう。靴のない文化ではシンデレラのガラスの靴がほかのものに置き換えられる。靴は中国でもあり、小さな足が珍重されていたから、中国のシンデレラは金の靴をはいているが、日本のシンデレラはそうはいかない。日本にも靴は沓としてなくはなかったが、昔話が語られる農村の囲炉裏端では理解されなかった。ワニについても靴と同じで、日本にはワニがいなかったからサメだという論はいささか無理で、これは歴史学者の説だが、神話学的にはワニがいないところではほかの動物になるか、「ワニ」という想像上の

動物になるかというだけのことである。いずれにしても水界からやってくる神霊であり、禁忌を課して地上の男と結ばれて、富をもたらす。しかし、多くは「見るな」の禁をおかしたために、破局にいたる。これは物語のレベルの話で、もとは世界レベルの蛇女神信仰があり、禁忌をまもり敬意をもって女神を祀っているものには限りなく女神の恩恵がもたらされたはずである。蛇女神が蛇妖精、あるいは下半身だけ蛇の妖精になるというのは、神という言葉の使用が制限されているキリスト教文化圏の変異で、蛇怪物となるのは、人態の人文神を高貴なものとし、辺境の異神を異相のもとに想像する文化中心主義のせいである。女神の恩恵は無尽蔵の富であって、海の幸でも、山の幸でも、あるいは田の作物でもいいのである。人間としてやってきた異界の妖精、あるいは神霊が、本来の姿、あるいは地上をおとずれるときの仮の姿にもどって去ってゆくのは、鶴女房でも狐女房でも同じである。おおむねそれは本来の姿ではなく、恩寵をうしなった人間の目にみえる仮の姿である。あるいは天界から地上へやってくるさいの飛行や航海に必要な姿で、天界や妖精界では人と同じ姿でいることが多い。その動物身が優雅な鶴であることもあれば、みにくい蛙などであることもあり、本体がおそろしいものか、うつくしいものかはそれを見るものの恩寵の度合いでちがうのである。最初の出会いも醜い怪物をだきしめて「おそろしい接吻」をしたらうつくしい妖精、あるいは王女になったという場合もあるし、人殺しなどの重大な罪をおかして森の中にさまよいでたときに妖精に出会うということもあるが、いずれも同じで、神霊に出会うには日常生活を踏み出す必要があり、それが「おそろしい接吻」であり、あるいは人の世ではゆるされない「罪」である。

　これらの物語で明らかな同一性と異種性がみられるが、異種性で

III――女神と至高神

もいくつかの地域での共通性がある。インドのシャンタヌ王に課せられた禁忌は女神のすることをさまたげてはいけないというものだったが、ガンガーは子供たちを神にしようとしてガンジス川に流していたのである。それはデーメーテールやイシスが行なったことと同じで、デーメーテールは寄留していた宮殿の王子を不死にしようとして火にかざしていたのを王妃に見つかってそのこころみが失敗する。イシスもオシリスをさがしにいったときにビブロスの王宮で同じことをした。これらとメリュジーヌ譚は系統を別にするはずで、メリュジーヌではその話はでてこない。禁忌の種類では、アプサラスのウルワシの話では王の裸身をみせてはいけなかった。これもなぜなのか考えて見る必要があり、それが「罪」になるのは、神話の世界でしかないだろう。女神は裸身でもよかったが、祭司はつねに礼服に身をつつんでいなければならなかったのかもしれない。

もうひとつは日本の俵藤太の物語で、高麗の作帝建の話は明らかにそれと共通する。すなわち、作帝建の妃の話は、竜宮へいって怪物を退治する話、お礼に宝物と妃をもらってくる話、その妃が竜になって竜宮へ戻る話で、最後のモチーフ以外は俵藤太の物語と同じであり、最後はトヨタマヒメ、あるいはクン・アイ神話と同じである。したがってアジアのメリュジーヌ譚としては俵藤太譚との接続が特徴的ともいえるのである。

柳田國男はこの種の話を「神を助けた話」とするが、竜宮の老人ははたして神なのかどうかさだかではない。異界の住人ではあるだろう。『今昔物語集』にも舟が漂流して異人の島についた話があるが、柳田の伝えるところでは猫島に漂流船がながれついて、船乗りが妖怪退治をした。これがムカデで、日光二荒山(ふたらさん)と赤城明神の戦いでもムカデとオロチがたたかった。話の中では猿丸とか、盤次、盤

III-1　女神

三郎などという狩人が山の神をたすけるのである。俵藤太の場合は瀬田の唐橋で、オロチが橋をわたる人を脅かしている。俵藤太がなんのこれしきとオロチをまたいでとおったのをみて、これこそ頼りがいのある勇者なりとオロチが老人の姿をあらわして助力を乞うのである。敵は三上山からおりてきた大ムカデだともいい、あるいは竜宮に行くと狐の妖怪がやってきたともいう。柳田は竜宮からもらってきた如意宝珠に関心をよせているが、話の筋としては高麗の作帝建の話と同じで、こちらは海をわたるときに海底から竜王があらわれて助力を乞う。あるいは、海中へ捨てられたときに岩に足があたり、そこに立っていると竜王がやってくる。そして竜宮へつれられてゆくと、やがて狐の怪物がやってくるのを弓で射とめる。お礼は竜女である。持参金がたくさんあったか、金銀宝珠をもってきたかはテクストは語らないが、俵藤太の例を見るまでもなく、竜宮のみやげは無尽蔵の布、米、金銀その他である。刀剣類の場合もある。妖精界に人間が助力に行くという話はヨーロッパの妖精譚でもよくあるが、そもそもギリシャでも、ゼウスが巨人たちと戦うときは、人間が加勢に入れば勝つといわれて、ヘラクレスが助けるのである。

　ムカデと蛇の戦いなどは西洋ではあまり聞かないが、中国や朝鮮ではよく聞く。中国ではもちろん多いのは竜や亀である。しかし、海の神怪ということで竜でも蛇でもワニでも亀でもいい。ムカデであれば山、あるいは地中のものであり、鉱山の坑道をほりすすむイメージともいう。それと、竜宮のみやげとは直接関係はしない。メリュジーヌでは竜女が蛇である。蛇の天敵はイノシシで、メリュジーヌの息子がイノシシである。あるいは彼女の夫レモンダンが主殺しをしたのがイノシシ狩りの最中で、主君におそいかかったイノ

III――女神と至高神

シシを倒そうとしてなげたやりが主君にあたったという。作帝建や俵藤太では竜蛇の依頼で竜宮におそいかかる怪物を退治する。それがムカデであったり狐であったりする。その手柄の報酬が無尽蔵の布であったり如意宝珠であったりするのだが、それ以上の宝物は竜宮の乙姫だろう。

この種の話でよくでてくる竜宮の玉はすなわち乙姫かもしれない。アメノヒボコの話では太陽に感じて生まれた赤玉が美女(神女)になる。クン＝アイ神話では竜が岸辺に黄金の卵を生んでゆく。黄金の卵は朱蒙でもあろう。卵には赤子がはいっているのである。海中の神霊は蛇体であり、山中でも善霊は蛇である。それが製鉄種族でもある。ムカデもまた鉄鉱石や金鉱をほりおこす種族をあらわすという。これは山師同士の戦いである。竜を退治して竜の供物になっていた王女をすくう西欧の話も同じである。王女、竜蛇、英雄の三者がいりみだれる。そこに神々の争い、あるいは神と妖怪の戦いが加わる。これは金属加工の種族たちの戦いで、ムカデはあらゆる矢をはねかえす鎧をきている。リトアニアの蛇の女王エグレはのぞまれて海底の竜族のもとに嫁に行ったという話で、海底の竜族は鍛冶族だった。

竜はスラブ諸国ではズメイなどといい、ときに「竜人」などと訳される。形態はかならずしも竜蛇ではない。竜というのは神怪の性という意味である。しかし英仏語にすればやはりドラゴンであることにはかわりはない。と同時に、これは鷲などとも性格を共有し、天がける神霊で、地にも潜れば海中にも隠れる。超人でもあり、神でもあり、あるいは悪魔でもあるが、悪の原理よりは、悪をうちやぶる力である。これが「海のマリア(マリア・モレーヴナ)」をもらいに来る。異界がまずは海である。海の神霊の性格をもったものが超

III-1 女神

人的な働きをし、同じように海ないし空中の住人である竜人とむすばれる。異界の神霊が海底の竜、山中のオロチ、空中の鳥人とさまざまであっても、そこには本質的な違いはなく、メリュジーヌも翼を伸ばして空を飛ぶのである。そもそも海中の生物が陸にあがって両生類や爬虫類になり、それに羽がはえて翼竜になったので、神話世界の竜は東西とも海中にも潜れば、空中にも飛びあがる。日本の竜では翼の生えたものはめったにないが、池の竜が千年たつと天にのぼるといい、黒雲にのって雷雨をもたらす。ヨーロッパの竜はほとんど翼をもち、山の洞穴に住んで、口から火をふくが、危急のさいは空中に舞い上がる。メリュジーヌを蛇妖精とのみ考えて、地下の存在とすると思い違いをする。主として空を飛ぶスラブの竜人と起源は同じなのである。であれば東南アジアのアプサラスとも同じであってもふしぎはなく、一方が美しく、他方が恐ろしいなどという違いは本質的ではない。あいだにワニにのってガンジス川をくだってくるガンガー女神を置いてみればよくわかる。本来は天空の女神であり、川をくだるときはワニにのる。敬意をもって遇するものには美しい女神として愛をふりまき、いうことをきかないものには夜叉のようなおそろしい姿をあらわす。メディアが竜の引く車をよびよせて天高くとびさるというのも同じで、竜であれ、猛禽であれ、ワニであれ、おそろしい女神の乗り物、あるいは移動のさいに仮に取る姿で、水中にも潜れば、天空にもとびあがる。温和相では優しく美しく、憤怒相ではおそろしい。それが神である。その神が人間とむすばれ、禁忌を課し、それにそむけば去ってゆく。メリュジーヌもウルワシもトヨタマヒメも鶴女房もガンガーも洞庭湖の竜女も作帝建の妃も同じである。ただ、すべてまったく同じというわけではなく、鶴女房は物語としては禁忌より、恩返しというモチー

Ⅲ——女神と至高神

フが強くなり、始祖伝承にもむすびつかない。始祖伝承なら狐女房がそうだが、異類としてのおそろしさや、禁忌のモチーフはない。むしろ山姥や食わず女房などにおそろしい神の様相があらわれる。さまざまな異類女房譚に分岐しながら、その根本においては恐ろしい女神と人間とのむすびつきのドラマが語られるのである。対馬の蛇女房では、女房の後をつけてみると、山の湖で竜になっておよぎ、人を取って食っている。家から追い出すと、あとで、オロチになって復讐にくる。敬うべき蛇女神として語るか、おそろしい蛇妖怪として語るか、じつは語り手の信仰の問題でしかないかもしれない。

Ⅲ-1-2　世界のメリュジーヌ

　メリュジーヌはフランスの蛇女神として紹介されることが多く、日本ではトヨタマヒメがそれに相当するといわれる。しかしメリュジーヌは本来、人の姿の妖精で、呪いのせいで蛇になっていたのはある一定の日（土曜）だけである。本質的な蛇女神ではなかったともみられる。一方でトヨタマヒメはワニであったともいう。動物種がちがえば話もちがうというのが日本の異類女房譚の約束である。

　そのような違いを無視して、これを「見るな」のタブーをおかしたために失った異類女房譚として日本の「鶴女房」と関係づけることもあるし、世界的な「白鳥処女」の話とすることもある。メリュジーヌについて浩瀚な学位論文を書いた中世学者のロランス・アルフ＝ランクネールはメリュジーヌ＝トヨタマヒメ説をとなえ、歴史家のル・ゴッフは「白鳥処女」というより天女アプサラスの「ウルワシ」の物語をあげている。

　これらの海外の神話学者の見方はいずれも問題がある。日本では異類女房譚として、鶴女房、狐女房、天人女房があり、比較的類

Ⅲ-1 女神

話の少ない話型としてハマグリ女房、蛙女房、竜宮女房がある。そのほかに蛇女房、木霊女房、雪女郎などがあって、猫の恩返し、鳥の姉御があるが、これをすべて「羽衣」の変異とすることは柳田國男の時代にはありえた

メリュジーヌ

が、いまはそれぞれ別なカテゴリーの物語とされている。そしてそれとはジャンルを異にしたものとして記紀神話のトヨタマヒメの話があるが、これを「羽衣」のヴァリアントとすることは大いにためらわれるだろう。それに記紀神話にはもっとほかの異類婚姻譚の痕跡がみとめられる。しかし海外の研究者は鯉女房などの異類女房譚をすべてメリュジーヌの同類異型としてしまう。異類女房には報恩型、訪問型、山姥型などがあるのである。雪女の話を悪魔の話とするのは西欧人のキリスト教的偏見のように思われる。ハイチの昔話を研究した人が異類婚姻譚を、異類が人を害する意図をもっているか、恩をさずけるものかで分けたが、そのほうが合理的で、さらにそのどちらにもならないものが日本では多いとみられる。それでも、日本の「天人女房」がヨーロッパでは「悪魔の娘」になるということは、日本でも「天人女房」と山姥や食わず女房などを接続させる視点を提供する。

　さまざまな形の異類女房の話のなかでも、蛇体の神との葛藤の話をとくにメリュジーヌ型とするとしても、日本の近隣諸国の伝承を

Ⅲ——女神と至高神

見ると、トヨタマヒメ説話よりメリュジーヌ譚により近いものとして、高麗の始祖、作帝建が竜宮でもらってきた竜女の話などがある。ところで、その話は日本では俵藤太の話がつながっている。それぞれちがった文化・風土に伝わった二つの話を比較してその類似や変化を論じているときに、たとえば、「パンチャタントラ」に、あるいは「イソップ」に似た話があるというと、それまでの比較論が腰砕けになることがある。要するにはるか古代のインドかギリシャの伝承が世界各地に広まっているだけではないかということになるのだ。インドの説話ほどでなくとも、朝鮮や中国にも類似の伝承があるというと、日本の伝承はたんにそれらの受け売り、あるいは物まねでしかないのではないかと思われもする。その様な反応の正否はともかく、メリュジーヌの話にはより近いものとして作帝建の妃の竜女の話があるとなると、それより遠い文化圏と思われる日本のトヨタマヒメの話をメリュジーヌの伝承と直接比較することの当否が問われるのはやむをえない。しかし、類話はそれだけではないのである。

トヨタマヒメの話にはむしろビルマのメン＝マオ国の始祖、クン＝アイの物語が共通性をもっている。岸辺にあらわれた竜女が牧童を湖の底へ招き夫婦になり、そこで夢のようなときをすごす。しかし、見るなという日に外を見ると竜ばかりで、それを見ておそれをなして夫は地上へもどる。その後、竜女が卵を生みに岸辺へ来て、そこへ卵を生みおとしていく。トヨタマヒメの話とは、ことに陸地での出産のモチーフが共通している。見るなのモチーフもある。ちがうのは、王子が竜宮へいって、竜女と出会うのではなく、竜女が岸辺へきて牧童を竜宮へさそうところだ。生まれるのがまず卵であるというのも違うといえば違う。しかし、トヨタマヒメがワニであるなら、生まれるのは卵だろう。鵜の羽で産屋の屋根を葺いていた

III-1　女神

という部分を、鳥に関係のある話とすれば、やはり生まれるのは卵だろう。そして、山幸ホオリもクン＝アイも竜宮へいって逗留した。この点が今度はメリュジーヌの話と異なるところだ。メリュジーヌ譚では妖精がむこうからやってくるので、騎士はむこうへはいかなかったのだ。先行話とされるものでは川をわたって妖精界へいった話もあるのだが、物語が地上で展開するか、超越界で展開するのかでは話がちがってくる。

そもそもメリュジーヌの物語について、上述のアルフ＝ランクネールは、似たような話をいくつもならべた末に、騎士が湖の底などの妖精の国へ行って妖精の愛をえる話を「モルガン型」とし、妖精が妖精の国を去って地上へやってきて騎士とむすばれる話を「メリュジーヌ型」としている。竜宮へ行って竜女とむすばれるクン＝アイ神話はトヨタマヒメ神話と同様「モルガン型」になるのである。

つまり異界の女とむすばれるのに、異界や竜宮へゆくか、女が地上へくるかという違いがあり、竜宮へゆくほうは日本なら竜宮滞留譚となるのである。

また異界の女というより、それがむしろ蛇、竜、鶴などという異類である場合と、人間とちがわない妖精でたんに若干の動物性をもっている場合とのちがいもある。相手が鳥か、獣か、蛇か、あるいは妖精や天女かでちがうかどうかである。

竜女の話なら朝鮮にもビルマにも似た話があるのに、世界ではあまり問題にされない。実はフランスでもメリュジーヌ以外に竜女の話はいくらもあって、アルフ＝ランクネールも「先行話」として10話ほどあげているし、歴史家のル・ゴッフも「ルーセの城のレモン」「大歯のヘンノ」などをあげている。

メリュジーヌとトヨタマヒメを一対一で比較するのではなく、メ

Ⅲ——女神と至高神

　リュジーヌの周辺の「モルガン型」もふくんだ10編ほどの類話群とトヨタマヒメやビルマの話を、世界的な視野でグローバルに比較しなければならないのだ。そのときは、トヨタマヒメと対立するともみられる蛇女のヒナガヒメの話や、その系列に属するとみられる深泥池の竜女や道成寺の女の話もふくめて、東洋の蛇女物語群と、西洋の竜女物語群が対比されるのだが、そもそもさっき言ったように、メリュジーヌの本性が蛇であったかどうかははっきりしないし、トヨタマヒメもワニともサメともいうのである。

　メリュジーヌが蛇ではなく妖精だったなら、アプサラスであるウルワシの話にもつながってくるだろうし、その場合は日本ではむしろ「天人女房」に近いのである。

　一方、メリュジーヌを美しい妖精として描いたのはジャン・ダラスという作家の文芸的想像で、本来、民間の伝承であるメリュジーヌの話では、これはやはり蛇だったのだという見方もあり、その場合は、白鳥や鶴ではなく、まさに蛇女の物語をギリシャの古代からたずねて、ヘラクレスが交わったという蛇女エキドナがその源流であるというものもあるのである。その系列ではキーツが詩に歌ったレイミア(ラミア)というのが、悪魔ともされる蛇女で、日本でいえばヒナガヒメか、深泥池の竜女なのである。

　また、トヨタマヒメも蛇ではなかったが、ワニという以上はワニであって、サメなどであるはずがない。インドにはガンガーというワニ女神がいて、シャンタヌ王と女神のすることに口をはさんではならないという条件で結ばれているのである。女神は生まれる子供をつぎつぎにガンジス川へ流していた。シャンタヌ王が最後についに我慢できなくなってそれをとめると、女神は約束にそむいたといって去ってゆくのである。ワニにのった女神で、川の主として世

III-1　女神

界の水界を支配する女神が、主として生まれる子供をめぐる禁忌を王に課していた話だから、トヨタマヒメにたしかに共通するところがあるのである。

メリュジーヌもトヨタマヒメもけっして単純な性格ではなく、性格をことにした同類がたくさんいて、蛇説話群の代表としてもあるいは水の女神の神話群の代表としても、世界中に似たものをおおぜいしたがえているのである。

また、異類婚姻譚とふつうはしないものでも、異類が交わりをもとめてくるものがあり、とくに蛇女が英雄との交わりを求めるものとしてエキドナとヘラクレスの話があるのだが、その系列なら日本では蜘蛛や蛇の妖怪などの話がある。蛇妖怪としてはラミア〔レイミア〕もあり、中世の古城にあらわれて、騎士の接吻をもとめた大蛇の話もある。異類の怪物譚としては蛇のほかに日本では「食わず女房」があるが、「飲み込むもの」としての大地母神の変容のひとつとみなされる。また「雪女」なら、天女のたぐいともみられるが、おそろしさが優先する異類である。異類女房の素性がすべて異界の女であり、究極は神霊であるなら、神の二面性としての「おそろしい女神」もあることを忘れてはならない。

それらをここで排他的に整理するのではなく、エキドナやレイミアの系列、蛇女神の系列、ワニ女神の系列、タブーを課していた異類女房の系列、など、それぞれのタイプごとに広く「メリュジーヌ型」とくくられることのある異類婚姻と神婚物語の類話を比較検討してみよう。

ギリシアの叙事詩人ヘシオドスが描いた神話では、海神ポントスと大地女神ガイアから生まれたポルキュスとケトの兄妹が交わってエキドナを生んだとされる。ゴルゴーヌの姉妹である。異伝ではガ

III──女神と至高神

イアとタルタロス、あるいは地獄の川スチュックスとの子であるともいう。住んでいたのは黒海沿岸のキリキアの洞穴で、近くをとおるものをのみこんでいた。上体は女だが、下半身は蛇だった。同じ蛇体の怪物チューポンと交わって地獄の番犬ケルベロス、レルネの水蛇、混成怪獣キマイラを生む。ほかの怪物とのあいだには、金羊毛の番をしていた竜や、世界の西のはてのヘスペリデスの園の番の竜も生んだとされる。

キリキアの洞穴へあるとき、ヘラクレスが馬をおってやってくる。そして馬を放して昼寝をしていると、エキドナが馬を隠してしまう。目をさましたヘラクレスにエキドナがいう。馬は返して上げるわ、私と床をともにしてくだされば。ヘラクレスは喜んで、その申し出に応じ、三人の子を生み、それがスキタイ族ほか、その地の三種族の祖になったという。始祖伝承である。孫悟空がとおい土地の魔物につかまって、あちこちに子孫を残したようなものだ。

エキドナは怪物であり、また怪物の母だが、その姿形はあまり壺絵にも描かれない。旅人を貪り食っていたというが、それを英雄が退治に行った話はなく、ヘラクレスもそれと知らずにとおりかかったのである。下半身が蛇だというが、ヘラクレスと交わるには特段の不自由はなかったようで、上半身もふつうの女性だったようだ。

対馬の峰村に蛇女の話がある。峠をこえるところで出会った見知らぬ美女と結婚した男は、美女が夜中にびしょびしょになってもどってくるので、あるとき後をつけてみると、峠の池で大蛇になってあばれていた。その後、気をつけてみていると便所に紙につつんだ幼児の腕などが置いてあった。人食いの大蛇だったというので夫は離縁した。後添えをもらってしばらく、3月3日に浜遊びをしていると沖から大波がおそってきた。と思うと、大蛇がでてきて、磯

遊びをしていた後添えの娘を呑み込んでゆく。翌年もまたやってくるだろうというので、男は今度は女の子の人形に火薬を仕込んで待っていると、案の条、大波をおこしてやってきて、人形を飲み込んだとたんに火薬が爆発して蛇は死んでしまう。

峠にすむ人食いの大蛇が美女になってきて、男に離縁されるといったんは峠の池にもどったが、そこから海へ通じているのか、浜遊びをしていると沖からやってきて女の子を飲み込む。海からやってくる怪物、あるいは蛇神である。3月3日は雛祭りの日で浜遊びをするのがしきたりである。ハマグリをそなえたり、あるいは川へ放したりする。雛祭りでハマグリその他を川へながすのは竜宮の神へささげものをするのだが、それが蛇体で、一番のそなえものとして女の子をのみこんでゆくのである。

磯遊びは海水で禊をすることであるといい、沖縄ではその日、娘が海岸の岩の間をとぶともいう。流し雛は本来かたしろで、穢れをおわせて流したというが、行く先は竜宮であろう。そのときに沖から大蛇がやってくれば竜宮の主にちがいない。

そもそも対馬は海神神社がたくさんあるところで、民俗学者の永留久恵が『海神と天神』などでいうように竜宮信仰が盛んなのである。峠の池の主だった大蛇も娘を呑み込むために海の彼方からやってくる。そこには龍宮からやってくるトヨタマヒメの面影もあるであろう。

III-1-3 メリュジーヌの先行話

中世学者のアルフ＝ランクネールは物語の構造として、「美女と野獣」「白鳥処女」がメリュジーヌ譚と同種であるとした上で、12～13世紀のヨーロッパのラテン語説話集にみられる10篇の物語がメ

Ⅲ ── 女神と至高神

リュジーヌ譚の先行話であるとする。ワルター・マップの『宮廷人のたのしみ』、ジョフロワ・ドセールの『黙示録』、ジロー・ド・バリ（あるいはカンブレンシス）の物語、ティルヴァリーのガーヴェイスの『皇帝の閑暇』などに収められている。

ワルター・マップにあるものは、

1 大歯のヘンノ〔「その他の亡霊」という題になっている。以下同じ〕
2 森のひとエドリック
3 ワスティニアック

などである。

ガーヴェイスでは

1 ルーセの城のレモン〔1〜15、「罪のあとで開かれた目」と題されていることもある〕〔邦訳には収められていない〕。
2 エペルヴィエの城の貴婦人（エペルヴィエは隼という意味だから隼城の奥方でもいい）

ちなみにガーヴェイスにはレイミアの話もある。ただし蛇女とはされていない。そのかわりに蛇の伝承はたくさんあがっている。

さてその第一の「大歯のヘンノ」だが、「体が大きいので大歯のヘンノとよばれた」とあり、歯がとびだしていたかどうかについては記述がない。あるときヘンノはノルマンディの海岸で一人岩に腰をおろして泣いている美しい女をみかけ、さっそく口説きにかかる。女はフランス王のところへ嫁入りするところだが、途中であらしにあって、その海岸へ漂着した。父親がいたが、彼女がおりたあと急に風向きがかわって沖へおしながされ、それっきりになったという。当時はノルマンディはフランスではなかったようだ。フランスというのはパリの周辺の小さな国で、ノルマンディは英国に近い所で、

Ⅲ-1　女神

ノルマンディ侯爵が独自の王国をおさめていたようである。しかし、まもなくもどってくるであろうといった父親なるものはその後、影も形もない。女はヘンノの館へ導かれ、ヘンノの妻になって二人の子供を生んだ。しかし、姑は嫁が教会で聖水をかけられるのを避けているのに気付き、なにかがあるというので、様子をうかがっていると、あるときヘンノの留守の間に、この女がドラゴンになって水をあびているのに気がついた。そこで司祭をよんでこの女とおつきの女に聖水をふりかけてもらった。するととたんに女たちはおそろしい悲鳴をあげて屋根をけやぶって逃げて行ったという。

　この最後のところで、女たちがドラゴンになって逃げたのかどうかはっきりしない。水浴のときもどんなドラゴンだったのか、説明はない。ただ、浴槽からでるとその下にしいてあった毛布を歯でくいちぎって細切れにしたという。毛布にかみつくというのがどういうことを意味しているのか不明だが、するどい攻撃的な歯があることを示しているのだろう。おつきの女もドラゴンになるので、ふたりともドラゴンが女に化けてやってきて、ヘンノをたぶらかしたのだろうと思われる。

　おつきの女がいるというのは中国の「白蛇伝」と同じだが、ここでは大した意味はないだろう。

　アルフ＝ランクネールはこれらの妖精たちはみな森にあらわれるというが、この竜女は森にいたとは言われていない。海岸の岩にすわって男がくるのを待っていた。

　これはローレライのような水の精であろう。「水からあがるアプロディテー」などのように、水にぬれた美女というのがヨーロッパの「宿命の女」の典型なのである。アルフ＝ランクネールのリストでは主人公が「大歯」というので、ジャン・ダラスの物語のやはり

Ⅲ——女神と至高神

「大歯」とよばれる「イノシシのジョフロア」がそこから出ているのではないかというのだが、昔の武勇譚などで、大目だの、大耳だの、大歯だのと呼ばれるのは魁偉な相貌で見る者をおそろしがらせるものの人間ばなれした容貌を語る表現だろうと思われる。ジョフロアの場合は生まれた時から猪のような牙がつきだしていたというので、「大歯」といったという。ヘンノについてはそのような説明はない。したがって、その点だけで、このヘンノとジョフロア、あるいはメリュジーヌ物語とをむすびつけるのはむずかしいと思われる。

つぎの「森の人エドリック」は「亡霊譚その二」でワスティニオックの話のあとに付されている。

森の人というより、「野人」で、そうよばれているゆえんは立ち居振る舞い、口のきき方が自由奔放であるからという、北部レッドバリーの武勇のほまれたかい領主である。あるとき狩で遅くなって森をさまよっているうちにとある大きな家の前へでた。家はあかあかと明かりをともしている。中をのぞいて見ると大勢の貴婦人たちが踊っている。エドリックは中へ踏み込んで中でも一番の美女をつかまえる。女はしばらくは一言も口をきかなかったが、数日たってようやく言うことには、自分が一緒にいた女たちのことを口にしないでくれれば、幸せがつづくだろう。しかし、それを口にすれば、あとは不幸がおそうだろうという。ある日、夜遅くどこからかもどってきた女に、森の仲間にひきとめられていたのかと言ったか言わないかに女の姿はかきけすようにみえなくなっていて、以後、預言のとおり、エドリックは病に倒れ、残された息子も全身麻痺におそわれる。

これを亡霊譚というが、もちろん女は森の妖精で、語り手もディクチュンナとかドリアデスという名前を口にする。ギリシャ神話の

III-1　女神

森のニンフである。女が教会やミサに背をむけていたとは明示されないが、不治の病にかかった息子がローマへ詣でて、エセルバート聖人の祭壇に額づくと病気がなおったというので、それまでが教会にそむく悪霊の呪いのせいだということがわかる。

　その前のワスティニオックの話はウェールズの話で、主人公の名前はウエスティニオックとも読むようである。彼は月光のもとで大勢の女たちが燕麦畑でおどっているのを三晩つづけてみて、あとをつけるとみんな湖へとびこんでしまったが、ひとりだけつかまえることができた。この女が課した禁忌は馬の手綱でたたくことだった。たたくと彼女は消え去るのだった。

　アルフ゠ランクネールはこの妖精を雌馬女神であろうという。ケルトにはリアノン、あるいはエポナという馬女神がいて、同時に泉の女神としても崇拝されていた。妖精は逃げるときに大勢の子どもたちをみなつれて行くのだが、主人公がそのうちの一人だけつかまえることができた。

　このほかに同じ物語集に悪魔の女が司祭を籠絡して法皇にまでさせ、ミサの最中に聖体をけがさせるといった話があがっていたりするが、アルフ゠ランクネールがこれらをメリュジーヌの先行話とする理由ははっきりしない。メリュジーヌを人間に福をあたえる美しく恵み深い妖精としてではなく、人間をキリスト教の教えからそむかせる異教のあしき神霊と見る考えがあり、中世の説話ではそのほうが主導的だったということかもしれない。

　水の精でも、人間の夫の約束違反のあとは子供をつれて水のなかへもどってゆくだけではなく、後に海岸で水遊びをしている子供をさらっていったりする。そうなると、これは峰村の蛇女と同じということになる。

III――女神と至高神

これはとくにオセールのジョフロアの『黙示録』(黙示録をめぐる説教集)で紹介されたシチリアの水の妖精の例である。主人公は夕暮れの海辺で水中で手にふれた髪の毛をつかんで、妖精をとらえる。妖精は妻になるかという問いにうなずくものの口は一切きかない。やがて子供が生まれ、あしき友人のそそのかしで、妻に口をきかせるために、子どもの首をきろうとする。ついに妖精は口を開き、私たちの仲もこれまでと言って水の中へ去ってゆく。やがて子供が水遊びをしているときに波のあいだにあらわれて子供をさらってゆく。

口をきかない女というのは、次の話にある物を食べない女と同じで、これはまた、夫のシャンタヌにいっさいさからわないことを命じた女神ガンガーが、生まれた子供を水に投じていたことを思わせる。あるいはデーメーテールが預かった子どもを不死にしてやろうとして火にかざしていたのをのぞき見て叫び声をあげて女神の意図をさまたげた王妃の話をも思わせる。子供の命とひきかえに禁忌がやぶられる。子供を水に投ずる、あるいは火にかざすというのは人間ならざる神だからできることだ。ガンガーやデーメーテールのやることを妨げてはならなかった。シチリアの妖精も水の神で、その意思をまげることはできなかった。子供を殺すふりをして妖精に口をきかせたのは、子供に危害をくわえようとしている女神をとめようとすることと、ちがうようで同じなのである。女神は口をきかないという自らの意思を通すためなら、子供の命でも喜んで捨てただろう。女神と共に暮らすには、女神の「きまぐれ」にもしたがわなければならず、子供への執着も捨てなければならなかった。

水の女神が水から現われて富と幸せを約束したというのと、峰村の蛇女のように、蛇の素性を隠してやってきて、家族全員を貪り食おうとしたというのは、これも反対のようではあっても、子供をさ

III-1 女神

らってゆくという結果においては同じだし、子供を問題外とすれば、妖精や蛇女神は愛をもってむくいてくれたのである。

これもたしかに禁忌をまもるかぎりは妖精との愛がつむがれていた物語だが、メリュジーヌが申し分のない妻だったのにくらべ、このシチリアの水の精は口をきかないという欠陥をもっていた。ウェールズの妖精は森の仲間のところへ行って夜中過ぎまでもどってこないことがあった。これも夫としては不満ないし疑惑をもってふしぎのない行動だったろう。ヘンノの奥方も申し分のない奥方のようではあるが、教会のミサを中座するという習慣は中世の社会ではけっしてこのましいこととはみなされなかっただろう。

もうひとつこのシチリアの妖精は海にすむ水の妖精であれば蛇体であってもふしぎはなかったが、体つきがとくにかわっていたという話はなく、またそれにかかわる「見るな」の禁もなかった。

つぎはガーヴェイスの『皇帝の閑暇』に紹介された話でこちらはずっとメリュジーヌに近くなる。まずルーセの城主レモンが登場する。レモンという名前はジャン・ダラスの物語のレモンダンと同じであるという。レモンの縮小形がレモンダンだからだ。城主はある日、馬にのって遠乗りに出掛け、川のほとりで美しい女に出会う。ただちに結婚をもうしこむと、裸のところを見ないならという約束で結ばれる。しかしあるとき、好奇心をおさえきれず、水浴中の部屋へはいり、浴槽をかくす帳(とばり)をひきあける。奥方は蛇になって水の中へ消え去る。そのときから城の運勢はかたむきはじめる。

メリュジーヌとちがうのは、蛇になって水浴をしていたというのではなく、のぞいたら蛇になって水のなかへ逃れたというので、蛇になったのは、たんに水中へきえさるための手段だった。しばらくしてまた姿をあらわしたときはもとの人間の姿になっていたかもし

Ⅲ——女神と至高神

れない。彼女は裸を見ないでくれと言っていたので、見られまいとして姿を変えて水中に隠れたのだとも思われる。

　夫婦でありながら裸を見るなというのは奇妙な条件のようにもみえる。比較神話ではアプサラスのウルワシの話(『インド古説話』)で裸を見せないことという条件がでる。これも同様に奇妙だが、国や風土によっては夫婦でも裸を見せないところがあるかもしれない。しかし、裸を見られることに抵抗があるなら、まさに水のなかに全身をつけてもよかったし、アクタイオンに見られたアルテミスのように相手に水をかけてもよかった。裸を見られたというのではなく、蛇としての裸身を見られたということなら、メリュジーヌの話とも通じる。そうでなければ、異常に羞恥心のつよい女性だったとも思われるが、普段、夫婦の交わりでも着物を脱がず、肌を見せなかったとすると、見せられない素肌で、つまり蛇だったからだともみられるのである。

　メリュジーヌが見られたといって竜になって窓からとびだしてゆくのに比べると、蛇になって水中に消えたというほうが水精らしい。『今昔物語集』に描かれた水の精もたらいの水を見ると、そのなかにするっと入って見えなくなる。水になるのである。

　メリュジーヌと共通するのはもうひとつ、この妖精が夜毎戻ってきて、子供たちの世話をすることである。だれにも見られないようにもどってくるというので、そのときどんな姿をしているかは語られないが、おそらく蛇ではないだろう。

　もうひとつの「エペルヴィエの城の奥方」は、どんないきさつで奥方になったのかは語られないが、教会のミサで聖体拝受をかたくなに避けていたというところは、ワルター・マップの「大歯のヘンノ」の話と同じである。それを無理に引き留めて、司祭が聖別のこ

とばを口にするととたんに「悪霊にさらわれて、屋根をこわしてとびさってゆく」。

III-1-4　白鳥乙女

　日本は典型的な白鳥文化の地域である。万葉集にも七羽の白鳥の物語が語られる。羽衣の話では滋賀県の余呉の海でも、静岡県の三保の松原でも、福井県の気比の松原でも天女が舞う。世界的にはアプサラスのウルワシであり、北欧の鍛冶師ヴェーラントの最初の妻であり、あるいはポーランドの「白鳥の妃グルペー」である。東南アジアでは「ママヌアとウランセンドー」などという物語で語られる。天から飛来する天女は白鳥の姿でやってきて、湖で水浴をする。これは地中海の「水からあがるアプロディテー」にも通ずるものである。

　天からやってくるのか、水からたちあがるのか、どちらともいえないのだが、女神が裸身で表現されるために衣をぬぐという口実が必要だったのであろう。キュテラ島の沖合の海底で泡のなかから生まれたアプロディテーはもちろん裸である。生まれたばかりでも成熟した女性の姿態をもっているが、彼女が西風にふかれてキュテラの浜辺に近づくと、花の女神フロラが花の衣をきせかける。以来、彼女は花のもよう、あるいは天空の星をちりばめた衣装であらわされる。日本でいえばコノハナサクヤヒメであろう。この女神はニニギと出会ったときは浜辺の波の穂のうえで機をおっていた。日本、中国では女神は水辺で機織りをしている。なぜ水辺かというと、織った布を水にさらして洗い清めるのだともいうし、水辺で機をおっていると竜神が川をさかのぼって通ってくるからだともいう。水をつかさどる女神なのだともいうので、インドでは川のほとりに

Ⅲ——女神と至高神

あらわれるサラスヴァーティー(吉祥天)である。彼女は音楽の女神でもあり、川のせせらぎの音が彼女のかなでる楽の音にきこえる。あるいは石田英一郎によればメソポタミアから日本にいたるまで、おさな子をだいて川辺にあらわれる水と豊穣の女神なのだともいう。日本なら竜宮童子などの物語で語られる竜宮の乙姫で、木こりが松や薪を川になげて竜宮への供え物にしていたのを感謝して、この子を授けようといって現れるのである。その子を大事にして毎日一回ずつへそをつくと、そこから黄金がこぼれる。あるいはエビのなますをそなえながら願い事をするとなんでもかなう。竜宮にはなんでも願いごとのかなう如意宝珠がある。竜宮でくれる織物や米袋はいくら取ってもなくならない無尽蔵の宝である。川のながれや海の波のようにくめども尽きぬ無尽蔵の富を海があらわすのだ。この子供にむかってもういいと言うとそれまででてきた宮殿も富もすっと消えてしまい、子供は竜宮へかえってしまう。

この話は子供がメインではなく、子供を抱いてあらわれる竜宮の女、あるいは竜宮があらわす豊穣の原理がメインの物語である。また竜宮へ子供が戻るのは地上世界では死ぬことであり、幼な神の犠牲に相当する。川のほとりに定着して農耕をいとなんだ農耕民族の豊作にかけた願いをあらわした物語で、女神は豊作を表す以上、子を抱いているのである。それがたったひとりで、それもやがて犠牲となって殺されるのであれば、生めよふやせよという豊作・豊穣祈願にはそぐわないようにも見えるが、犠牲となって殺されたおさな神もやがて復活し、実りをもたらすのである。ただしこの水辺の親子神の原型とも思われるアナトリアのキュベレはかならずしも水辺でも農業神や穀物神でもなく、むしろ山の動物たちの主ポトニア・テロンのようである。

Ⅲ-1　女神

　マリヤ・ギンブタスによればヨーロッパの古層文化の女神は蛙や蛇の姿をしていた。日本の縄文時代の女神も同じようなものだったろう。実際の年代からすると古ヨーロッパのほうが日本の縄文時代よりかなり時代をさかのぼるがそれぞれの文明の発展過程からすれば古ヨーロッパは日本の縄文と同じくらいだろう。蛇も蛙も水辺の動物、あるいは神霊とみなされていたようである。そして月と関係し、水をつかさどるものとされたのが、洋の東西を問わず共通してみられる原初女神の性格である。月─水─蛇─女神という神話の連合はエリアーデも指摘している。しかし実際に蛙女神がやってきて、蛙女房になる話は昔話に限られて、神話としては記録されていない。おそらくそれは古層の神話が民衆のレベルで昔話になり、エリート文化ではより高級な人文神話がとられたのだろう。蛇女房も日本では数多く語られ、文学でも『今昔物語集』や「道成寺」「蛇性の淫」などにみられるが、蛙女房のほうは昔話でも笑話的な話柄として伝えられることが多い。それに仏教色もふくめ、あまり古層の神話とも思えないが、素性のしれない女房が実家へ法事にゆくというのをつけてみると、蛙になって池にとびこんだという話で、これは作帝建の妃の竜女と同じ物語である。池の中の蛙たちの鳴き声が僧侶たちの読経の声に似ていたというのもあとから付会されたモチーフとみてもさしつかえない。

　それにインドでは古説話として「蛙の奥方」があり、これは上村勝彦の『インド神話』にもおさめられている。池からあらわれた美女を妃にしているが、水をみせてはいけないという禁忌が課されていた。ついそれに背くと、途端に妃は蛙になって池にとびこんでみえなくなった。中国では飯倉照平の『中国民話集』に「蛙の息子」がある。子供をほしがっていた老夫婦の家に蛙がやってくる。やが

Ⅲ——女神と至高神

てその蛙に嫁を取ってやると、嫁が蛙を地面にたたきつける。すると うつくしい若者があらわれたというのは、わが国のたにし息子や、グリムの「蛙王子」のモチーフである。しかし、この蛙王子はあるとき隠されていた蛙の皮を見つけて蛙にもどり、月夜の海にもどってしまった。

　蛙が海からやってくるというのも不思議だが、オセットのナルト神話でも海底の竜宮の乙姫は蛙だった。蛙がうつくしい女になって来るほうが普通なのだが、多少、違った話があってもさしつかえない。

　日本では異類女房は天人女房に類する鶴女房か、鳥の姉御が昔話で多く、万葉集の白鳥は民間ではめずらしい。ほかでは狐女房があり、ハマグリ女房、鯉女房は同じような話で、蛙女房がちょっとかわっている。雪女、柳の精、花の精などははかなくきえてゆくが、異類女房全般に地上での滞在は短期間である。蛇の場合は「蛇の目玉」として語られる。対馬の峰村の伝承では人食いの蛇女である。クモ女房は「くわず女房」のたぐいで妖怪だが、異類でも神霊でも究極的にはおそろしい。狐女房でも狐が化けた女房と本物の女房が鉢合わせをする「二人女房」型は『今昔物語集』などをふまえた妖怪譚である。鶴女房のような報恩型と「食わず女房」のような妖怪型が狐、蛇、猫の場合に重出する。猫は化け猫譚に接続するが、報恩型では、伊勢参りをしたいというので、財布に銭をいれて首にむすんでやると、とことこと街道をあるいていって、しばらくすると美しい女になってもどってくる。お伊勢さんの功徳で人間になったというのだが、この場合は、異類女房としてはめずらしく、末永くしあわせに過ごしたとなる。一方、留守の家でごろごろと碾き臼をひいているものがいるという語りだしの話では、まさに留守のあい

だに飼い猫が手拭いをかぶって浄瑠璃をうなったり踊りを踊ったりする話と同じで、かくれてみていると「よくも見たな」といっておそいかかる。本質的には化け物である。鍋島の化け猫でも、飼い主の女が殿様にあらぬ嫌疑をかけられて殺されたあと、猫がうつくしい女に化けて殿様の妾になって、仇をうつ。女に化けてというだけなら鶴女房と同じで、西洋の昔話の「白ネコ」などとはだいぶちがう。こちらは魔法をかけられて猫になっていた王女で、青年に課された試練をくぐりぬける手助けをする。

　西洋では猫でも鹿でも蛙でもウサギでも鴛鳥でもたいていもとは美しい王女である。魔法をかけられて動物になっている。それを冒険の旅にでた主人公が「おそろしい接吻」をして救うのである。あるいは三日三晩の試練で、地獄の責め苦をうけるのを耐える。ブルターニュの「二文のヤニック」だと、泉で水を飲もうとすると巨大なガマガエルがでてきて接吻してという。接吻すると巨大にふくれあがる。三度くりかえすと美しい王女になる。さらにもう一回接吻するとなんになるかわからない。中世説話の「みしらぬ美青年」では古城にすむ蛇女が出てくる。旅の騎士が接吻すると呪いがとける。怪物が王子であるのは「美女と野獣」の場合で、愛の力が魔法をうちやぶる。

　しかし異類女房は本質的には動物神である。神との接吻はゼウスとセメレーのようにおそろしい。ギリシャ神話ではゼウスのほうが牛や白鳥になって地上の女を誘惑した。しかしおそらく古層の神話では昔話のように、猫や鹿や鼠の神霊と人間が交わったのである。それは原初の蛇女神、蛙女神の眷属たちであったろう。白鳥乙女は昔話では鴛鳥になるが、より村の生活に近づいただけである。そもそもは鴛鳥が家禽として飼われる前に、人間たちとの交渉を物

III——女神と至高神

ロカマドールの黒聖母

語る説話として語られたにちがいない。家畜として飼われた牛、馬、羊、豚、犬に、それぞれの野性的な形としての山羊や猪、あるいは鹿などの姿で人間界の近くへやってきた女神が想像されたのであろう。動物女神のかわりに熊などの動物神がやってくるのは、人間の定着化がすすんで、狩猟から農耕へ基層文化が変化し、母系から男性社会へ変化したプロセスが関係しているかもしれない。白鳥妖精や蛇妖精が人里へ美しい女の姿でやってきて、男たちと同棲するようになった時代と、家庭を守る女たちが山へ木の実をとりにいって熊にさらわれて山のほらあなにとじこめられて、翌年の春、生まれた子供をつれて村へ帰ってくる時代は、物語の舞台も構造も異なっている。狩人が森へ獲物をおっていって不思議な城にたどりつき、そこにすみついている蛇女と接吻するというのも、農耕以前の狩猟時代ではなく、騎士文化が成立して、各地に城がたてらてるようになってからのことではあっても、森の女神と男がむすばれる時代の思い出をとどめている。美女と野獣では、商人が遠方へ交易にでかける時代である。

男神と女の物語の神は、ヨーロッパでは北は狼、南は熊で、猪はあまり語られない。女神では古層では蛇、蛙であり、白鳥がきて、

その後の文化時代で鹿、猫、鼠、兎で、比較的温和な小動物が多い。

　日本では馬娘婚姻譚があり、おしら様信仰につらなっているほか、西日本では笑話化しているが牛婿があり、河童婿もある。また蛇神は男女を問わず語られ、豪族の始祖伝説となる。小動物ではたにしがいる。猿の場合、生贄譚の猿神と異類婚の猿婿で異なっている。犬は『今昔物語集』では「北山の犬」などがあり、馬娘婚姻譚と同じ展開をするものもある。

　日本の女神では蛇、狐、魚、ハマグリ、蛙、そして猫である。

　総じて、村里に近い小動物が多く、本当の意味での猛獣はすくない。これは実際に猛獣が生息する地域、アフリカなどでも同じで、ライオン嫁という話はきかれないのである。しかし中国ではトラが女をさらってゆく話、女になってやってくる話、双方とも多数あることが沢田瑞穂の『中国動物譚』にくわしい。トラのかわりに熊になることもあり、始祖としての熊女の話は朝鮮の檀君神話である。中国ではほかに猿がいて、袁氏の始祖であるなどという。動物譚ではインドに『パンチャタントラ』があり、世界の動物譚の源流ともされているが、異類婚譚はすくない。アメリカではジャガーと人間との通婚の物語などもある。

　東南アジアやオセアニア、あるいはアフリカでは通婚譚ではなく人を食う猛獣やサメ、ワニが部族のトーテム（部族を象徴する動物）になる例が知られ、始祖を食った獣がその始祖になりかわるものと信じられている。そのあたりはレヴィ＝ブリュールの著作にくわしく、また変身譚としては、ヨーロッパの人狼が中国で人虎になり、アフリカで豹男に、東南アジアの沿岸部で人食いサメや人食いワニになる。これはアフリカにもいる。あるとき神に呪われて狼になったというのがギリシャやヨーロッパの伝承だが、南のほうでは魔術に

Ⅲ——女神と至高神

よって変身する。それがそのあたりでもっともよく人をおそう動物である。猛禽が変身獣となることはあまりない。

Ⅲ-1-5　黒聖母

　キリスト教のなかでも聖母信仰は古代の大地女神信仰の名残とみなされる。聖母が聖なる存在とみとめられたのは、かなり近代の公会議で、本来はキリスト教は男性的宗教で、マリアはたんにイエスをみごもった存在でしかなかった。しかしヨーロッパでは、考古学者のギンブタスがいうように女神信仰がさかんで、男性神の影が希薄だった。キリスト教の受容においてもしたがってマリアを中心とする異端信仰が広まった。そのひとつが黒聖母で、聖母を黒く塗って造形し、あるいは黒色の材料で彫った。ところによると白い彩色像だったものを修復と称して黒くぬりなおしたものもある。黒くすると霊験あらたかとして信者がおしよせるのである。女たちの苦しみを理解してくれるのは黒聖母だけだともいわれる。純粋な穢れない聖母は近よりがたい。自分たちにはとうていそんな清純な生活はしたくてもできない。罪けがれにまみれた生き方をしいられた自分たちの生涯の宿命を、黒聖母こそは理解し、許してくれ、救ってくれるにちがいないというのである。もちろん、肌の黒いひとびとが自分たちの聖母として、あるいは女神として黒聖母をこのんで崇拝するのもたしかである。『ブラック・アテナ』(M. パナール、片岡幸彦訳、新評論、2007年) によれば、地中海の女神たちは本来、ブラック・アフリカからもたらされたものだということになる。しかし歴史的にいっても、12世紀のころのヨーロッパで黒聖母が流行したのは、黒人たちの聖母ということではなかった。謎をひめた神秘な聖母だった。そしてとりわけ、罪ふかい女や、まずしさから真っ黒

III-1 女神

になってはたらく女たちに尊崇された。そのもとはエジプトのイシスだともいう。イシス崇拝が地中海をわたってヨーロッパに広まったのはローマ時代である。

イシス

キュベレとならんで、イシスは秘儀宗教の女神として大いにうやまわれた。このイシスをほった像はなぜか黒いものが多かった。イシスやライオン女神セクメトは黒い石で彫られるものが多い。とくに膝におさな子ホルスをのせたイシスは黒い像で知られた。これがそのままの形で「荘厳形」の黒聖母とされた。またエペソスの大女神としてオリエントの人々の大いなる尊崇をあつめた「アルテミス」も黒い顔をしていた。各地にそのレプリカがあるが、いまナポリの考古学博物館におかれたものも顔は黒く、ほかの部分は白い石でできている。その胸に20か30の「乳房」がついているのをしったかぶりのガイドが乳房ではなく、牛の睾丸だというのはもっともらしいがおそらく不正確である。すくなくとも昔の人々にはたくさんの乳房をもった、多産と豊穣の女神として尊崇されたのである。チボリのエステ荘では、同じ形につくった大きな像の胸の無数の乳房から噴水がほとばしりでる。

　黒聖母がなだかいのはスペインのモンセラットや、フランスのオーヴェルニュ地方で、ロカマドールの黒聖母はそれが鎮座する教会の立地とともにいまでも多くの信者をあつめている。深い渓谷に

Ⅲ──女神と至高神

そびえたつ岩の上にへばりついた教会である。ほかでは、さきの教皇ヨハネ＝パウロ2世の尊崇がふかかった故郷ポーランドの町の教会にも黒聖母がある。フランスではシャルトルの黒聖母もなだかい。いずれもおさな子を膝にのせた母子像である。アルプスの町ミヤンでは、大きな山崩れがあったとき、その教会の黒聖母がそれをふせいだといわれ、火山のふもとでは、溶岩流に身を焦がしながら村をまもったという黒聖母もある。そのとき焼け焦げて黒くなったのか、もともと黒かったのかはわからない。多くは木像で、彩色をして黒くなっている。それを神秘的に思いなす人がフランスでは多い。

そのフランスの人が日本にきて、たとえば中宮寺の如意輪観音を見ると、まさしく黒聖母だといって感激する。隣の法隆寺の夢違観音も同じである。中宮寺の如意輪観音は木像だが、夢違観音は金銅仏で、金箔が時代とともに黒くなったものである。ヨーロッパでは金銅像はすくないが、材質によって自然に黒ずむだけの話でも、見る者の目にはとくべつありがたい黒仏とみえるようである。とくに黒く塗ったものでは能の面で黒尉がある。黒は喪の色とばかりはかぎらず、とりわけ聖なるものの色でもあった。晴れの日の御器につかわれる漆器も原則として黒である。あるいはインドの女神カリーも真っ黒に塗られている。「おちよ白バラ、深淵の聖女がよりとうとい」と歌った詩人(ネルヴァル)がいる。深淵、すなわち地獄へおちて、よみがえってきた聖女という観念である。地獄で苦しむ亡者のために、あえて地獄へ下って、業火に焼かれながら魂をすくってきた聖女というので、そのような観念は東洋でもなじみふかい。黒聖母ではないが、まずしいものたちに風呂をつかわせよごれた身体を洗ってやっていた光明皇后が、あるとき業病でただれた病人をむかえてその膿を吸ってやったところ、病人がひかりかがやく如来の

すがたをあらわしたという伝承は、ヨーロッパでは聖ユリアノス伝などにそっくりそのまま語られる。もちろん病人はキリストの姿をあらわすのである。なおこの話では黒聖母伝承からははなれるが、殺生にあけくれていたジュリアン(ユリアノス)があるとき額に金の十字架をつけた鹿を殺したとき、人の声で呪いを発するのをきいた話があり、後に、発願して殺生をくいあらためるのだが、日本の『今昔物語集』では、殺生をいましめた母親が死んで鹿になったのを矢で射ると、「痛や」とさけぶ声がきこえ、殺生人がそれをきいてにわかに出家したという話や、同じく荒くれの猟師が高僧の説教をきいて発願し、西へ西へとあるきながら、阿弥陀如来をもとめていった話など、同じような話が東西にある。救われるには一旦、悪行、殺生、あるいは穢れの極限までいかなければならず、穢れの闇のなかにこそ光明がみえるという思想をあらわした説話で、これらを「黒聖母」説話群とよんでもいいのである。

Ⅲ-2　愛の神話

　性愛や婚姻、あるいは誘惑の神話はたくさんあるが、愛の観念をあらわした神話はあまり多くはない。「エロスとプシュケ」はまさに愛神エロスと「心」という名前の娘の苦難の物語だ。アプサラスのウルワシの話は愛の破たんの物語である。説話では『シャクンタラ』『ダフニスとクロエ』などがある。ギリシャ神話ではゼウスはつぎからつぎに地上の娘を誘惑し、子供を生ませる。そのたびに正妻のヘラが嫉妬にくるって、その娘や子供を迫害する。娘のひとりイーオーは牝牛になってその嫉妬を逃れようとしたが、ヘラは彼女をさいなむために、一匹のアブをおくって、ひっきりなしに牝牛を

Ⅲ——女神と至高神

苦しめた。イーオーはそれを逃れるためにはてしなくさまよって、ボスポロス海峡をわたり、ついにエジプトの炎熱の地まで行った。アプロディテーはヘーパイストスと結婚したが、いつも真っ黒になって働いている鍛治屋の夫を馬鹿にして、軍神アレスとの情事にふけり、その後は美青年のアドニスをおいかけ、不倫を重ねた。ギリシャの中心地アテネの守護神アテナは、男嫌いで処女をまもっている。月の女神アルテミスもそれにまけない男嫌いである。彼女のおつきのニンフ・カリストはゼウスに誘惑されて妊娠し、それをアルテミスに知られて、呪われて、牝熊に変えられた。それを知らずに子供のアルカスが熊を狩りたてて殺そうとした。ナルキッソスは自分自身の顔に恋焦がれてやつれて死に、そのナルキッソスを慕っていたニンフのエコーもやつれて死んで、声だけがエコー（こだま）として残った。ギリシャには幸せな愛の神話はなかったのである。というより、この世では男と女は不幸になるという、いつの時代でもどの地方でも絶対の真実であるところのことをくりかえし語っている。それはインドでも、中国でも同じなのである。

　ただしディオニュソス教などの秘儀宗教では、女祭司が神をむかえる床入りの儀式があり、「聖婚」といわれ、それをことほぐ歌や物語が造られた。アナトリアのアドニス崇拝、キュベレ崇拝、アティス教などでは女神を男性司祭があがめる儀礼があった。ディオニュソス教では、神がナクソス島で、テセウスに捨てられて泣いているアリアドネを見つけ、なぐさめて妻にした話があり、盛大な婚礼と、アリアドネを天にあげて神にする話が語られた。ディオニュソスはアリアドネだけを愛した。ナクソス島でアリアドネを見つけたとき、彼女はすでに絶望して命を絶っていたともいう。その後ディオニュソスは冥界へ彼女を探しに行って、復活させたとも、神性をあたえ

て不死にしたともいう。その冥界へくだってもどってくること、死すべき人間が冥界から不死になって天上へのぼることがディオニュソス秘儀で演劇的に演出され、物語ともされたようである。秘儀では、女祭司、あるいは女信者が神とともに冥界へくだって地上へもどってくる演技と、復活をいわって神と交接する性の歓喜の儀礼とが行なわれたとも想像される。しかし、秘儀であるから、儀礼も物語も外部には伝わらない。ただ、公式祭儀となったあとでは、祭祀王が祭りの日に神になって、神殿で后と神聖な床入り儀式を行なって、いま神が女のからだに入ったととなえた。時代によっては、后が神像を抱くだけの象徴的な儀礼に取って代わられたこともあったが、神の臨在を祭祀王の后が床において受けいれることにかわりはなかった。

それ以外の文脈では、ゼウスに愛されたセメレーのように、神が本当の姿をあらわせば、女は死ななければならなかった。神との永続的な幸せな愛などはありえず、それは瞬間的なエクスタシーであれ、雷撃をうける死と性の交錯する恍惚であれ、世界はその瞬間まばゆい光にみたされても、そのあと、女の姿はどこにもなく、神隠しのように消えたのではないかと思われる。

III-2-1 異類婚姻譚

昔話ではどこでも、異類の姿であらわれる異界の存在と交わる人間の物語が語られる。日本では蛇女房、狐女房、鶴女房などのほかに、犬婿、河童婿などがあり、犬婿は島嶼部の始祖伝説にもなる。中国では盤瓠(ばんこ)神話である。馬娘婚姻譚もたんなる昔話ではなく、東北日本では「おしらさま」という神になり、養蚕の神だともいう。白鳥処女の話は北欧にも、スラブにも、東南アジアにもあるが、日

Ⅲ──女神と至高神

本にもある。鳥がはるかとおい国からわたってくるということと、その優雅な姿がうつくしい女を夢見させたのだろう。地域によっては雁や鷲鳥になることもあり、鳩であってもいい。これはまちがいなく『世界神話』である。インドの天女アプサラスの場合は、動物の姿では語られないが、日本では羽衣としては人間の姿の天女であり、万葉集などでは、それが白鳥として語られる。

モンゴルの始祖伝承、「青い狼」は狼が人間にかわる変身の物語ともみられるし、あるいは天神の子が動物の姿を取って地上に降臨した話ともみられるが、高車族などで、草原に捨てられていた王女のところへ狼がやってきて交わって勇猛な一族を生ませたという話は異類婚姻譚だろう。メス狼が捨てられていたおさな子に乳をやってそだてた話は動物による捨て子救助譚だが、その牝狼がやがて、大きくなった王子と交わって子を生むとなると、異類婚姻にもなり、始祖譚にもなる。トルコや北欧で語られる熊女房、熊婿の話では、あまり始祖譚とはならず、生まれた熊の子が強力童子となる話なら、異常出生物語である。

中世の「レ(譚詩)」では妖精との愛を語るものが多い。日本では「天人女房」である。それらは多く中世文学者フラピエが言う「おとりとしての白い獣」(白鹿などを追ってゆくと妖精の城へ導かれる)の物語で、まずは「ギンガモール」である。王妃にいいよられたギンガモールは疑いをはらそうと白い猪のいる森へでかける。猪にみちびかれて知らない森の奥深くまよいこむとそこに泉で水浴をしている妖精がいた。妖精は彼を宮殿へいざない、ふたりはそこで至福の時をすごす。3日たって王宮へもどろうとすると、300年がたっていること、川のむこうへいってもなにひとつ口にしてはいけないことを妖精は言ってきかせる。しかし、ギンガモールはついりんごを口

III-2　愛の神話

にして一挙に年を取ってたおれる。そこへ妖精の侍女たちがやってきて、船で妖精の国へつれてゆく。つぎは「グラエラン」だ。ここでも騎士は王妃にいいよられ、ひどい目にあう。あるとき鬱屈を忘れようと森へゆくと白い雌鹿があらわれて妖精が水浴をしている泉へみちびく。いらい、彼は妖精と思うがままに愛を語ることができた。ただ、人にそれを知られてはならなかった。王妃が彼のことを王に讒言する。彼はつい、王妃に自分はもっと美しい人を恋していると言ってしまい、その美しいものはどこにいる？　いるならつれてくるようにといわれ、絶望するが、裁きの最後の日、美しい馬にまたがった妖精がやってきて騎士を解放する。そのまま妖精は川をわたって妖精の国へ行こうとする。騎士は禁じられたにもかかわらず、後を追う。彼がおぼれそうになったのを見た妖精はもどってきて彼をすくい、ともに妖精の国へゆく。

　「デジレ」の騎士も森で妖精にあう。妖精は金の指輪をわたし、いつでも呼べばやってくるという。ただ騎士はその愛を隠者に告白してしまい、妖精はあらわれなくなる。しかしあらゆるものからみすてられた窮迫のきわみに妖精がまたあらわれる。「ランヴァル」もほとんど同じ話で、騎士ランヴァルは森で妖精にあい、甘美な愛をめぐまれる。しかしその秘密をだれにも告げてはならない。王妃が彼にいいよる。讒言をされた騎士はもっと美しく高貴な女性に愛されているという。裁きの場でそれを証明しなければならない。絶体絶命のときに白馬にのった妖精があらわれてランヴァルとの愛を告白する。ランヴァルは妖精の馬にとびのってともに妖精の国へたびだつ。アルフ＝ランクネールはこれらの物語を「モルガン型」という。しかし、これとトヨタマヒメの物語はやはりつながらない。竜宮へ行って夢のような日々をおくることは同じでも、王妃の讒言

だの、裁きだののモチーフはないし、最後に妖精の国へ行ったきりになるという話もない。

III-2-2　竜宮あるいは異郷逗留譚

日本では浦島が竜宮へ行った話が有名で、同じような話は西洋でもたくさんあるというが、たとえば、修道士が修道院の外へ散歩に出て、森で小鳥の歌にききほれていたら、300年がたっていたという話は、どこまで同じかわからない。中国では神仙が碁をうっているのを眺めていたら、もっていた斧の柄がくさってしまっていたほどの時間がたっていたともいう。小鳥の歌や碁の勝負が数百年にあたるというので、じっさいに竜宮へ行ったという話とは異なる。竜宮へいった場合、トヨタマヒメ説話では山幸も竜宮へいったが、かれの場合はもどってきても数百年はたっていなかった。異界への旅はこの世とは別な時間のなかでくり広げられるが、時間が最も重要な要素とはかぎらない。フランスの中世説話ギンガモールでは、妖精界から地上にもどってきた騎士が地上の食べ物を食べてはいけないという禁忌に背いた結果、馬からおちて、とたんに年老いてしまう。

箱をもたされて、それをあけてはいけないというのは、浦島の玉手箱だけではなく、西洋にもいくらでもある。妖精世界の秘密を人につげてはいけない。妖精を恋人にしていることを漏らすと、二度と妖精があらわれないという場合は、異界の住人との禁忌にまもられた愛と、禁忌背反によるその破局だが、話としては浦島譚と同じである。異界へゆくだけなら、ケルトのブランダンの旅は、舟にのってはてしなく漕いで行って楽園、あるいは死者の国へいってきた話だ。アメリカ先住民の世界ではカヌーにのってはてしなく漕い

Ⅲ-2　愛の神話

でゆくと、しだいに霧にとざされた国になり、死者たちとゆきちがう。死者たちの家に逗留した場合は、もちろん、なになにをしてはならないという禁忌がある。竜宮の婿になってしまった夫と、魔法の鍋のおかげで再会できた女は、しかし鍋の蓋をあけてはいけなかった(「橋姫物語」)。彼方へゆき、地上にもどるときにあけてはいけない箱を開けて二度ともどれなくなるという話と、山中の妖精の洞穴で幸せな日々をすごしていたが、禁をおかした結果、洞穴を追い出され、二度と洞穴にもどれなかったという話は同じだし、異界の女との愛が禁忌背反によって破れる話も同じである。この世と妖精界、あるいはあの世は多く水でへだてられている。天でさえ、そこで瓜を切ってしまうと大水がでて流される。水が異界とこの世をへだてる。そこで瓜を切るにしても、箱をあけるにしても、それは禁じられた世界をとざした結び目でそれをやぶることで、異界との交通がとだえるのである。

　ところで、竜宮へまねかれて竜宮の乙姫をもらってくるという作帝建のはなしと俵藤太の物語が同一の話のようで違っているのは、俵藤太では乙姫がでてこないところで、これは語り手の忘却か、ちがう話かという問題だろう。「神をたすけた話」ではたしかに婚姻モチーフはでてこない。トヨタマヒメと山幸は婚姻関係になり、始祖となる子を生むが、その婚姻はながつづきしない。メリュジーヌでも妖精と人間のむすびつきは禁忌背反でやぶれる。最初に「神をたすける」というモチーフがあるかないかが大きなわかれめといえないこともない。女神と地上の人間がむすばれるという類型でも、竜宮へ招かれて怪物退治をするというのと、地上でいじめられている亀をたすけてやったお礼に竜宮へまねかれ、亀だった乙姫をもらってくるのは本質的にはちがいはない。であれば、きずついた

Ⅲ——女神と至高神

鶴をたすけてやったというのと、その晩、うつくしい女がたずねてきたというのも違いはないともいえるが、働き者の青年のところへ産土の神がいい女になってやってきた(「烏の姉御」)というのも同じかどうかとなると、アルフ・ランクネールは人間が地上へやってきた妖精、神霊と出会う場合と、竜宮などへでかけていってそこで出会う場合は異なるとして、メリュジーヌ型とモルガン型と分けている。ただし、竜宮へゆく状況でも作帝建のように竜王に招かれてという場合と、山幸のように釣り針をさがしてという場合ではモチーフが異なるだろう。さらに浦島型では亀や蛇をたすけて、そのお礼に竜宮へ招かれる。竜宮ではいずれにしても歓待される。これは天空の場合は見られないことで、天へいったものはたいてい厳しい試練を課され、むしろいじめられる。竜宮では歓待だが、最後になんでもほしいものをいうようにと言われ、乙姫をもらう場合と、無尽蔵の布や如意玉をもらう場合があるが、「黄金子犬」だと金をひる犬をもらう。この場合、竜宮へまねかれて土産にもらう場合と、竜宮から乙姫が子犬をだいてやってきて渡される場合がある。松の枝や薪を川から竜宮へながしていた木こりがはなたれ小僧をもらう場合は、乙姫が小僧をだいてやってくる。竜宮のおくりものとしては黄金の斧もあり、これはそのままの形でヨーロッパでも広く伝わっているが、報恩、あるいは正直の徳のたまものである。はなたれ小僧の場合は、その前から竜宮の乙姫がやってきて、木こりと情を通じていて、やがて子供が生まれてそれをつれてきたのだとも解釈できる。クン＝アイ神話で竜女が岸に金の卵を生んでいったのは、まさに牧童との情事の結果である。黄金子犬は乙姫の子ではなさそうだが、ではどこからでてきたのかが問題である。乙姫の子であれ、竜宮の宝物蔵にしまってあった如意玉であれ、あるいはどこから出て

III-2 愛の神話

きたかわからない黄金子犬でも、結局はみな同じで、竜宮からやってくるものは扱い方さえ間違えなければ、際限もなく福をもたらしてくれるものである。竜宮は山中にあるともいわれる。土中深くほって掘り出した金銀や銅鉄の価値ははかりしれない。山中の鉱脈を山々にひそむ竜の形と見ることもできる。しかし、なぜか海底に蛇体の鍛冶族がいるという伝承がオセットでもリトアニアでもみられ、そして日本でもオロチの尻尾から草薙の剣が見つかり、道端の石のうえにおかれていた剣が蛇になってくねくねと動き出したという伝承もある。孫悟空は東海竜王の宮殿の宝物庫へしのびこんで如意棒を手にいれる。これは如意宝珠と同じもので、鉄棒だけに金属文化との接合をしめしている。伸縮自在のふしぎな鉄棒は海底の竜宮でつくられるか、あるいは管理されている。竜族が金属加工をつかさどっているのである。

ヤマタノオロチも山肌をくずして流れ落ちる鉄鉱石をふくんだ河流であろうといわれる。九頭竜や天竜のような竜の文字をつけた河川が鉱物資源の豊富な山塊からながれおちて大海にそそぎ、海底にしずむ。火山の溶岩流も海へながれこむ。その海へいってもらってきた竜族の娘、あるいは蛙姫から生まれたオセット族のバトラスは生まれると同時に海にとびこんで、灼熱の鋼鉄のように海水を蒸発させる。後に彼は竜を殺してそれを薪にして一か月もたきつづけた炉のなかに飛び込んで自らの体を鉄のように鍛える。海底で鍛冶をつかさどる竜族とナルト族とのあいだに生まれた鉄人なのである。この話でも海底からもらってきた蛙姫を人目にさらしてはならなかった。しかしヘミッツはあるとき、この蛙をポケットへ忍ばせて集会へでかけ、それを暴露されて恥をかく。蛙姫、蛙女神は「われにはじみせつ」と海底へかえってゆく。

Ⅲ——女神と至高神

　海底の竜王とは明示しないが、バトラスの母親の故郷が海底であることははっきりしている。海底の住人の子が弓射にたけた無敵の英雄になるという話は高句麗の祖、朱蒙の話も思わせる。朱蒙は天郎ヘモスが河伯の娘柳花とむすばれて生まれた子とされるが、太陽の光で柳花が懐妊したので、ヘモスは朱蒙には関係しないともいえる。むしろ公には金蛙王が柳花を妃にして子を生ませたのである。金蛙王は金色の蛙として天下ったとされる。いずれにしても朱蒙は金蛙王の宮廷をのがれ、高句麗をたてる。朱蒙とは弓の名手の意であるという。河伯は竜族であろう。竜王の娘と天より下った王がむすばれ、さらに感精説話の要素がくわわっているが、超自然の出生をした朱蒙が弓の名手となり、国を建てる話で、バトラスの話とも共通する要素が多い。

　地上の存在が竜宮へ行く話は「くらげ骨なし」「猿の生き肝」などの昔話に語られる。これはインドにある話である(『パンタチャントラ』)。猿がワニ、あるいは亀、くらげ、など、竜宮の眷属と仲良くしているが、あるとき竜王の妃が病気になり猿の生き肝がほしいという。そこで、ワニないし、亀、あるいはクラゲが猿をだまして竜宮へつれてゆく。猿は途中で気がついて、これまた肝を木にかけてほしてきたといつわって陸にもどる。竜宮にはいきそびれるが、無事にかえってきた。竜宮にいって土産をもらってかえってくるのと正反対なようだが、話は共通のベースにたっている。亀あるいはワニは竜宮がどんなにすばらしいところか縷々と語るのである。似た話で海上の島の場合は果物がたわわにみのっているという。竜宮だと、あまり果物がみのってはいそうもない。竜宮の乙姫が猿にこがれているといった性的な嘘で誘惑する場合もある。好色な猿はついふらふらとその話にのってしまう。もとは、猿、あるいは山幸のよ

うな山住まいの人間が竜宮へいったのである。そしてそこで乙姫とねんごろになった。すなわち竜宮訪問譚で、竜宮で散々歓待され、みやげをもらい、乙姫をつれて地上へ帰るのである。

　猿とワニでは猿のほうが上手で、結局ワニがだまされる。これは竜宮へゆく話ではなくともよくある話で、アフリカからアラビア、インド、インドネシアにかけて、すなわちワニのいる文化圏で語られる話だが、猿が向こう岸へ行こうとして、ワニをだまして川、あるいは海をわたる話である。だましかたはさまざまで、むこうへいけば果物がふんだんだというだけではなく、美女だか、雌猿だかがいて、ワニと仲良くなりたいと言っているなどという。ワニがその気になって猿をのせてゆくと、向こう岸にとびうつれるあたりで、猿がワニを馬鹿にして、なんてみにくいけだものなどという。そして向こう岸へとびうつろうとする瞬間にワニが猿を捕まえて、皮をはぐ。もちろん我が国の「因幡の素兎」の話だが、これがインドネシアにある話であることは戦前から研究者によって指摘されている。ほかにシベリアにもアザラシと狐で同じような話があるともいうが、だいたいはワニや猿の生息圏の話でアフリカやエジプトから東南アジアまで広まっている。猿が豆鹿になったり、うさぎになったりしても話の本筋には関係がない。エジプトでは近世の話だが、キリスト教の宣教師が河をわたるのにワニにのってゆくといい、ワニがうようよしているナイルでは昔からあまりかしこくない動物としてワニがだまされる話がよく語られている。そのなかには当然、河渡りに利用する話もあり、レヴィ＝ストロースはイシスが神々の会議でレーの後継者をきめるときに、会議の行なわれる中の島へ渡るのを禁じられていたのに、渡し守をだましてまんまとわたる話を「因幡の素兎」の類話としている。イシスはワニの背ではな

Ⅲ──女神と至高神

く、舟にのって、渡し守をだますのだが、河にはワニがうごめいているので、ちょっと間違えば、河につきおとされてワニの餌食になるかもしれないのである。

いずれにしても策略によってワニをだまして川や海をわたる話で、世界的な物語である。「因幡の素兎」はオホナムチが八上姫を娶りにゆく話で、ウサギがそれをたすけるのである。その前にオホナムチがウサギをたすけてやる話があり、ウサギのほうでその恩返しに八上姫を手にいれさせる。オホナムチは、皮をむかれて赤裸になったウサギに傷をなおす方法をおしえたのだが、そこからオホナムチに治療者、メディスンマンの役をふりあてる説がある。ほかの場面では彼はむしろやけどをして死んでしまったのをキサカイヒメに生き返らせてもらうので、治療者というより、治療される側だし、その後の活躍でもあまり治療者の性格はみられないのだが、呪術王として治療者の性格をもっていたとするならそれはそれでもっともらしい。それに彼は医薬の神とされる。

それはともかく、ここは、八上姫を手にいれる旅で、兄弟たちが競争者である。どうやってオホナムチが兄弟たちを制したかという話は具体的には語られない。そのかわりにワニがウサギの皮をはいだ話が語られる。ウサギはどうやらオホナムチの分身、あるいは言い換えである。動物のうちで一番弱くて臆病なものという。兄弟たちにいじめられて彼らの荷物をもってあとからついてゆくオホナムチとウサギは性格がたしかににている。その弱いウサギがライオンなどの猛獣を制圧したり、馬鹿にしたりする話はアフリカのトリックスターの話としてよくでてくる。ワニをだます話もよくあるのである。ここではだましそこねているのだが、皮は取られたが、ワニを利用して水をわたることには成功したのである。八上姫のところ

Ⅲ-2　愛の神話

へも、海を渡ることが想像される。じっさいの地形をもとに、かつ歴史上の人物などをもとに、オホナムチはどこそこを通ったのだというような議論が地元の歴史愛好家の間でされているが、もちろん神話を歴史、あるいは現実の地理などで説明しようとするあやまちである。これをエウヘメリズム(歴史主義)という。スサノオが武塔神という名で南の女を娶りに安芸国にやってきて、一夜の宿を蘇民将来の家に求めたという話があるが、妻問いは海をわたるものとされていた。山幸とトヨタマヒメでも海をわたるか、海底へもぐるかするのである。オホナムチも八上姫を娶るのに気比の岬で海をわたる必要があったと考えられよう。どうやってわたったものかと途方にくれていると、塩土の翁がやってきて海を渡る方法を教えたのは山幸の場合である。オホナムチの場合はウサギ神がやってきて教えたのだ。そこで無事に海をわたったのが彼だけだったか、ほかの兄弟はおくれを取ったのか、はっきりはしないが、どうやらオホナムチは八上姫を獲得する。これは神話的には妻問い競争で、アタランテとヒッポリテスが競走をしたようなものである。オホナムチ自身がワニの背にのって湾をわたったとも考えられる。そのあとの挿話で大やけどをおって死んでしまうというのと、ウサギがワニに皮をはがれて赤裸になるのとは同じである。ウサギの話が象徴的にオホナムチの冒険を予告したともいえるし、物語が神話的方法で彼の冒険をウサギの冒険によって語ったともいえる。神話的方法といえば、ウサギの場面とそのあとのイノシシの場面とは神話的にはひとつの画面を構成すると考えてもいい。神話素材を描く絵画などで、ちがう場面をひとつの画面にまとめたりするのと同じことで、ここではひとつの場面をふたつに分けて語っているともいえるのである。オホナムチはワニをだまして湾を渡り、最後にワニによって皮をはが

III――女神と至高神

れて赤裸になったが、それをキサカイヒメが貝の母汁でなおして蘇生させるのだとも解釈できる。

こういった話でそんなはずはないとか、気比の岬はこのあたりだとか、ここにはガマの穂のはえた沼があるとか、ワニは日本には生息していなかったとか、いろいろと言うのはいずれも神話的には無効な議論で歴史も地理もあるいは生態学も神話を説明するのに何の役にも立たない。まず神話は歴史時代のはじまるはるか昔の超古代を語るのである。神話の解読にはレヴィ＝ストロースのような象徴的読解が必要である。いずれもこれはワニやウサギのでてくる渡海の神話であり、当然、竜宮へ行く話にも接続するのである。そして直接にはインドネシアから来たとしても物語としてはエジプトやアラビアで語られていた猿とワニの話のひとつであり、さらに大きくは、水界の妖精あるいは神霊と地上の人間との結びつきの物語のヴァリアントなのである。

III-2-3　女神の嘆き

ギリシアの女神デーメーテールは穀物神だが、娘のコレを失って身を隠す。おかげで世界の畑の作物がみのらなくなる。そこでバウボという女あるいは女神が彼女の前で性器を露出してみせると女神の憂愁がはれてにっこりほほえみ、穀物神としての機能を復活させたという。太陽が隠れて世界が暗くなったというのと対応する現象で、世の作物が萎れて枯れるのである。日本では世の草木を枯らした神がほかにいて、スサノオが泣きさけんで草木を枯らしたという。これも姉神の雲隠れと無関係ではない。

デーメーテールの穀物神としての性格は、彼女が保護するトリプトレモスによって明らかになる。彼女はトリプトレモスに麦の穂と

Ⅲ-2　愛の神話

竜車をあたえ、それにのって世界中に麦の種をまくようにさせた。あるいはそれぞれの土地の王に農耕をおしえさせたという。この神話と並行する神話が日向の国風土記にあることを吉田敦彦が指摘している。ニニギの命が日向の国におりたつとにわかに空が暗くなった。そこでニニギが稲モミをまくと、とたんに空に光がもどった。日月が照り映えたというが、ふつうは太陽が隠れて暗くなり、稲モミをまいたら太陽があらわれたのであろう。稲モミをまいて国の中を巡行するというのはトリプトレモスと同じであるともいえるし、太陽が隠れて暗くなったのを稲穂の呪法であかるくしたというのはウズメの呪法と同じものともいえる。

このもととなった「デーメーテルの嘆き」は、エジプトではオシリスを失ったイシスの嘆きと並行する。イシスは夫のオシリスをセトによって殺され、ナイルにながされたのを、悲しみにくれながら探しあるいた。そしてビュブロスまで行って、オシリスの棺が岸辺に生えていたタマリスクの木の幹につつみこまれていたのを知ったが、その木が王の宮殿の柱につかわれているので、身をさすらいの老女にやつして王宮の乳母になり、機会をうかがって、柱を取って中からオシリスの棺桶をとりだした。そのさい、あずかっていた王子を火にかざして不死にしようとしていたのをみとがめられてはたさなかったというのはデーメーテールの話と同じである。デーメーテールはトリプトレモスの兄弟のデーモポーン、あるいはトリプトレモスを火にかざして不死にしようとしてはたさなかった。

イシスがオシリスを悼んで悲しみに沈んでいるあいだは万物の成長がとまっていてもふしぎはなかった。エジプトではナイルの水がすくないとき、あるいは太陽の暑熱がはげしいときなど大干ばつがおそってくることはめずらしくなく、いくつかの王朝はそれによっ

Ⅲ──女神と至高神

てほろんだともいう。しかしイシスはオシリスを復活させることができた。棺桶をとりもどしたときは、すぐにセトに見つかって、それをうばわれ、八つ裂きにされてばらまかれたのだが、イシスはそれをひろいあつめ、つなぎあわせて、魔術をもって命をふきこんだのである。その復活の作業を「オシリスの芽生え」として復元する儀礼がいとなまれる。よこたわるオシリスの体を粘土で模造し、そのうえに麦の種をまいて水をそそぐのである。やがて、オシリスのからだから麦の穂が一斉にそだってくる。イシスは復活したオシリスの上にまたがってオシリスの種をうけてホルスを受胎するのである。これはメソポタミア、あるいはシリアでは「アドニスの園」といわれる風習で、春、アドニスが殺されて、復活したとされる時期に、器に土をいれ、種をまいて水をやると一週間ほどで芽ぶいて緑の球のようになる。これをアドニスの復活とみたてるのである。「オシリスの芽生え」ではいっせいに芽ぶく麦の穂より、そのなかからひときわ高くそびえたつ男根が重要な役をはたすことはいうまでもないが、これは神話や図像の話で、実際の儀礼では麦しかはえてこないのはいうまでもない。

しかし、このようにデーメーテールとイシス、そして小アジアの豊穣神キュベレの神話は植物の復活と死者の復活を並行させてたたえる儀礼と神話をもっている。オシリスもアドニスもアティスも死んでよみがえるのである。トリプトレモスも火にかざされていったんは死んでよみがえるのである。だからこそ穀物の霊ともなるのである。火にかざされて死んだのはトリプトレモスではなく、兄弟のデーモポーンだともいうが、この場合、死んだものと、麦の種を世界中にまいたものは同一人物とも、分身同士のダブルともどちらともいえるだろう。同じ人物だが、機能的に二人に分けて語られたの

Ⅲ-2 愛の神話

だとも考えられるのである。この三つあるいは四つの神話では主として麦その他の穀物の再生が祝われる。悲しみの女神がおつきの女神の性器露出でほほえむというのはイシスやキュベレ、アプロディテーではみられないが、イシスの場合、その分身ともみられるハトホルが性器露出をして、太陽神を復活させる。また、イシスとハトホルの猫神としての表れであるバステットを祀る祭りでは女たちが裾をからげて性器を示して神をたたえる。穀物神と復活神の神話に性器露出の儀礼がともなうのである。オシリスのほうはいったん八つ裂きにされたときにファロスをうしなっていたが、イシスが粘土で棒をこねて、それを股間に植えて息をふきこんで伸縮自在の生きたペニスにしたのである。アティスのほうはアグディスティスという男女両性の怪物神の男根を切り取って生やしたアーモンドの木から生まれるのだが、女神キュベレに愛をちかうためにみずから男根を切り取ってそれを女神にささげる。アドニスは、クロノスの切られた男根から生まれたアプロディテーに愛されて死ぬ。この一連の神話には男性性器の切断と、女性性器の露出のモチーフがつきまとう。イシスもキュベレも性器を露出した裾をまくった形の素焼きの像で祀られていた。そのいくつかがルーブルやアレクサンドリア博物館にもかざられている。フランソワーズ・デュナンの本にその写真が何件かある。

　すなわちイシス、ハトホル、バウボ、そしてアプロディテーやキュベレも性器を露出する女神であり、バステットやデーメーテールは性器露出によって祀られる女神である。彼女たちに仕える神官や犠牲神、すなわちアティスやオシリスは男根を喪失して、死んで復活する神である。そしてその死と復活、男根の喪失と復活が穀物の死と復活に相当する。そしてまた、太陽がきえて暗くなったあと、

Ⅲ——女神と至高神

また日があらわれて空が輝くことにも相当する。わが国ではニニギやウズメの神話がそれに相当する。

　わが国でニニギの旅を出迎えて日向へ案内をしたサルタヒコについては、エジプトで太陽の船に乗って道開きをする猿神トートとの並行性が指摘できる。トートはまた、「おそろしい女神」セクメトを慰撫し、ヘリオポリスへ連れ戻した。トート、あるいはマントヒヒは太陽が東にのぼると、それをむかえて、たちあがって拝礼する。マントヒヒが立ち上がると、そのとりわけ長大で真っ赤なペニスが太陽にむかってゆれうごく。サルタヒコの長大な真っ赤な鼻が天の八衢で光輝いたさまも思い出される。サルタヒコとウズメはその天の八衢でたがいに性器を露出して対決した。結果はウズメが「面勝ち」した。サルタヒコはウズメとニニギに服従してあらたな太陽神ニニギの旅を先導する。この天の八衢の対決は後に伊勢のアザカの浜で再現される。サルタヒコは海岸で大きな平部貝に手をはさまれて海底にひきずりこまれる。平部貝はウズメの女陰である。サルタヒコの男根が貝にくわえてひきちぎられそうになる。海底にひきこまれながら、サルタヒコは泡をふいた。クロノスの男根がたちきられて海へおちたとき、その血の泡からアプロディテーが生まれた光景も思いだされる。いま海を支配しているのはウズメである。彼女が招集をかけると海の生物が全員集合する。返事をしないものがいると小刀で、「これは口きかぬ口」といって切り裂く。海の支配者とは竜宮の乙姫でもあろう。サルタヒコが海底へひきずりこまれるのは、「猿の生き胆」で、亀、あるいはワニにつれられて猿が竜宮へゆく場面に相当する。猿はちょっとやそっとでは死にはしない。やがてなにごともなく岸にもどってくる。ただそのとき、山幸のように汐みつ玉、汐ひる玉をもらってくるかどうかわからない。猿神トー

トはヌビア砂漠で虐殺をほしいままにしていたライオン女神セクメトを説得して太陽の目玉ウジャトにしてつれかえる。砂漠の彼方で、玉を手にいれたのである。竜宮から玉をもらってかえってくる山幸と並行している。

　太陽が玉に変ずるのは天の日槍神話にもみられるモチーフである。あるとき女が昼寝をしていると日光が彼女の股間にさしこんで、やがて女は懐妊して赤玉を生む。それがやがて赤ヒルメという女神になる。この天の日槍という人物は新羅の王子だというが、新羅にはそれに相当する神話はない。ただ細烏神話では、太陽の布を織っていた細烏とその夫が海岸で岩にのって仕事をしていると、その岩がうごきだして日本へ行ってしまい、ために朝鮮は日がのぼらずに暗くなったという。その種の太陽祭司の話が日本と韓国で別なヴァージョンで語り伝えられたものと思われる。

III-3　復活神とトリックスター

　古くなり悪徳にそまった世界を浄化・更新するのに若い神が犠牲になって死に、やがて復活する場合と、古い秩序をトリックスターがいたずらによって破壊して更新する場合とがある。

III-3-1　復活神

　キリストは復活神である。彼を全世界の人類の罪をかわりに背負って死んだ犠牲神とする観念はいかにもキリスト教特有の博愛主義のようだが、そもそもキリスト教はそのような博愛、愛の宗教であるというのはひとつの壮大なフィクションで、じっさいはキリスト教は戦いの宗教である。エホバあるいはヤーヴェはねたみふかい神、

Ⅲ──女神と至高神

厳罰をくだす神である。キリストをそのような代受苦の思想で解釈しようとするのは、仏教的な慈悲の神を想像するいつわりの神学で、人をあざむくものである。彼はオリエントの死んで復活する植物霊をあらわした神、アドニス、アティス、あるいはオシリスの系列の復活神で、彼が死ぬところを犠牲の死とするのはかなりご都合主義的な解釈のほうである。アティスは女神に愛されて若くして死ぬ夭折神である。その死を無駄な死ではなく、人類のための死のように潤色したのはヨーロッパのキリスト教学者で、本来はただの女神のお気に入りの美青年である。オシリスは美青年という規定にあまりあてはまらないようにみえるかもしれず、おさな神としては彼の子のホルスのようである。しかし死んだオシリスが若いホルスとなってよみがえったとするなら、オシリス＝ホルスをこの夭折し、復活する神々の列にくわえてもいい。そもそもホルスというのは世界の最初にいた神で、オシリスの子というホルスは「若いホルス」というが、「年取ったホルス」と「若いホルス」というのはいささか説明の困難な神話である。オシリスは永遠に若い神としてよみがえって二人目のホルスとなったのである。オシリスは弟のセトに殺されてナイルに流され、ビュブロスでタマリスクの木の幹につつみこまれているのを妹にして妻であるイシスによってみいだされ、復活させられるが、セトがいち早くそれを見つけて、イシスがわずか留守にしている間にオシリスを今度は八つ裂きにして、その砕片をエジプト中にばらまいた。これはディオニュソスがティタンたちに八つ裂きにされたことに相当するといわれる。しかし今度もイシスはその細切れにされた体をさがしあつめて、もとどおりに再建し、そこに命をふきこんで復活させる。ただし、ペニスだけは見つからなかったので、かわりに粘土でペニスをこしらえて、それをうえつけ、そ

III-3 復活神とトリックスター

れによってホルスを懐妊する。再建されたオシリスがよこたわったまま、復活するのを模して粘土で作ったオシリス像に麦の種をまき、水をかけていると日本なら49日目にでも、種が芽吹いて全身に麦の穂がそだつ。そのなかに植えられたペニスも元気になってそびえたつ。これを「オシリスの芽生え」というが、もちろんメソポタミアの「アドニスの園」と同じである。アドニスはアプロディテーに愛されたが、狩の最中、猪の牙によって殺される。それをアプロディテーが涙をそそいで復活させるという神話が想定され、それに従った儀礼が行なわれる。春のアドニス祭では、アドニスの死をいたんで女たちが髪をひきむしり慟哭するが、やがて若き神の復活の知らせをうけて、祭りは一転して賑やかな春の祝祭になる。レバノンの山から流れる雪解け水が赤い地肌をながして、地中海へながれこむのが、あたかもアドニスの血にそまるように見えるという。アドニスは母親が彼を妊娠したまま木になったため木のなかで大きくなったが、木の皮をやぶれず、出るに出られずにいたときに猪が突進してきて木の幹をつきやぶったおかげで生まれ、以来、猪で死ぬさだめになったという。ケルト神話にも猪の呪いを背負って生まれ、猪によって死んだ英雄がいる。木から生まれた英雄では中国では伊尹が桑に変じた母から生まれた。アドニスの母ミュラがミルラ（没薬）の木になったのは、自分を妊娠させた謎の男が実の父親であることを知って恥じたためである。生まれたアドニスはあまりに美しく、アプロディテーと地獄の女王プロセルピナが争った。彼の死はそのためであるともいうし、神々の調停で年の半分あるいは三分の一を地下ですごし、残りを地上ですごすさだめになったともいう。これをもって穀物の死と再生を象徴するとする。プロセルピナ自身が地上の母親デーメーテールのところと、彼女をさらった死者の王ハデ

Ⅲ——女神と至高神

スのところに半分ずついることになっていて、同じ神話の反復である。

　このアドニスを愛したアプロディテーはシリアではアスタルテと同一視され、アスタルテはエジプトでも異国の女神としてながら神話をあたえられている。暴戻な海の神を慰撫し、できれば無力化するためにエジプトの神々から頼まれて、海の神の妻になるのである。似た話がメソポタミアの「ギルガメシュ叙事詩」や中国の仙人の話にあることはよく知られている。アドニスと同一視されるのはアティスでプリギアの女神キュベレに愛されたが、女神をたたえる祝祭で興奮のあまり自ら男根を切り取って女神にささげ、ために血をながして死んだ。その血からスミレが生まれたといい、これはアドニスの血からアネモネが生まれた神話のヴァリアントである。アドニスが木からという異常出生をしたなら、アティスもアーモンドを食べたニンフから生まれたが、そのアーモンドは男女両性のアグディスティスを女にするために切り取った男根が変じて生えた木である。男根から生まれた美青年がみずから男根を切り取って死んだのである。彼はまた松の木になったともいう。たんにスミレになったとか、松の木になったというのではなく、彼を祭る祭式では死んだあと松の木から生き返ったことになっている。いずれも植物からの誕生と、植物への転生であり、春にその復活を祝う祭りが行なわれる。

　日本では、死んで復活するのはオホナムチである。はじめは山上から真っ赤にやけた石がころげおちてきたのを抱きとめてやけどを負って死んだ。石は猪というふれこみだった。猪によって死んだアドニスと同じである。死んだあと、母親が高木の神にたのんでキサカイヒメ、ウムカイヒメを送ってもらい、その女神たちの乳をぬってもらって生き返る。つぎには木の又にはさまれて死ぬ。このとき

は母神が木をおしひらいて救い出す。そして木の国から根の国へおりてゆき、そこからスセリヒメをえて帰ってくる。根の国が死者の国であれば、まさに死の国からもどってきたのである。

　オホナムチには植物霊的な要素はあまりみられないが、彼が国をゆずったニニギノミコトはギリシャのトリプトレモスと同じく、稲穂を国中にまいて光をもたらした神とされる。トリプトレモスはデーメーテールから竜の引く車と麦の穂を与えられ、麦を世界に広めるように命ぜられた。デーメーテールとバウボがアマテラスとウズメの二人と同じであることは、バウボ、ウズメの性器露出で明らかである。冥世の王としてのオホナムチは冥界の王としてのオシリスと性格を共有する。

III-3-2　トリックスター

　アメリカ先住民の神話で圧倒的な働きをするコヨーテなどのトリックスターは、シベリアではワタリガラスであり、アフリカでは兎である。東南アジアでは猿が往々にしてその働きをする。

　トリックスターはつくるものではなく、こわすものである。さばくものではなく、そそのかすものであり、ゆるすものではなく、逃げるものである。悪事もはたらくが、いたずらとしての悪であり、本質的な悪ではない。文化に遊びの要素をもたらすものである。創造神が世界をつくり、秩序があたえられ、ものごとがきまった位置に固定される。生きるのにいささか息苦しく、ときにはなにかかわったこと、あたらしいものがほしいように思われる。はめをはずしてさわいでみたい。おそろしいライオンのような絶対者がいて、すべてをとりしきり、すこしでも掟をやぶるものがあると、容赦なく断罪され、咬み殺される。そのライオンもときにはみんなと一緒

Ⅲ――女神と至高神

におどったり、歌ったり、たのしんだりしてもらえないだろうか。そこへ、道化もののコヨーテが登場する。彼が魔法の杖を一振りすると、世界が一変する。きびしい掟の世界が、たのしい祭りの空間にかわる。村の阿呆が王のかわりに玉座にすわる。歌や踊りや絵画の世界、文化が生まれる。コヨーテが高い木に登って、宙返りしながらおちてみせる。みんなが拍手喝采する。いい気になってなんどもやっているうちに失敗して腰をうち、足をひきずって退場する。祭りはおわり、また秩序の日々がやってくる。トリックスターは消え去るのである。しかし、いつかまた忘れたころに、そのひょうきんな顔を村の広場につきだす。彼が来るたびに生活に潤いがあたえられ、活気がよみがえり、なにかあたらしい要素が生まれ、文化的になってゆく。しかし、道化師はまた来たときと同じように、いつかいなくなってしまう。

　トリックスターはまた「破壊者」である。既存の秩序を破壊してあらたな創造の契機とする。建設的な創造はできないが、破壊ならお手のものだ。世界の神話では破壊神はインドのシヴァのように重要な役をする。けっして悪の原理ではない。女神カリーも殺戮をもっぱらとするが、悪神ではなく善神である。しかしいずれもトリックスターではない。インドでは猿神ハヌーマンがトリックスターの役をする。

Ⅲ-4　裁きの神と太陽の旅

Ⅲ-4-1　裁きの神

　中国の天帝は地上の皇帝と同じに、役人をしたがえ、政務をとり行ない、孫悟空のようなトリックスターが秩序をみだすとよびだし

III-4 裁きの神と太陽の旅

死者の秤

て罰をあたえる。この「天帝」がどこからあらわれたのか、どんな顔をしているのか、后や子供がいるのかといったことは不明である。しかし天にいて、人間界を監視しており、きびしい裁きを行なうのはたしかである。地上の王の仕事が裁きであった。地上の王権を投影した天宮でも同じことが行なわれていた。ただし、これが世界中の神話世界に共通する構造ではない。アメリカ先住民の世界では、地上にもそのような官僚体制をしたがえた王宮などはなかったから、天にもなかった。そもそも「天」という観念がなかった。しかし、それでも人間たちの社会を統率する裁きは行なわれた。至高神なるものが裁きを行なうというのは、その観念から当然にでてくるものだった。天の法廷という観念はしかしあまり普遍的ではない。ゼウスが裁きをするときにオリュンポスの十二神の列席をもとめるかというと、みんながあつまったときにはかることもあるが、いつもではない。またギリシャでは法や裁きの神自体が存在するが、これは地上の裁判を見守るもので、天の法廷を指揮するわけではない。

Ⅲ——女神と至高神

神々のあいだには法廷などはないのである。エジプトではマアトが真理の神だが、これはギリシャの真理の神同様、人を裁くことはない。エジプトの場合、死者がオシリスの法廷で秤にかけられる。といってオシリスが裁くのではなく、秤が裁くのである。秤が死者の罪状のためにかたむいた場合は、その魂がすぐに下でまっているワニ犬にくわれてしまう。

ブラジルではカンドンブレが裁きの場とされ、オグン、シャンゴ、ナナンら、神々(オリシャ)が裁きを行なうとされる。ブラジルへつれてこられたヨルバ族のアフリカ人の信仰という。

至高神が神々を統率していて、神々もふくめ世界すべての裁きを行なうという観念は古代においてはかならずしも普遍的ではない。まさに一神教の誕生とともに至高神の観念が生まれたのである。いかなる神話体系にも至高神がいるというのはキリスト教世界の神話学者の偏見である。さらに、至高神は天空神であり、同時に太陽神であるというのもけっして普遍的ではない。太陽神はギリシャでもインドでもかならずしも至高神ではなく、むしろ二流の神であることもある。ギリシャの天空はウラノスで、この神は最初、妻であるガイアの上にいつも覆いかぶさっていて、妻に邪魔者あつかいされていた。そのあげくが息子のクロノスによって去勢され、天の高みにおいはらわれるのである。天の高みというのはこの場合、世界をすべる至高天ではなく世界の隅という意味である。天の高みで彼はなにもすることがなくなって「暇な神」になったとエリアーデはいうが、「暇な神」より、仕事をうばわれて窓際においやられた老残の役立たずである。

どこにでも至高神がいるだろうというのは男性中心のある時代の偏見で、大いなる神が女神であった時代は、その大地母神を至高神

Ⅲ-4 裁きの神と太陽の旅

とはよばなかったし、それは天空を支配するものでもなかった。大地ではなく、月の女神であったとしても天空の支配者ではなかった。

　北欧神話を読む人がしきりに気にするのが、オーディンがあまり万能の至高神らしくないということである。たしかに彼は至高神ではない。ある程度、神々に対する優越性を持ってはいるが、その位置に達するまで、たとえば木に9日間つるされて風にゆすられていたりした。そのため「首吊り人」というのが彼のあだなである。知恵の泉の水をのんだので魔術に通ずるようになったが、そのさい、代償として片目を泉の番人ミーミルに取られた。また詩あるいは言葉の秘密をもった蜂蜜酒を巨人をだまして飲んだので、言葉の力を獲得した。どちらかというとエジプトの魔術師トートに近いのである。言葉の秘密につうじ、魔術をよくし、鳥をつかって世界の出来事をしっていたが、腕力はなく、統治力もなかった。彼が支配していたのは死者の館ヴァルハラだけである。力持ちはトール（ソール）である。しかし、このオーディンとトールがともに巨人たちのところへ行って力比べをしても散々な目にあうだけで、力では巨人たちにとおくおよばず、知恵では小人たちにかなわない。最後は終末の戦いラグナロクで火の神や地獄の猛獣たちに滅ぼされてしまう。どこにも至高神らしいところはない。またもちろん天空神でもない。

　インドでは至高神がなんどか交替し、ヴィシュヌがある時期の至高神とされるが、海洋攪拌をして神酒アムリタを得たときは、亀になって攪拌棒のささえをした。あまり名誉ある任務ではない。北欧のトールがもっている強力のハンマー、ミュルニルに相当するヴァジュラ（金剛杵）をもっているのは彼ではなくインドラである。しかしそのインドラは悪竜ヴリトラの力の前には無力で、策略をもってでなければヴリトラを制御できなかった。彼がみずから恥じて隠れ

Ⅲ──女神と至高神

ると、神々は人間のナフシャに統率者になってもらった。そのナフシャは聖仙たちとの論争に敗れ、失墜する。インドでもだれが本当に最高の力を持って、世界を統率するものかわからないのである。至高神とはエジプトではイクナートンという王がこころみた宗教改革でつくりだしたフィクションで、じっさい絶対権をもった唯一神的な至高神はつくれなかった。

ギリシャのゼウスも本来の天空神ではなかったし、彼が手にする雷も地底の鍛冶族からもらったもので、本来の持ち物ではなかった。彼のしていることはひたすら地上の娘たちを誘惑することで、なんら建設的なことは行なわなかった。巨人たちとの戦争、ティタノマキアやギガントマキアにはそれら地底の神霊やあるいはヘラクレスら、人間の助勢があってはじめて苦しい戦いのはてに勝ちをおさめたが、海の女神テティスと交わって子をえれば、その子に位をおわれるだろうという呪いをのがれることはできなかった。テューポンとの戦いでは組みひしがれて足の腱を抜き取られてしまった。

モンゴル族は天空テングリを崇拝したが、どうもこれは人格神ではなく、顔も性格ももっていない抽象観念でしかなかった。地上の専制君主たちは、天にも君主をみとめることをいさぎよしとしなかったのである。

さらに裁きの神という観念もキリスト教のフィクションで、世界の神話には知られていないものだった。ギリシャ神話で「裁き」を行なうのは死者の裁きを行なうラダマンチュスとミノスで、ゼウスには死者の国での支配権はなかったし、オリュンポスには彼がとりしきる法廷などはなかった。ギリシャでは裁きを行なう法廷はアテナイでは民会であり、あるいは神々を裁くアレイオス・パゴスだった。

III-4-2 太陽神

　エジプトにはラーという太陽神がいる。月はトートで、これは必ずしも兄弟や夫婦ではないが、ラーが夜のあいだの天空の支配をトートにゆだねるという関係であり、さらに、太陽の船においても、夜の航行は舳にトートがたっている。トートが太陽を補佐する関係である。天空をあらわす大いなる隼の右の目が太陽で、左の目が月であるともいう(エジプト神話については主としてノブルクール Desroches-Noblecourt, Christiane, 1968 による)。

　ラーは老いた神である。そこで夕日がラーを表すとも見られる。彼は力おとろえた老残の神である。

　若い太陽ホルスはそれに対して朝日ともみなされる。彼は若いために無知、無力ですべてに母神イシスの助けをかりなければならなかった。

　ラーが後継者を指名することになってセトとホルスが争い、最終的に生まれたばかりのホルスが勝ち、セトは上ナイルにひきこもる。

　ホルスはオシリスの子である。オシリスはセトに殺されて冥界の王となっている。

　「遠い女神」ハトホルはラーの娘であり、人間の傲慢を罰するために遣わされ、ライオンの姿のセクメトとなって猛威をふるう。砂漠の灼熱の太陽を表している。

　つまり、老いた太陽、若い太陽、夜の太陽、冥界の太陽、灼熱の太陽、女の太陽、それぞれに別の神名が与えられている。

　日本神話との接点は第1にハトホル＝ウズメの対応に見られる。太陽神ラーが機嫌をそこねてひっくり返っていたときに、ラーの前で裾まくりをして太陽を立たせたのがハトホルで、これはウズメの神話である。

III――女神と至高神

セクメト

第2は生まれたばかりのおさな子ホルスが太陽となることである。これはニニギの場合に相当する。

第3はニニギをウズメが補佐して地上に降りてきたときに立ちふさがり、ついで日向へ案内したサルタヒコとトートの関係である。サルタヒコは道開きの神として太陽神の旅の先導をした。東から西へゆき、帰りは西から伊勢へ戻ってきた。伊勢では二見が浦の夫婦岩の間の海上に現れたとされ、そこから昇る正月の太陽を思わせる。太陽の旅の先導者である。トートは、太陽の分身セクメトが砂漠の彼方で猛威をふるっていたときに、でかけていって彼女を説得し、神々の座へつれもどす。トートの説得にまけて、セクメトはライオンの姿から温和な「太陽目」(ウジャト)となってナイルを下ってくる。

あるいはトートがセクメトを第一瀑布に投げ落として、猫神バステットに変えたとも言う。トートが太陽の目を連れ戻すのである。夜の太陽の船の舳に立つのも同じだが、トートは太陽を船にのせて雨季の洪水の水とともにナイルの中流まで運ぶのである。太陽の旅を導くものとしてエジプトと日本の猿神が対応する。

日本の神話とエジプトの神話の対応では、多少、常識のひねりを必要とする。問題はオホクニヌシである。

サルタヒコは岐神(フナドノカミ)としてオホクニヌシの国譲りのときにフツヌシノ神にささげられている。オホクニヌシが自身出向

III-4　裁きの神と太陽の旅

くかわりにサルタヒコがフツヌシを導いて、国中を巡回し、まつろわぬ神がいれば征伐しようというのである。オホクニヌシがサルタヒコという分身をフツヌシに奉ったのである。

そのオホクニヌシはどこで生まれたのかというと、定説がない。諸説のなかの1つに、高木敏雄が言ったことだが、加賀の潜戸(くけど)でキサガイヒメが金の矢をはなったときにできた大きな洞穴から生まれたのがオホナムチではないかという説である。一般にはこのとき生まれたのは佐太大神とされるが、佐太神社ではこれをサルタヒコとしている。猿をサと読むと猿田と書いてサタとなるのである。つまり加賀の潜戸で生まれた神がオホナムチであるというのと、サルタヒコであるという説があることになる。そして国ゆずりの場ではサルタヒコがオホナムチの代理、あるいは分身である。

またオホクニヌシは月神であるともいう。幽世(かくれよ)の神であるからつまりは夜の太陽である月だというわけだ。サルタヒコ＝トート複合が月のイメージをともなってオホナムチと関係してくる。

伊勢では五十鈴川上流を支配、領有していた猿田彦がアマテラスのために伊勢神宮の地を割譲した。ニニギのためにオホナムチが国譲りをしたことと同じである。

以上の点により、サルタヒコとオホナムチをつなげると、そこではじめてオホナムチとウサギの物語がエジプトのナイルの話につながってくる。この話は2005年1月の鳥取の「因幡の素兎」シンポジウムでものべたことだが、エジプトの話との関連はレヴィ＝ストロースに慫慂しておくってもらった原稿に触発されたものである。

おさな神ニニギが即位するためには、オホナムチによる国づくりと国ゆずりが必要だった。そのためにはオホナムチが根の国へ行って特別な能力を付与されてくる必要があった。根の国へゆくのは死

Ⅲ——女神と至高神

ぬことであり、事実、彼は何度も殺されている。ウサギが赤裸になったことはそれを象徴的に表している。ウサギはワニのいる危険な海を渡って、ひとつの大いなる運命を象徴的に表した。危険な海の渡海とは直接的にはオホナムチの根の国くだりである。ギリシアなら死の国へはアケロン川を渡ってゆく。もうひとつはワニのいる海を渡ったことはナイルの島渡りと同じで、ナイルではイシスの島渡りがホルスの太陽の船の航行を象徴的に実現する。因幡のウサギもオホナムチに対しては根の国への渡海を予告し、より大きな文脈ではオホナムチが準備し、国譲りをする相手のニニギの統治と太陽の船の航行を保証しているのだった(海神としてのオホナムチについては別に論じた)。

この最後のところをレヴィ＝ストロースが強調して、イシスがナイルをわたってホルスの太陽船を進めることと、ニニギが太陽の旅を実現するために、オホナムチが犠牲になることが平行しているとみて、次のように言う。

　　　天空を横切る行程の中断という観念にたいしては地上の行程の確立、あるいは再建という観念が対応する。

そこにサルタヒコ＝トートを加えると、この一連の神話の意味が月神の時代から太陽神の時代への移行を表していることがわかる。それはまた月女神を最高の神とする南方海洋民の文化と太陽神信仰の民の文化の交代とも関係している。

Ⅲ-4-3　光の神話
毎年2月2日は聖母おきよめの日で、光の祭りとも蠟燭祭ともい

う。この日に教会で聖別された蠟燭を家にもってかえって大事にしまっておけば、落雷の害をふせげるともいう。白装束の聖職者たちが、手に手に火をともした蠟燭をもって村の中を行進し、村中に「光」をもたらす。聖母の祭りとしては、この日がイエスを生んだあとの床上げの日なのだという。12月25日にイエスが生まれてから2月2日まで床上げをしないというのはいくらなんでも長すぎると思われるが、これは今の暦と古い暦の違いで、イエス降誕の日を12月25日とさだめたのだってそう古いことではない。いまでも東方教会では1月6日にイエスが生まれたことになっていたりする。ローマではこの日にイエスが神殿にささげられたという。つまり「宮参り」である。しかしキリスト教以前にはこの日は新年になって水や灯火をあらたにする日だった。日本の「おみずとり」と同じである。とはいってもギリシャでなんという光の神がいたのかはわからない。大陸ケルトではルークが光の神だというが、光をほとばしりださせたという話はない。それに2月2日にはルークは関係しない。ブリギッテという女神はこの日、あるいはその前日に祭られる。これはドイツのペルヒタなどと同じ者だといい、光の意味で、英語でブリギッテという聖女も、「ブライト」と関係がある。

　つまり、いまは儀礼としては残されていないが、2月2日はケルトの光の神、ブリギッテ、ペルヒタ、あるいはルークの日であり、マリアが産褥を離れた日で、イエスが神殿にお参りをした日である。そうはいっても、蠟燭行列があるほかはさして光の賛美を演出するわけではない。いまはヨーロッパではこの日にクレープを焼いて食べる。そのときにクレープをフライパンの上でほうりなげてひっくりかえす技をきそったりする。また幻想作家のジャン・レイによれば、これは冥界の魑魅魍魎が浮かれ出す日である。丸いクレープの

III——女神と至高神

ほうは太陽をあらわすともいうが、太陽なら太陽でもうすこしましなものがあってもよさそうだ。どうも、この「クレープの日」と「蠟燭祭」「聖母おきよめの祝い日」は同じ日である理由はないようである。蠟燭祭が盛大に祝われるフランスのリヨンでも、「光の祭り」は別な日で、これは神戸のルミナリエのような光のページェントで宗教色はない。スウェーデンなどではサンタ・ルチアの祭りで蠟燭の乙女が頭上に蠟燭をつけた冠をかぶって行進をしたりするが、イタリアから近代になってやってきた輸入の祭礼で、日にちはルチアの日だから11月である。

　つまり古代の光の祭りであったという2月2日に、いまでも地域によっては蠟燭祭を行なうところがあるが、その本来の意味は忘れられ、蠟燭は雷よけになるし、教会で聖別された蠟燭をもちかえるという風俗はクリスマスでも行なわれる。クリスマスも、まず本来のイエスの誕生日とはずれていたのを冬至にあわせた人工的な祭日で、昔は広場で大きなかがり火をたいたりしたというが、寒い季節なので、暖炉で火をたいて、それをかこんで家族で会食をするのが主になった。もとは森で大きな樅の木を切ってきて、それをクリスマスから正月まで、あるいは2月2日までずっと燃し続けたもので、いまでも北欧ではそれを「ユル」といって「クリスマスの薪」を指すが、フランスあたりでは、この「薪」はケーキでつくった食べるもの(ブッシュ・ド・ノエル)になってしまい、一方、樅は燃えずに蠟燭をさげてクリスマスツリーにするようになった。つまり、クリスマスの薪や蠟燭は依然としてあるのだが、その意味がかわってきているし、いまは蠟燭もなくなって電飾になっている。樅も省略して針金でつくった枠に電飾をつけるだけになった。

　光の神話も光の祭りも本当のものはどこにもない。キリスト教は

Ⅲ-4　裁きの神と太陽の旅

光の宗教だといい、イエスは「私は光をもたらしにやってきた」というが、彼がオリーブ山で祈ったときは夜中で、弟子たちは眠り込んでいた。あるいはガリラヤ湖の上をあるいたときも、夜ではなかったが、嵐の日で、空は暗くたれこめていた。春のうららかな花咲く野を歩いているイエスの様子はどこにも描かれていない。光の天使ルシファーが地上へ逃れた後、同じ地上へおろされたイエスはむしろ夜の闇のなかをあゆんでいた。イエスの暗い悲しい顔はめったによろこびに輝くことがなかった。母も妻も否認し、平凡な家庭の平和を拒絶していた彼は、婚礼の食卓に無尽蔵の酒をもたらしはしても、彼自身は酒をあおって赤い顔でおどりくるったりすることはけっしてなかった。面白いという言葉があり、顔をあげて笑い興じているひとの顔は「面白く」、うつむいて悲しみにとざされた人の顔は「面黒い」。イエスはつねにうつむいて人の定めを悲しんでいる。その母マリアもまた、イエスを生前にはかき抱くことはできず、ただ彼が十字架にかけられて死んだあとだけ、その身体を抱いて泣くことができた。しかし、その「悲しみの聖母」は黒いヴェールに顔をつつみ、いかなる光もその顔を輝かせはしない。

　たしかにイエスが生まれたときだけは、不思議な光がそのおさな子の身体から発していたように描かれる。「夜の画家」といわれるジョルジュ・ド・ラ・トゥールもイエス誕生図ではそのおさな子の身体から不思議な光が発している様子を描いている。闇の中の蠟燭を彼は幾度も描いたし、この降誕図でもわきのほうで蠟燭をもっている人物が描かれているが、このおさな子の全身から発している光はいかなる光よりもあざやかである。しかし、彼が光の子であったのは、その瞬間だけだった。あとはひたすら闇の中をあゆんだ。ただもうひとつの例外は死んだあと、エマウの街道にあらわれたとき

Ⅲ——女神と至高神

は光の中をあゆんできた。もっともこの部分はルカ伝にしかなく、光については語られない。光についてはマタイ伝でイエスが高い山にのぼると「顔は太陽のように輝き、眼は光のように白くなった」。やがて「光り輝く雲が彼らをおおった」とされる。マルコ伝では「イエスの姿が変わり、服は真っ白に輝いた」。ルカ伝では服が真っ白になったあと、光り輝くモーセとエリアがあらわれ、イエスと言葉を交わす。三人とも栄光につつまれる。しかしやがて三人は雲につつまれてみえなくなる。はたして輝いたのは顔なのか、服なのか、あるいは雲なのかわからない。「エフェソスの手紙」ではイエスが人々に向かって「光の子として歩め」という。

イエスが「私は光である」と言ったとき、あるいは神はあなたがたのうちなる光であるといったとき、それは具体的に暗夜をてらす松明の光ではなく、「私は愛である」とか「私は正義である」というときと同じで、抽象的な観念であり、譬えである。

ユダヤの「セフィロット」も「光の書」といわれるが、これも内的な光で、外光をさしてはいない。外光というと太陽を思い描くが、太古においては月光のほうが重要であり、灼熱の地では太陽の暑熱はむしろ忌み嫌われた。それにジョルジュ・ド・ラ・トゥールの画面の中央に置かれた「光」は前述のイエスの光でなければ蠟燭の光であり、太陽光はこの画家によってはほとんど描かれたことがなかった。レンブラントなら外光もとくに窓からさしこむ光として大いに描かれたが、太陽は描かれない。太陽が描かれたのは印象派のモネの「日の出」が最初かもしれない。レンブラントでは、そのかわり、「レンブラント光線」と称するふしぎな光が画面にたゆたっていて、どこからその光がくるのかわからない。夢の中にも太陽はでてこないといい、それでいてなにものでもない光があふれている。

III-4 裁きの神と太陽の旅

臨死体験ではまばゆい光につつまれるという。これはもちろん太陽光ではない。ネルヴァルの夢では星の光がふりそそぐ野原で女神があらわれる。あるいは地底へおりていったさきの海岸のようなところにはどこからさしてくるのかわからない明るい光があふれている。19世紀末の神話学者ミュラーらはすべての神話や昔話を太陽信仰で解こうとした。赤頭巾は太陽をあらわしているというたぐいである。しかし、太陽が

ウラエウスをつけたツタンカーメン

いかに重要でも、そこまで太陽にしてしまうのはどんなものだろうと思われたのである。20世紀の象徴学者ヘンツェはむしろすべてを月の光で解釈しようとした。太陽が昼の物質界をてらしているなら、月は夜の精神界を照らしている。昼の仕事をおえて、古代人は夜、月のひかりで神々を祀る祭儀を行なった。

それ以上にしかし、夢や臨死体験の神秘的な光があり、さらに太陽でも月でもない光が「ひかりごけ」や「蛍」「夜光虫」「ほたるいか」「せぐろ海蛇」などによって発せられる。そして神がその存在のまばゆさで、人の目をくらませてあらわれる。しかし、それではギリシャ神話、エジプト神話で、そのようなまばゆい光芒をはなつ神がいるだろうか。ゴルゴンがその視線で見るものを石に化すというのは、神＝光だった古代の観念をうけついでいるのかもしれない。その場合は頭髪の蛇はエジプトのウラエウスのような毒蛇で殺人光線をあらわすのだともいえるかもしれない。エジプトでは太陽から

Ⅲ——女神と至高神

無数の蛇が手のようにのびている図がみられる。森の下草の中から閃光のように飛び出して人を嚙み、瞬間に人を死におくりこむ毒蛇は、まさに致命的な光そのものかもしれない。レーザービーム、発光ダイオードの光、ウランやラジウムの放射線などが思いうかぶ。

そうやってまばゆい光と共にこの世にあらわれ、まばゆい光で敵をたおし、光そのもののように目にもとまらぬ速さで空間を移動する神、そんなものは世界の大神話には例がないのである。むしろあるとすれば日本にそれがある。ヤタガラスもそうだが、光の神は猿の姿で現れる。

光のなかの誕生といえば、加賀の潜戸をまばゆく光り輝かせた金の弓矢とともに生まれたサルタヒコ（あるいはオホナムチ）である。

神話でつぎにサルタヒコが登場するのは天孫降臨の場で、アマノヤチマタにたちはだかって炯炯たる眼光で上は高天原を、下は豊葦原を照らしていた。かれは眼が光を発するだけではなく、その偉大な鼻もてらてらと光っていた。猿であるなら、その尻も赤く光っているのである。全身で光り輝いていた。それにたいして、アマテラスを天岩戸からひきだして世界の闇に光をもたらしたウズメは裳裾をはだけて、そのおそるべき性器を露出してたちむかった。おかげでサルタヒコは屈服してニニギを日向へおくってゆく。太陽神が東から西へむかう太陽の旅をサルタヒコが先導するのである。サルタヒコは道開きの神だった。そうやって日向へ行ったあと、サルタヒコは伊勢の海へもどって二見が浦の夫婦岩のあいだの興玉にあらわれる。すなわち、西の空から地底をとおって東の海へもどってきたので、太陽が日々、東から西への旅をするなら、サルタヒコも日々、同じ道を太陽を先導して旅をするはずである。しかし二見が浦のあいだの海上にあらわれるのは初日の出である。サルタヒコはたんに

III-4　裁きの神と太陽の旅

太陽神を先導するだけではなく、太陽のさきがけをする暁の女神（ウシャス）のように、それ自身太陽なのである。あるいは太陽以上に輝かしい存在なのだ。彼が日向へおくっていったニニギは日向に腰をすえていたのでは太陽神の役目をはたせない。サルタヒコの先導にしたがって、伊勢の海へ地底をくぐってやってこなければならない。そのあとで、また日向へゆく。そうやって伊勢と日向を往復しているあいだに、あるとき、これは日向だが風土記のいうところでは天地が暗くなってものがみえなくなった。それが数日つづいたという。そこで古老に尋ねると、ニニギが稲穂をもんでモミにして投げるとあたりが「天開晴りて、日月照光りき」という。単に稲穂をなげたのではなく、モミにして撒いたのである。稲がそだつように種をまいたのではなく、モミにして、つまり胚芽の部分をすてて、食用になるが、種にはならないものを撒いたのである。すると世界が明るくなったというのを米＝文化の光とも理解できなくはないが、そのとき、ニニギのかたわらにサルタヒコがいたのなら、それはサルタヒコの光であったかもしれない。サルタヒコがいたらといっても、どこにもそんなことは書いていないと反論されるかもしれないが、ウズメと対決したときは、以後、ニニギをいつも祀り、先導すると誓約しているのである。であれば、ニニギがゆくところどこにでもサルタヒコがいるはずで、ここはサルタヒコの力が光をよみがえらせたのである。もしニニギが太陽神なら、彼がそこにいるのに世界が暗くなったというのは納得がいかないところだ。これはアマテラスと同じで、自身太陽ではなく、太陽をつかさどる神で、岩戸の場ではアマテラスが太陽をつかさどる司令の役を放棄したので暗くなったのであり、ここ日向ではニニギが太陽をよびだす呪術を怠っていたので日がでずに暗くなっていたのを、古老のさとしにし

Ⅲ——女神と至高神

たがって儀礼を行なって太陽を復活させたのであろう。稲をもんで、モミにするしぐさが農耕にもかかわる太陽儀礼なのである。その儀礼をエジプトなどでも太陽司祭を務める猿が、ここではサルタヒコとなってニニギをたすけたのであろう。太陽を祀る祭壇に稲をささげ、そのままでは太陽神のみけとして食用にならないので、もんでモミにして供した。あるいはそれまではモミにせずに稲穂のまま祭壇にそなえていたのかもしれない。それを太陽が怒って隠れていた。しかるべき儀礼をもってまつったところ太陽の機嫌がなおって世界があかるくなったともみられるだろう。そのかたわらに太陽司祭のサルタヒコがいただろうというのが大事である。ニニギより、光輝く神サルタヒコが太陽をあらわせさせたのである。岩戸では彼の妻となったウズメが太陽をよびだす裸踊りをして太陽をあらわせさせた。日向ではサルタヒコが太陽を出現させる祭式を行なって太陽を呼び戻した。

　猿が太陽の登場をつかさどる太陽司祭であることはエジプト神話でも明らかである。猿神トートは太陽神ラーが夜の海を航行するときにへさきにたつ。そして朝、東の空に太陽がのぼるとき、猿たちが手をたたき歓喜の声をあげる。サルタヒコも太陽神の先導者であり、初日の出ののぼる二見が浦の海上に姿をあらわして、日の出を準備する。ニニギが日向で闇につつまれたときは、稲穂をもんでモミにしてまいて光をあふれさせた。これは吉田敦彦が指摘しているところのギリシャでトリプトレモスがしたことと同じで、穀物栽培という文化で人々の世に光をもたらしたことをさしているが、彼に随伴したサルタヒコとウズメが太陽光を出現させる役をし、精神的な光を実際的な陽光で裏打ちするのである。

　この二人は伊勢の海岸ではウズメは魚たちを集め天皇に忠誠をち

III-4 裁きの神と太陽の旅

かわせ、サルタヒコは平部貝のみちびきで竜宮へでかけてゆく。一般にこのところは、猿が浜辺で貝に手をだして貝にはさまれて海底にひきずりこまれて溺れ死んだのだと見るが、神たるもの、海中にもぐったからといって死にはしない。そもそもそこまで海底をとおって日向からもどってきて二見が浦の夫婦岩の間にあらわれたのである。貝につれられて竜宮へいったというのは、昔話で「竜宮の使い」である亀やくらげにつれられて竜宮へ行く話と同じで、そちらでは笑話化していて、生き肝を取るために竜宮へつれていかれるのだと聞かされた猿が肝は海岸の松の木にほしてきたといって亀をあざむいて岸にもどることになっている。しかしサルタヒコはただの猿ではなく神だから、亀であれ、貝であれ、竜宮への案内をさせはしても、だまされたり、おびえたりするわけはない。ニニギを先導して日向へゆき、海底をとおって伊勢へもどってきたサルタヒコはウズメが海の住人たちを集合させたことと平行していまや竜宮まで征服にゆくのである。かつて、天のやちまたで上は高天原を、下は豊葦原瑞穂の国をてらしていた光の神は、光のとどかぬ海底の竜宮にまで光をもたらしにゆく。

　海辺の洞窟で生まれた神は竜宮で生まれたといってもよかった。海底に洞窟があるとそれが竜宮だともいうのである。江ノ島などでも洞窟を竜宮にたとえている。加賀の潜戸は海底の竜宮まで通じていたにちがいない。そこで、サルタヒコは地上の仕事をおえたとき、海岸で大きな平部貝をよびよせて、竜宮へつれもどしてもらう。一緒に日向へいった伴侶が海底へ姿をけしたので、ウズメ、すなわちサルメは海の生き物をよびあつめて、いなくなった夫の消息をたずねたのである。

　アマテラスは「海照らす」だともいう。天の女神であるとともに

Ⅲ——女神と至高神

海の女神でもあった。それに仕え、ときには大神の身代わりともなったウズメも天からおりて、いま、海をさぐろうとしている。アマテラスもウズメも海洋民族の神であったかもしれない。日本人は古来、魚を取って暮らしている人々だった。古来、鳥を取って暮らす民族はすくなかった。海を支配するものは食料も海で確保したのである。天空あるいは高天原では食べるものもなかった。サルタヒコが海底へ行ったことは「猿の生き肝」で語られるとおりであることはすでにのべた。東南アジアでは猿が水辺にあらわれるのである。山猿というように山に住むものときめてかかると本質をみあやまる。猿は水辺にあらわれる。ラーマーヤナでもハヌーマンは空をとぶとともに、海底にもぐって悪鬼を退治する。孫悟空も東海竜王の竜宮へ行って如意棒を取ってくる。世界を照らす光の神はその誕生にさいして洞穴を照り輝かせたなら、その洞穴につうずる竜宮をも光輝かせるであろう。海底の世界にまで光をとどかせたときに真の王権が確立されるのである。それはキリストが冥界へくだって、そこを「征服」してよみがえってきたことも、オホナムチが根の国へ降ってスサノオを屈服させたときにオホクニヌシとなることができたことと同じだし、じつは、加賀の潜戸でキサカイヒメから生まれたとされるサルタヒコと、キサカイヒメによって生き返らされたオホナムチは坂田千鶴子がいうように同一神格ともみなされるのである。オホナムチは焼け石を抱きとめて一旦死ぬが、キサカイヒメとウムカイヒメが介抱して生き返る。これは2度生まれたことに相当する。ただ母親が同じだから同一神格だとはいいきれないものの、同腹の兄弟あるいは分身同士である可能性は否定できない。

　いずれにしてもサルタヒコは天八衢で高天原と葦原瑞穂の国を照らしていたところから、日向へ降り、そこから伊勢へもどって、い

Ⅲ-4 裁きの神と太陽の旅

まや海底までゆく。ひたすら上から下へ移動するのだが、それは同時に円環を描く循環運動でもあるはずで、光の神としてニニギに随伴しその太陽の旅を伊勢から日向へ、はじめは空の道をたどり、夜は海上の道をたどって伊勢へもどってくる。二見が浦の海上へあらわれるのだから海の上か海中の旅をするのである。最初、日向から伊勢へもどったときにどこをとおったかは記述されていない。そのあとで竜宮まで行ったことはその太陽の旅の帰り道を確認するためだったかもしれない。サルタヒコが比較されるエジプトの猿神トートは太陽神ラーと舟にのって夜の海をわたってくるが、その怪物のうごめく夜の海はどうやら地底の海のようである。太陽の夜の旅はたいてい、夕方西の空で水平線に没したあと、海の中か海上をわたってくるのだが、それは地下世界とみなされている。日本でも太陽はたいてい海に没する。とくに神話の日向は「韓国にむかひ」というのだから太陽は西の海に没するのである。そこから東にむかって伊勢の海にあらわれるコースは太平洋の洋上を航行すると想像されたかどうかだが、西の海に没したあとは、そこから道がひらけていたと考えるか、地下の洞穴が伊勢へ通じているとするか、あるいは海中をとおったかだが、いずれにしろ、そこは海の底にあるとされた竜宮が支配する水平線下の世界であったとみなされる。その太陽の帰り道をいまサルタヒコは竜宮へいって確認するのである。

　太陽神ラーの後継者ホルスも叔父のセトとナイルの水中で戦った。太陽が海に沈んで、また海から現れるには、海の領域、すなわち竜宮の支配する世界を支配する必要があった。あるいは日没から日の出までの夜の世界と言ってもよかった。高天原と葦原瑞穂の国があった。そのほかにスサノオがすべるべく命ぜられたワタツミの国があり、彼があこがれてついにそこへ行った根の国があり、ある

III——女神と至高神

いは黄泉の国がある。さらに、アマテラスやスサノオと同時に生まれたツクヨミが支配する夜の食す国がある。この夜と海底と地下と死の国が、同じではないとしてもつながっているのか、すくなくとも昼の太陽が支配するところではないという共通性をもっていて、そこを支配する可能性をもったものとして月神ツクヨミ、海神あるいは竜神、黄泉の国あるいは大いなる母神イザナミ、根の国をおさめるというスサノオ、大いなる洞穴で生まれ、「幽れ世」を支配するというオホナムチなどがいる。これをエジプト神話と対比させれば死者の太陽オシリスであり、月神トートであり、母神イシスである。イシスとオシリスは夫婦神で、同時に同じ領域を支配するとかんがえてもいい。月神トートはラーの船に同船するとはいえ、夜の海の航海であり、彼はまた死者の審判をする魂の計量の責任者でオシリスの側に現れる。エジプトでも死と月と夜はひとつづきのイメージでとらえられる。これはエジプトだけでなくどこでも同じだろう。それと海底の竜宮がつながるのが日本だけの特異性かどうかだが、月が水界を支配すること、海底と地底が地上の生の世界の裏面として同価であることを思うと、死と月と水界とがつながってくる。そこに死者の太陽、黒太陽、あるいは青ざめた夜の太陽である月がのぼる。それがトートであり、オシリスであり、イシスである。

　それを日本神話でたどってみたときに現れてくるのがサルタヒコではないだろうか。日本神話で唯一光り輝いていた光の神サルタヒコはオホナムチが国譲りをせまられて「幽れ世」へしりぞいたように、本来の太陽神オシリスが殺されて冥界の死者の太陽になったように、また光の天使が地上におとされて闇の王になったように、天八衢での性器の対決にやぶれたサルタヒコは夜の太陽、海底の太陽になったのではないだろうか。猿は太陽司祭であるとともに竜神、

水神の使い神であった。そこで思い浮かぶのが日本の芸能で特徴的な黒い仮面である。黒尉などの真っ黒な仮面が秘めた光を発しているのである。地上の王権を「白くぬりたる墓」という。真の力は闇の太陽があらわすとD.H.ロレンスは言う。「オシリスは黒い神」と『秘法17番』(アンドレ・ブルトン) の語り手はささやく。神々の母キュベレも黒い石であった。サルタヒコというこの日本神話のパラドックスはまさに黒い太陽をあらわしてはいなかったろうか。

IV——悪の原理

Ⅳ-1　罪と罰

　「罪と罰」というとドストエフスキーの小説を思い出す。そして、それが「愛」や「死」と同じレベルの基本的な人間の問題を扱っていると思われる。であれば、神話はそのような基本的な人間の問題を問いかけるものであって、当然、世界の神話には、人はなにをしてはいけないか、それをすればどのような罰をうけるのかという問題について明確な答えがでていると予想する。ところが、キリスト教やイスラム教のような啓示宗教で、「殺すなかれ」「盗むなかれ」などと戒律が明確にさだめられているようには、神話では規定がされていない。そもそも神話とは、法でも掟でも禁止規定でもない。いや人間の行動の基準をさだめたものではないのである。神話はまず神々の物語で、神々には「なになにをしてはならない」といった制約はないのが原則である。神が人間にたいして、「なになにをしてはならない」ということはあっても、神にたいしてそのような命令をくだす存在は神の上に神がない以上、ありえないのである。また神が人間に対してといっても、神話はそのような支配体系、命令体系の物語ではなく、神も人間も本質的に自由で、欲するままに天然自然にふるまって則をこえない状態での世界の物語なのである。もちろん、じっさいにはそうはいかないところがあるのは、神話時代でも「黄金時代」「青銅時代」「鉄の時代」があり、人の世は鉄の時代で、鉄の農具をつかって額に汗して畑をたがやさなければ収穫もない「労働と日々」の時代にはいっているのである。山野のめぐみがたわわにみのって、手をのばせばなんでも取れるという時代ではなくなっている。さらに、ギリシャ神話の主要な語り手としてわれわ

IV──悪の原理

オレステス

れにその物語を伝えているホメロスやヘシオドスといった詩人やアイスキュロスら劇作家たちは、ギリシャが原始時代をおえ、アテネで古典時代をむかえたころの人々である。奴隷の労働でなりたつ市民社会で、法が成文化され、執政官たちの職務が規定されて、裁判や、祭祀や、行政を手分けして行なっていた時代である。神々の共和国ははるかに遠いユートピア(どこにもない国)と化しているのである。そこでは彼ら自身が本来「掟」であり、無謬であるはずの神々がポリスの法廷によびだされたりもする。神々の時代がおわって、祭祀王たちの時代となり、やがて、王も廃されて民主主義の時代となったはずでありながら、そこでもなお神話が語られ、解釈をほどこされ、後の時代に残されていたのである。であれば、当然、人が人としてしてはならないことなども規定されているだろう。オイディプスやオレステスの神話がそうなのだというかもしれない。しかしオレステスの物語とは、母殺しの「犯罪」とその裁きの物語であるとともに、究極的にはその罪が赦される神話である。人の世の「法律」が「罪」を規定し、それによって人が人を裁く時代の三面記事ではない。オレステスは神人である。彼が殺したクリュタイムネストラもただの女ではない。プルーストが母殺しの主題をとりあげて小説をかいても神話とはいわない。オレステスの「罪」も本質的な「罪」である前

IV-1 罪と罰

に人の世の「法律」で規定された「犯罪」でしかないのだろうか?

そうであればこれは神話ではない。神話としてのオレステスの罪はそれをしなければ父の仇を討てないという不条理な罪である。あるいはどちらを選んでも免れえない本質的な罪である。それだけに残酷をきわめる神の復讐のえじきになる。そしてそれだからこそ最後は罪を赦される。たとえばアポロンが父親のゼウスを殺そうとしたとする。事実そのような「神話」があるのだが、それが成就したとしても神話世界ではアポロンには罪は問われないし、また神々は不死であるから、殺すことも実際はできない。ウラノス、クロノス、ゼウスと神々の主権が交代してきた過程には、当然、地上なら「父殺し」にあたるものがふくまれている。しかし、死は存在しないし、罪も問われない。それがキリスト教などの啓示宗教とギリシャ神話、あるいは神話一般のちがいである。神々は不死で、罪も穢れも知らない。宗教は、その神々の行動は不問にして、人間たちに対して、「殺すなかれ」「盗むなかれ」という。そして人間社会では、それら宗教的律法をさらに精密にして民法、商法、刑法を定め、成文化し、罰則を規定する。そこではじめて、「犯罪」と「刑罰」が生まれる。宗教の世界では犯罪ではなく、「罪障」と、あの世での「劫罰」があり、神話本来の世界では「罪」も「罰」もない。

いやそんなことはない。アクタイオンはアルテミス女神が水浴する場面をのぞきみて、その「罪」のために、鹿に変えられ、犬たちに食い殺されたではないか。また、マルシアスはアポロンより音楽がたくみであるとうそぶいた「罪」で皮をはがれて木につるされる「罰」をうけたではないか。さらに、ニオベという女は子だくさんであることを自慢して、アポロンとアルテミスの双子の兄妹を生んだレトよりすぐれているといったために、14人の子供たちすべ

IV──悪の原理

てをアポロンとアルテミスの矢で殺され、彼女も石に変えられたではないか。それだけではない。神の怒りをこうむっておそろしい罰をうけたものは数えたてたらきりがないではないか。たしかにそのとおりだ。しかし、たまたま森のなかで、アルテミスの水浴の場にゆきあってしまったアクタイオンに「罪」があるのだろうか？ ちょっとした自慢をしたアラクネやニオベやマルシアスが残酷に殺されなければならないほどの「罪」をおかしているのだろうか？

じつはそれらは「罪」でもなければ「罰」でもない。神をないがしろにしたために、神の怒りをこうむったまでで、それを「神罰」といっても、地上の法ではいかなる「犯罪」にもあたらない。神が突如、不条理な怒りを炸裂させたために、まるで地震や噴火に出会ったように、無辜の人間がほろぼされたのだ。しかしあえていえば、それが神話の「罪と罰」で、犯罪や罪障と区別するなら、「罪過」と「神罰」といってもいい。それが人の目からはだいそれた罪ではないようにみえても、神とは敬うべきもの、恐るべきもので、大地が突如さけて火をふいたことにたいして、人ができることはひたすら畏怖し、おそれいって神にむかって、そのおそろしい怒りをおさめたまえと祈ることだけである。

あるいはプロメテウスの例がある。かれはゼウスの命にそむいて、人間たちに火をあたえた。人間にとっては恩人である。ゼウスにとっては規律違反をおかしたもので、厳罰をもってのぞまなければならない。彼はカフカスの岩にしばられ、禿鷹に肝臓をついばまれる責め苦をうける。これも地上の論理と天上の論理の相違を明らかにした物語だろう。そこには人が人としてしてはならないことは語られていない。そのプロメテウスの恩恵をうけた人間たちに対する「罰」よりは「報復」として与えられたパンドラからは悪徳、嘘、

退廃などありとあらゆる「悪」がでてくる。人間たちが「罪」をおかすようになるのはそれ以後である。

　そのひとつとしてオイディプスの物語がある。父を殺し、母をめとった。それこそ人としてしてはならないことのようにも思えるが、実はこの物語は、時代をくだった市民社会の時代、ソポクレスによってはじめてとりあげられたといってよく、しかもそこでも、オイディプスの行ないはいかなる神にも、またいかなる地上の法によっても罰せられてはいない。彼の行ないは逃れられない宿命だったのである。山中に捨てられて実の両親を知らなければ、どこかで出会った老人を誤って殴り殺しても、あるいは知らない国にたどりついて、そこで夫をなくした王妃に出会って一緒になっても、それは「意図的な罪」ではありえず「知らずに犯した誤ち」でしかない。いつも一定規模の小部族にわかれて抗争をくりかえす草原の遊牧民族などでは、同じテントからわかれた同胞同志が出会って、そうと知らずに戦って殺し合い、勝者が敗者の女を犯して、そのあとで、じつはそれが実の妹だったなどということはいくらでもあったし、大体、かれら草原の部族間の戦いは大なり小なり同胞の殺し合いなのだが、そこには草原の掟はあっても、その掟はそのような形での「父殺し」「近親相姦」などを罰することはできなかった。

　神話ではゼウスが姉妹のヘラと一緒になっても、あるいは実の娘のペルセポネと交わってもいささかも「罪」ではなかったし、エジプトのファラオンやペルシャの王が父を殺して位を奪い、同時に先王の妃を犯しても、あるいは妹と結婚しても、それは日常茶飯事だった。人間の世界でも最初の人殺しと最初の姦淫は同胞・兄妹のなかで行なわれた。世界はせまく、すべてが同胞だったのである。

　神話は法体系ではなく、神の掟をしめした戒律や聖典でもない。

Ⅳ——悪の原理

聖なる物語であっても、むしろ楽しい物語であることのほうが多かった。世界のはじまりを語り、神というものの恐ろしさを語っても、人間としてしてはならないことを箇条書きしたものではなかった。しかし、神のおそろしさを目のあたりに見たものは無残な死をとげた。雷撃をうけたセメレーがその例である。それを罪と罰の文脈で理解することは困難であるとしても、明らかに神の怒りにふれて、残酷な罰をうけたものはいくらも知られている。マルシアスはアポロンよりたくみな楽師であると称して神の怒りを買い、皮をはがれて木につるされた。アラクネはアテネよりたくみに布を織ると称して、クモに変えられた。そこから罪の体系をみちびきだすことはむずかしく、むしろ神々のきまぐれの犠牲としか思われないものの、神をないがしろにした「罪」でおそろしい「罰」をうけたことにはちがいない。マルシアスはアポロンの手で皮をはがれたが、神の怒りの多くは、怪獣や干ばつ、暴風などであらわされた。ポセイドンが送ってよこす竜、アルテミスが送った巨大な猪、それらも結局は津波や台風や噴火のおそろしさを動物であらわしたものでしかなかったかもしれない。神をまつらないがために航海ができず、作物が収穫できず、人々が悪疫に倒れるのである。神の怒りが洪水や火の雨であらわされることはすでに見たとおりである。「罰」というよりは神の怒りであろう。ローマ人は、「神々をないがしろにしたために神々が彼らを罰しはしないかという恐怖」を感じていた(イーネ『ローマ史』)。もっともその反対に、神々が彼らを保護する義務を履行しない時はこれを責め、その祭儀を廃止した。神々との関係は契約関係だったのである(松村武雄『民族性と神話』)。

日本ではスサノオが高天原で乱暴狼藉をはたらき、「千座置戸」の罰をうける。供え物の壇に千の供物を置くことという、これは損害

Ⅳ-1　罪と罰

賠償としての祓いであろうといわれる。罰といってもいわば民事罰である。爪をぬかれて追放というのが刑事罰だろう。

　天稚彦が雉を射た矢を投げ返されて、それにあたって死んだのは、不服従の罪に対する死罪としての罰である。もっとも、裁きを経てのことではなく、邪心があればあたれといって矢を高木の神が投げ返したので、邪心の有無を占ったことになる。罪と罰というより、神明裁判で罪を占うと同時に、罪のあるものを明らかにして殺したので、殺したのは結果でしかない。

　後に雄略天皇のころ、采女を犯したものが罰をうけている。馬8頭、太刀8ふりを天皇に支払ったというから、これも損害賠償だ。ほかの采女が杯をささげたとき、木の葉が浮かんでしまったのを怒って斬ろうとした。不敬罪にたいする刑事罰だ。ただしこのあたりはもう歴史時代であり、法体系もできあがっている。神話ではなく、神話的歴史だ。罪と罰はそこでは法の問題になる。

　『日本霊異記』や『今昔物語集』では、仏教的応報譚が語られる。生前、罪を犯したので、死後、六道で責めさいなまれる、あるいは牛馬に転生して苦しめられる。これは神話的な罪と罰ではなく、宗教的な罪障論である。罰も応報、むくいというところであろう。宗教による罪の規定と応報、法律による犯罪の規定と罰則は神話における罪と罰とは別にしよう。神話では神に対する罪、人倫にそむく罪、あるいは社会契約に違反する罪に、神がどのような罰をあたえるかが問題になる。最後の場合は神が介入する前に、法が罰をさだめるだろう。ただ、人の法をまぬかれたものに天の罰がくだされるということもある。日本では天皇に対する不敬は別にして、神に対する不敬罪の観念はなかったようである。斎宮が姦淫を犯せば罪にあたっただろうが、これも斎宮制度が規定した罰則が適応されたの

IV——悪の原理

で、それ以外に神の罰がくだったことはない。ギリシャのように、神々がそれぞれ社会機能を分治していて、それぞれの権限をおかした場合、あるいは神の権威をないがしろにした場合など、すぐに神々の怒りが落ちたが、日本では、風の神、海の神といったように自然の山川草木を支配する神はいても、文芸だの技芸だのを担当する神はいなかったから、それを侵害する罪も罰もなかった。あえていえばサルメが伊勢の海で水中の生物を招集したとき、なまこに対して、返事をしないといって怒って、口を小刀で切ったくらいである。それとても、まずサルメはウズメだったころはともかく、サルメとなってからは神ではなく、その「罰」も仕返しとかお仕置きというくらいであろう。ヤマトタケルが伊吹山にのぼって、猪としてあらわれた山の神の怒りにふれたのは「神の怒り」に近いが、罪ではなさそうだし、その「罰」か「たたり」も、間接的である。

インドでは神々による罰は頻繁にみられる。罰の多くは呪いの形でされ、神より、リシ（仙人）がそれを行なう。至高神でさえ、罪を犯してリシによって呪われる。パンドゥ王がうけた「呪い」は性交をすれば死ぬというもので、なぜ呪われなければならなかったかというと、鹿になって女と交わっていたリシを見たからである。これなどは罪でもなく、罰でもなく、まさに不条理な「呪い」である。ナフシャの物語ではインドラがリシの妻を犯した。ギリシャなら、ゼウスがニンフあたりを犯してもなにごともないが、インドでは、リシがそれを知って、インドラに去勢の罰をあたえ、自分の妻には数千年の苦行を課した。この話との前後関係は不明だが、ナフシャはインドラの妻をものにしたいとのぞんだ。そのために聖仙たちに籠をかつがせ、その頭に足をのせたりした廉で地上におとされ、蛇のすがたになった。その間、インドラはバラモン殺しの罪でみずか

らを世界の果てに追放して、水中に隠れていた。神が罪を犯し、罰をうけるというのがインド神話の特徴である。

　ケルトではマハの呪いがある。妊娠中にもかかわらず馬との競争をさせられたマハが男たちに呪いをかけ、彼らに出産の苦しみを5日間あじあわせる。そして男たちが不能におちいり、悪臭をたてるようになるという呪いもある。

　フィリピンの自然の霊ディワータは悪いことをするものに呪いをかける。

IV-1-1　災厄の神話

　洪水神話が世界中にある。たとえばメソポタミア(ウトナピシュテム)とギリシャ(デウカリオン)とヘブライ(ノア)の神話は失われた原神話の伝播・借用とみられる。インドの洪水神話(マヌ)もそれらのもとのひとつかとみられる。ただし巨大魚がでてくる点はギリシャや聖書にはなく、むしろオセアニアや琉球の伝承に連なると思われる。オセアニアでは洪水で大地が海底にしずんで、いくつかの山だけが島として残ったとしている。ニューギニアでは娘の死体をうめたところから潮水が流れ出て、魚やウナギが泳いでいる。その魚を取って食べると子どもが大きくなる。大きなウナギを取ると、突然、地がゆれて大水がふきだして洪水になる。魚、あるいはウナギが水の世界の支配と関係していて、マヌに洪水をつげ、ウナギを殺すと洪水になるのである。アステカではなんどか洪水がやってきて人類を魚にしたと語る。琉球では海の神怪ヨナタマが洪水、あるいは津波の予言をする。おそらくヨナタマ自身が大津波をおこすのであろう。日本ではナマズが地震をおこすと考えられていたが、津波や洪水もナマズのせいと考えることができる。すくなくとも津波は地震

IV――悪の原理

でおこることが多い。山間部で谷川がせきとめられて川辺の村が水没することは頻繁にあった。平野部の大河川があふれて洪水になることもめずらしくない。これは大雨のせいで、あえて神話的動物を想像するまでもなかった。雨がふれば川があふれるのはあたりまえと思われていただろう。むしろ地震のときの大津波が大きな被害をもたらした。地震の発生＝ナマズ原因説は内陸部の断層地震より、沿岸部の津波をともなう地震についてとなえられたのではないかと思われる。海の王者としての巨大魚が暴れて、津波をおこすのである。

中国の南や東南アジアでは人類の再創造の話として洪水が語られ、雷神をたすけた幼い兄妹だけが瓢簞に乗って逃れ、あたらしい人類を創造する。洪水によってもほろびない種である魚が水の世界を支配するという種類の話と、神の怒りで人類が洪水でほろぼされるという類の2種類の神話がある。アメリカでは洪水後の世界で陸をつくるのにねずみや鴨や蛙などさまざまな動物が海底から泥を取ってこようとする話があるが、魚はでてこない。

聖書の洪水の話は地中海と黒海の境をへだてる地峡が崩れて、100メートルほど低い黒海沿岸に多大な洪水をもたらした歴史的、あるいは考古学的事実をふまえたものとする説がある。ただし、インドの洪水神話のほうが黒海の洪水より古ければ話にならない。そもそも神話は実際の事件を報道するものではなく、なんらかの事実が根底にあっても、神話としては抽象化普遍化されてゆく。地球の温暖化の結果、北極や南極の氷がとけて、地球上の海面があがり、各地で、「海進」がみられた時期があったことはたしかである。そのひとつとして、地中海の水位があがり、それまで黒海への海水の流入を制御していた地峡がくずれたということもありえなくはない。

IV-1 罪と罰

しかし、大洪水の神話は「黒海」沿岸でとはいわず、「世界」のすべてが水没したと語る。また、40日間雨がふりつづいたともいうので、洪水の脅威が各地でくりかえされ、それを集約したかたちで洪水の神話が形成されたということが考えられる。大いなる洪水はどこでもおこった。温暖化のときだけではなく、いつでも雨がふりつづいたとき、あるいは河川のはたらきが阻害されたとき、山の上の湖を支えていた擁壁がくずれたとき、下流では思わぬ増水に河川があふれて甚大な被害をだしたことがいくらでもあっただろう。そこに、どこかで大いなる洪水がおこり、箱舟にのったものが助かったとか、烏や鳩をとばしたというような物語が伝わって、それぞれの地域でそこの風土にあわせてそれをそれぞれの洪水のように語ったり、あるいは本当に「世界」が水没するカタストロフを想像したりした。神話の形成には自然の脅威が大いにはたらくとともに、遠方の神話の伝播による影響もつねにあるのである。

　自然の脅威には地震も噴火も津波もある。

　地震の神といえば海神ポセイドンである。しかし、かれがどのような状況で地震をひきおこしたかを語る神話はない。デュメジルが報告するアルバ湖の増水と氾濫がネプトウヌスに関係しているだろうというのは、たしかにそのような伝承があるようである。

　古代からおそらく地震や津波以上に甚大な被害をもたらした大噴火はエーゲ海のサントリーニ島の町を全滅させ、鬼界カルデラの大噴火は縄文文化をほろぼしたといわれる。インドネシアでもイタリアでもアイスランドでも大きな噴火が再三、ふもとの町を溶岩流でのみつくした。しかし、なぜか噴火の神話は残されていない。しかし、悪神チューポンがゼウスに反逆して山をくつがえし、オリュンポスへ駆け上がっていったという神話では、最終的にゼウスが

IV――悪の原理

チューポンのうえにエトナ山をなげつけて制御した。その後、エトナから煙があがるのは地下にとじこめられたチューポンがため息をつくからだという。ため息ではなく、身震いすれば地震がおこるだろうし、立ち上がれば大噴火になるだろう。最初のチューポンの「旗揚げ」がまさに噴火だったかもしれない。日本ではイザナミが火の神カグツチを生んで死に、そのさい、溶岩流のような金属や山や渓谷を生んだとされるが、これも火山の噴火をあらわしているともいう。また北欧神話の終末戦争ラグナロクはアイスランドの火山の爆発であろうとの説もまじめにとなえられている。聖書には「昼は雲の柱、夜は火の柱」(『出エジプト記』)など、火山活動を思わせる記述がある。モーセが神から十戒をさずかったシナイ山も当時は火山だった。「シナイ山は全山煙につつまれた。主が火の中を山の上に降りられた」。燃える荊、火につつまれてあらわれた神などいずれも火山活動をあらわすものとみなされる。

大風、大雨、大日照りも神話に描かれる。雷にあたって人死にがでるような場合は天の神の怒りだと容易に解釈された。日本では天神様、すなわち道真の怨霊が雷をおとすとされる。日本の天神の怒りがおそろしいのも、道真の怨霊が雷をあやつっているからで、ただの自然現象なら、大雨でも大風でもそれほどおそれることはない。狼の群れなどでも、狼使いがあやつっているとなると恐れられる。

IV-1-2 戦争の神話

ギリシャではゼウスがひきいるオリュンポスの神々と、その一世代前のクロノスら巨人たちがティタノマキアと呼ばれる戦争を10年にわたって戦った。そのつぎは大地から生まれた巨大な怪物たちとの戦いギガントマキアで、最後はチューポンとの戦いだった

Ⅳ-1 罪と罰

が、人間たちはトロイ戦争で10年戦い、オリュンポスの神々も参加した。インドでは『マハーバーラタ』に描かれた戦いがあり、中国では涿鹿の戦いや、炎帝

ギガントマキア

と黄帝の戦いなどがあった。ゲルマンでは『ニーベルンゲン』の戦いがあり、北欧では世界最後のラグナロクがあった。メソポタミアではマルドゥクに率いられた天の神々と、ティアマットら海や地上の神々との戦いがあった。日本の記紀では神武東征があり、播磨国風土記には伊和大神と天の日槍との戦いなどが叙述される。タケミカズチがオホクニヌシに国譲りを迫った話、それに関連してオホクニヌシの子のタケミナカタが諏訪までのがれた話などはふたつの勢力の戦いをふまえているだろうが、日本ではそれを戦争としては語らなかった。エジプトでも上ナイルと下ナイルのふたつの世界がたえず抗争を繰り返し、神話はそのふたつの王国の統合の象徴ともなったのだが、上ナイルの王であるセトと下ナイルのホルスが戦った話も個人的な戦いとして描かれ、両国の天下分け目の戦争とはされないが、事実としては大軍を動員しての戦争があったろう。その前に神々が古い神々を駆逐してあたらしい秩序をうちたてたプロセスにおいて、ギリシャのギガントマキアやメソポタミアのマルドゥクの戦いのようなものが、世界中どこでもくり広げられたはずだが、はじめに戦争があったとする神話はそう多くない。最後に大戦争が

IV——悪の原理

あって世界がいったん壊滅したというのは北欧のラグナロクだが、この思想も聖書ではヨハネの黙示録に登場するハルマゲドン(世界最終戦争)になるが、世界の神話では、終末を語ることはあまり多くはない。戦争では勝ったほうが新秩序をもたらして終わるのである。

IV-2 動物変身と獣祖

IV-2-1 変身譚

　昔話や伝説では世界中どこでもみられるモチーフだが、神話では変身のモチーフはあまり多くない。日本では、神々の変身は知られていない。ギリシャでは動物への転生がかなり語られる。アラクネがクモに、キュクノスが白鳥に、カリストが熊に、プロクネが鳥になどである。また、神々が随時、動物に姿をかえて、地上の人間を誘惑したりした。エジプトでは女神ハトホルが牝ライオンになったり、あるいは牝牛になったりする。というより、牝牛として崇拝されるハトホルと、人態でまつられるハトホルの両方いるといったほうがいい。同じくエジプトの女神のバステットは猫で、彼女が人態であらわされることは稀である。トートはトキかマントヒヒで表わされるが、時に応じて姿をかえるというわけではない。ホルスは隼である。オシリスは人態だった。ラーは翼のはえた日輪であらわされることもあったが、これらは機能を造形的に、あるいは象徴的にあらわしたもので、動物神というわけではなく、また人文神が動物に変身するわけではなかった。セトはホルスとナイルの川底で戦うときはカバの姿になった。

　日本には変身譚はないといったが、トヨタマヒメ説話で、山幸が海辺で途方にくれているときにあらわれたシオツチは『日本書

紀』一書では、はじめ川雁としてあらわれ、山幸がそれを助けるとしばらくして神の姿であらわれる。はじめ、雁としてあらわれたのは、山幸の心をためすものだったと思われる。昔話で、冒険にでた主人公の前にあらわれて、慈悲を乞う老婆が実は妖精で、主人公の心を試そうとしていたのと同じである。オホナムチがたすけた兎も兎神だったし、シオツチが『古事記』では亀にのってやってくるのは、亀としてもあらわれることのいいかえである。神武東征にあたって海辺にあらわれて道案内をしたサオネツヒコもシオツチと同一人物かとも思われるが、いずれにしても亀や雁の姿を取って道案内をする神とみられる。道案内ならヤタガラスも神武東征の先達をつとめるが、これもカモタケツノミが鳥に変身したのである。また賀茂一族のトーテムで、賀茂なにがしがカラスになったかとも思われる。あるいはオホナムチがやけどをして死んだときにやってきて乳汁をぬって生き返らせたキサカイヒメ、ウムカイヒメはいずれも貝の女神というが、貝の姿をしていたかもしれない。はまぐり女房なら貝そのものになって海へ去ってゆく。さらには神武が熊野で苦戦していた時、夢にあらわれた牝熊はアマテラスであったともいう。これらは他の国の神話であれば、女神が熊になってやってきて戦いの手助けをしてもいいところである。カラスも、ローマ軍とガリア軍が戦った時、神秘なカラスがあらわれて、ローマの将軍のかぶとにとまって、不思議な光をはなって相手軍をおそれさせた。これも軍神がカラスになってあらわれたのである。

　あるいは三輪山説話で、夜ごとかよってくる見知らぬ男が実は神であったといい、その本当の姿をあらわしてくれと頼んだところ、五色の小蛇になったというのも、単なる異類婚説話というより、神がさまざまな姿に変身する話として読むべきかもしれない。さきの

IV──悪の原理

トヨタマヒメは子を生むとき「ワニ」になってはいまわっていたといい、これは変身なのか、本体をあらわしたのか、議論がある。もちろん「ワニ」とは「サメ」だとか、神話的な「ワニ」でいいのだとか、これについても議論があるが、人態ではなく、動物体をあらわしたので、変身といってもいいにちがいない。あるいは、浦島なら、亀をつりあげたところ、それが美しい女になって竜宮へ案内したので、神が小動物に姿をかえることができる例だろう。海の動物であることが多いが、鳥にもなれば、蛇にもなる。狐やネズミや猿も、稲荷、大黒、日吉などの神の使い神で、これは神自身がそれらの動物の性格をもっているか、あるいは、ときに動物になって人里をおとずれるか、どちらかである可能性があろう。天稚彦に天へもどるようにいいにきた雉も、たんなる鳥ではなく、高天原の伝令神であったろう。その天稚彦の葬儀にはスズメや川雁が行列をつくったが、これも葬儀を担当する神々の使い神の仮のすがたであろう。鳥としては白鳥処女が、異類婚説話でもあり、変身説話でもある。天女が鳥のすがたで地上の湖に水浴びにきていたのか、鶴が恩返しのために女の姿になってやってきたのか、神ならどんな姿にもなれるということか、それとも愛の力でたとえば野獣が人間になる、あるいは魔法をとくのか、いろいろに解釈できるだろう。

モンゴルの『ゲセル・ハーン物語』や中国の『西遊記』では、主人公たちが、鳥や蛇になったり、木や骨になったりもする。これは神話というより魔法昔話の世界である。

IV-2-2　竜退治

これも神話より昔話でこのんで語られるが、竜を退治した英雄が始祖になる場合は神話の機能をもちえるだろう。世界的に「七つ頭

IV-2　動物変身と獣祖

の竜」の話として語られる昔話と、日本のヤマタノオロチの話は同じで、これを「アンドロメダ型」というのは適当ではない。神話にだけこだわれば、ヤマタノオロチに対応するのはアンドロメダをさらいにきた竜かもしれないが、毎年あるいは定期的に人身御供を要求する動物型の神とすれば、クレタ島のミノタウロスであり、あるいは七つ頭の竜である。アンドロメダは人々の忘恩を怒ったポセイドンがおくってきた怪物で、定期的な人身御供ではない。ただ竜ならトリスタンやジークフリードも退治をする。ジークフリードの場合はまさにただの竜ではなく、不思議な剣を鍛える鍛冶屋だったともいうし、後々、人々の災いのもとになるラインの黄金の秘密をもった神だったともいう。いずれにしても、それを退治することで王権を手にいれるのである。ただし、その王権には呪いもつきまとう。竜蛇と神話的な鳥ガルーダの戦いでは、竜を退治するのはガルーダだが、地上の英雄が手をくだす場合もある。

　ヤマタノオロチについては山から流れる赤い鉄鉱石をあらわしているという解釈がある。世界神話としてはそのような地域的解釈より、世界的な類話の広がりから、伝播譚として考えられるが、世界神話においても、製鉄、金属加工、治水などの文脈で竜神話を考えられる可能性がないわけではない。すくなくとも竜はその地をながれる河川の暴威をあらわす可能性は高い。もっとも、大洪水や鉄砲水などをひきおこすのは、平野をゆったりとながれる大河より、山間部の急流のほうが多い。それでも天竜川、九頭竜川などは、洪水をおこした履歴から「竜」の名がついたとも思われる。

　アンドロメダをさらいにくるドラゴンが海からやってくることは、問題ではない。竜は海でも山でも空でも住めるのである。ペルセウスが空中をわたってきて、ドラゴンがアンドロメダをさらおうとし

ているのをみてかけつけるというシチュエーションと、クシイナダヒメと両親が泣き悲しんでいるところへスサノオが通りかかって、わけをきいて助けてやろうという話との相違も本質的ではない。しかし、「七つ頭の竜」の話で旅の少年が竜の人身御供にされる王女を救う話とアンドロメダの話がちがうのは、アンドロメダの母親が神を怒らせたという点である。アンドロメダの母が海のおとめたちネレイデスより「アンドロメダのほうが美しい」といったので、海神が怒って、罰としてその眷属を送ってよこしたのだ。神罰というモチーフが重要であって、たんに竜が乙女をほしがったということではない。神に対する罪があり、それに対する罰として海神が竜をおくってよこした。その竜を退治することは海神に対する挑戦、あるいは冒瀆なのである。七つ頭の竜では、その竜がなんらかの神の眷属であるというような情報はない。山の洞穴にすんで、定期的に人身御供を要求する怪物である。定期的に人身御供を要求する怪物といえば、トリスタン物語にでてくるイズーの島の竜もそうだし、アテネから7年ごとに7人の少年少女をさしだしたというクレタのミノタウロスもそうである。人身御供はどこにでもある話で、教会や城や橋をたてるときに、人柱を建てる話としてはわが国では「長良の人柱」があるが、ヨーロッパでも中国でも、いや世界中にある話である。また、とくにそのような建設や治水に関係しない話で、定期的に人身御供を要求するのはわが国では猿神で、『今昔物語集』などにいくつも紹介されている。この猿神のはなしが「七つ頭の竜」の話の日本版といわれるが、猿たちがまな板をだして、生贄の娘をなますにしようなどという語り口は独特で、外国の物語ではでてこない。この猿はいわゆるニホンザルではなく、ヒヒのたぐいと思われるが、もちろん、日本にはヒヒもゴリラも生息しない。そもそ

IV-2　動物変身と獣祖

も「猿神」、あるいは「猿の経たて」などというものは想像上の怪物で、書き物の上や、能などでは「猩々」である。猩々は中国では現実のオランウータンを指すというが日本では底なしに酒をのむ怪物である。猿神ではもちろん、まったくの想像上の怪物で生物学的に特定することはできない。外国の竜が日本で猿になることは不思議で、話の筋がにているからといって、「七つ頭の竜」が伝わってきて、猿神として語られたとは考えられない。比較説話学者が構造やモチーフの類似と伝播を短絡させるあやまちである。「七つ頭の竜」の話自体が伝わって日本で根づいたとすれば、竜とは、竜かオロチで、猿になる理由はなさそうである。山中に住んで女をさらってきてもてあそんだり、むさぼり食ったりする怪物としては中国ではたしかに「白猿伝」という話があり、酒呑童子のような鬼、あるいは山賊の首領のように描かれる。この白猿を捕縛するのに鉄の鎖ではすぐに断ち切られてしまうので、どうしても切れない縄を絹や麻のようなものにまぜてつくって、切れるものなら切ってみろというと、怪力の猿がなんのそんなものといって、やすやすと縛られ、もうどんなにがんばっても切れなかったという。この話は、たとえば北欧のフェンリル狼を捕縛するときにもつかわれる「どうしても切れない鎖」のモチーフで、やはり世界的な話である。しかし、色好みの山中の怪物としては、この白猿と日本の猿神はかなり共通している。日本の猿神が女をさらってきてもてあそぶという性的怪物の性格をあまりもっていないのは、昔話として幼いものたちに語られるときの教育的配慮などによるものかもしれない。昔話でもきわどい艶笑譚はいくらでもあるが、怪物退治というタイプは「桃太郎の鬼退治」のように、幼児ごのみの話柄とみられる。

　しかし人身御供の話はアンドロメダでも「七つ頭の竜」でもあま

IV——悪の原理

り性的犠牲という面は語りでは協調されない。竜が王女をさらっていってどうするのかということはわからず、人々は王女を洞穴の前においで逃げ去るのである。そこへ旅の少年が現れて、竜を退治するので、竜が王女をどうしようとしていたのかはついにわからない。桃太郎の鬼退治だと、鬼がうばっていた宝物をとりかえしてくるし、酒呑童子譚だと、ハーレムの女たちを解放するのだが、「七つ頭の竜」では宝物もハーレムもでてこない。そのあとで、王女と英雄の結婚の話がでてくるのだが、これもまずは少年がそのまま旅をつづけてゆくあいだに、その場にゆきあわせた炭焼きが自分が竜を退治しましたと王様の前にまかりでて言うのである。ただし婚姻の宴のさなかに本物の怪物退治の少年があらわれて、切り取っていた竜の舌などをみせて、炭焼きの嘘をあばく。

いずれにしても、王女と英雄の結婚というハッピーエンドにたどりつくまでに、怪物退治、遍歴の冒険、そして偽物との対決、あるいは本人確認の試練があるのである。これはオホナムチと八上姫の結婚の前に妻問いの旅と試練があるのと同じで、妻をめとるには、同族内での族内婚は禁じられていて、旅にでて配偶者をさがし、怪物退治をして求婚者としての資格を証明し、さらにライバルと戦って、相互に本人確認試練をへたりするというプロセスが語られるのである。これは蛇女などとの異類婚ではなく、怪物退治などの試練を必須とする族外婚だが、作帝建のように竜宮で怪物を退治して王女をもらってくる話と、山幸のように地上で罪をおかして異界へ自己追放をして、そこで王女にであって連れ帰るが、その本態は異類であるという2種類の話がある。そのふたつが交錯しながら、さらにそこに始祖伝説、建国伝説をないまぜ、衆にぬきんでた豪のものの血を一族にとりいれる手段であり、また冒険の青年のほうでは、

王女を手に入れ、王位にのぼるための旅と試練でもあるのである。

すなわちヤマタノオロチ退治はスサノオに取ってクシイナダヒメをめとるための試練であり、七つ頭の竜を退治した冒険の少年(青年)と同じであり、アンドロメダを救出したペルセウスとはちがうのである。猿神の場合は生贄をなますにして食べようとしているが、この話と明らかにつながっている中国の「白猿伝」では、生贄は白猿の性的奴隷となるので、日本の猿神でもそのようなモチーフが底にあると思われる。これは猿神譚と接続するところのある猿婿譚を見れば明らかで、猿婿では猿は退治される怪物である点では同じだが、女とは性的関係をもっているのである。また、猿神譚の文芸的ヴァリアントと目される酒呑童子では、鬼は人肉をなますにして食べもするが、見目麗しい女はまずは性的に弄ぶのであり、鬼が女をさらうのは食欲よりは性欲をみたすためと思われる。女をさらうというのも、それよりほかに方法がないからで、人身御供で女が定期的に供給されるならそれでもいいのである。

神への人身御供がすなわち神との婚姻であることは、エロスとプシュケとの物語でも明らかで、神託によって岩山のいただきに据えられて、神にささげられたプシュケは西風にさらわれて、エロスの宮殿に導かれ、夜ごと、姿の見えない神と褥をともにするのである。

ヤマタノオロチも山の神であるなら、クシイナダヒメをさらっていって神の嫁にしたであろう。そもそもクシイナダヒメはなんらかの神の嫁になるべく定められていた乙女であり、蛇神とスサノオという嵐神がたたかってスサノオが勝ったからこそスサノオの妻となったが、蛇神の妻になっていたかもしれないのである。

ワニという海の怪物のでてくる試練を象徴的にでもあれのりこえたオホナムチは、八上姫のあともまだ試練がつづいて、究極的には

IV——悪の原理

　根の国におもむいてスセリヒメをかちえてくる。神々であれば女をめとるのも1人ときまったものではなく、500人の妃がいてもいいので、女と同時に国をも征服して広い帝国を支配する帝王型の神もいたのである。オホナムチの根の国の冒険も世界的な神話の文脈で語られる。

　根の国は死者の国ともみられるが、オホナムチの冒険ではそのような様子はみられない。たしかに最初は兄弟たちの迫害にたびたび生命の危険にさらされ、また実際2度まで死んでよみがえるのだが、これ以上、地上にとどまっていては命があぶないというので根の国に木の国からおりてゆく。根の国で最初に出会うのがスセリヒメで彼女はすぐに父親のところへいって、ねえ、素敵な人がきたわという。父親はそいつはアシハラシコオ、すなわちオホナムチというやつだという。スサノオはそこでオホナムチが来ることを知っており、また、彼を追いかえすつもりもないことが明らかだ。しかし、その後、彼はオホナムチを蛇の室へ入れたり、蜂やムカデの室へいれる。蛇とムカデというのはすでに神話でおなじみの動物である。またこの種の舅のいやがらせ試練は日本の「天人女房」、ヨーロッパの「悪魔の娘」などでもつかわれる。しかし、オホナムチはスセリヒメの助力で、蛇やムカデを制御するひれをもらって無事にきりぬける。これも天人女房でも悪魔の娘でもかならずでてくるモチーフである。ここは明らかに「悪魔の娘」のモチーフの伝播がみられる。つぎはスサノオがオホナムチをさそって狩りにゆき、鏑矢をはなって、あれを取ってきてくれという。それを取りに野原のなかへゆくとスサノオは原に火をはなつ。このときはスセリヒメがついてきていないので、どうなるかと思うところだが、ネズミがでてきて、地下のネズミの国へまねく。「おむすびころり」でなじみの世界であ

IV-2　動物変身と獣祖

る。地下のネズミの国は大判小判がざっくざくという黄金の国である。地底の鉱物資源を管理する人々の世界と考えられる。リトアニアの海底の鍛冶族の国と同じで、地上ではネズミとか、尾のある人などといってさげすまれる人々が宝を管理している。ネズミの穴から大きな人間がはいりこむというのも、神話や昔話の論理ではすこしもふしぎではない。さらに家ネズミがでてくるまではネズミは野ネズミで地面の下に広大な王国をきずいていたのである。オホナムチはウサギや、キサカイやウムガイだの、ネズミだのという小動物と親しい存在である。神でも少彦名などという指の股からこぼれるような小さ子の協力をえた。結局最後に、スセリヒメと逃げだすことになるが、そのとき天の沼琴や生き太刀、生き弓などをもってスサノオの髪を垂木にゆわえつけて逃げる。これは世界的なモチーフで、鬼のところから不思議なヴァイオリンだの、千里靴だの、夜でもあかるくする月光板だのを取って逃げ出す時に鬼の髪を家の柱にゆわえつける。しかし、ヴァイオリンが柱にあたって音を立てて鬼が目をさますというところもスサノオの話と同じである。ちなみにその前に、スサノオをねむりこませるのに、頭のムカデを取ってやるといって、赤い実を嚙んでそれをあたかもムカデをかみくだいたかのように吐き出して見せるというのも同種の西洋の昔話でつかわれるモチーフである。

　このオホナムチの根の国訪問、そこでスサノオの課す試練をクリアしてスセリヒメをうばって逃げてくる話は、オホナムチが国土経営を行なうオホクニヌシになるためのイニシエーションとみられているが、蛇の室、ネズミの国、天の沼琴など、国際的な昔話のモチーフを採用した物語である。その機能としては王女をめとって国の支配者になるための試練をクリアする話だが、いずれにしてもア

IV――悪の原理

アルネとトンプソンが分類した国際話型に属する物語である。『古事記』でもこのあたり、ヤマタノオロチから因幡の素兎、根の国訪問、そしてトヨタマヒメの物語まで「七つ頭の竜」「悪魔の娘」「不思議なヴァイオリン」「鬼の宝」「メリュジーヌ物語」など、世界的な昔話や神話をふまえているが、ワニなどがでてくることを見ると、どうやら東南アジア系統の説話伝承につらなるものと思われる。その伝播系統のもっとも遠いところではエジプトまでがふくまれる。しかし、オセアニアの海洋神話が日本にきていたことはたしかで、インドネシアのワニと豆鹿の話なども海洋神話として海洋民によって伝えられたと思われるが、インドネシアでは太平洋の反対側のインド洋にも接していて、このふたつの海洋文化は容易に接続、融合していたのである。インドやアラビア、あるいはエジプトの物語がインド洋を往来していれば、その物語が太平洋を往来する海洋民に伝わるには、インドネシア列島が接点になるだけでよかった。日本神話の前半部には海洋文化の色彩がつよく、それはいわゆる「南島諸島」という琉球の島々だけではなく、太平洋のオセアニア文化ともっと西のインド洋文化とに接続するものだった。

それにたいして、もうすこしあとのほうの物語はヤマトタケルの物語から、アメノヒボコの物語あたりまで、どちらかというと朝鮮やシベリアの物語につらなるようである。そのあとは歴史時代になり、それでもかなり神話的な挿話はあるものの、全体に風土的なものになってゆく。

最初のところは、オノゴロ島の話は海洋攪拌神話であり、インドと同じかとも思われるが、兄妹が孤島で柱の周りをまわって国生みをするところは洪水神話の断片ともいわれる。洪水ではなくとも島に漂着した兄妹、あるいは母と子が島をまわりながら最初に出会っ

IV-2 動物変身と獣祖

た相手とむすばれることにして、一緒になった話は各地にある。国生み、島生みでは、世界では潜水型と島釣り型が知られているが、出雲の国引き神話では島釣りの変形が、また出雲の神殿を造営するときに海底から泥を取ってくる話では潜水型が想起される。日本書紀で世界は最初は鳥の卵のように白身に黄身が浮かんでいるようだったというところは宇宙卵神話を、古事記で浮かべる脂の如くしてくらげなす漂える時、そこにアシカビがはえてくるというイメージは東南アジアでもありそうなイメージである。またアシカビでも、あるいはヒルコを葦船にのせて流したというところでも、パピルスの葦舟がつかわれるエジプト神話を思わせる。太陽洞窟の話などは東南アジアでよく語られるのだが、その隠れた太陽をさそいだすために、ウズメがホト(陰部)を開示したという話はエジプトのハトホルの神話に同じものがみられる。

　エジプトの太陽神ラー(レー)は年とってきて、後継者をきめようとして神々の会議を招集するが、後継候補のセトとホルスの両陣営のあいだで、どちらもゆずらず、延々と議論が続いて、結論がでないのに嫌気がさして、部屋にひきこもって寝てしまう。そこへ娘のハトホルがやってきて、裾をからげてホトをみせるとにっこりわらってたちあがって、神々の会議へもどったというので、太陽神のサボタージュを女神の陰部露出で解消すること、それを八百万の神々が歓迎すること、そしてやがて若いホルスがあたらしい太陽神になるところは日本神話との類似が顕著である。若い太陽神については、ホルスをイシスが補佐してやるのだが、日本ではウズメがニニギノミコトを補佐してゆく。このニニギがあたらしい太陽神として地上へ派遣されるまで紆余曲折をへたことは、エジプトの神々の会議の様子をも思わせるが、はじめに指名された神がいやがってい

IV──悪の原理

かず、次に指名されたものも、自分ではなく、生まれたばかりの息子を派遣したらどうかといったりする。とにかく地上へ派遣する太陽神の選出に手間どるのである。それを決定したのがウズメの性器露出で、ハトホルのそれと並行する。これはギリシャのデーメーテール神話にもある世界的なモチーフで、ヨーロッパでは後には悪魔退散の呪術的しぐさになる。

IV-2-3　獣祖説話

　赤玉、金の卵などからの誕生は、世界のはじめに混沌の海に浮かんでいた宇宙卵から世界が生まれた神話をくりかえす。卵は鳥の卵でも蛇の卵でもよく、海からのぼる太陽でもいい。海は子宮の中の羊水でもある。川を流れてきた桃、瓜からの出生も同じで、モーセのようにゆり籠にいれられて流されるのも、広く「漂流する箱」「ウツボ舟」のモチーフになる。

　瓢箪に浮かんでの漂着も同じで、その原因が洪水でも、遺棄でも同じである。

　それにたいして岩からの誕生は海に浮くものとは異なっている。岩から生まれた孫悟空は同じく岩から生まれたミトラと対応する。オセットのソスランは岩の上で精をもらした羊飼いから生まれる。

　動物からの誕生ではモンゴルの青き狼と、蛇婿、蛇女房からの誕生は同じである。

　比較神話学者の三品彰英は獣祖、卵生、感精と説話を三種類に分けたが、北が獣、南が卵というように単純には分けられない。日光に感ずるのは感精だが、その結果は卵であることが多い。卵は鳥でも魚でも蛇でもいい。竜は卵を生んでゆく。モンゴル系ではテントの煙出しから黄色い犬がはいってきて女と交わったというのが、日

光のことだともいう。つまり獣祖と卵生が接続するし、卵生と感精も接続する。空の動物、海の動物、地の動物のちがいもはっきりはしない。翼のはえた蛇や竜は海中にも土中にも空中にもすむ。金太郎は、足柄山のいただきで昼寝をしていた山姥を黒雲にのってとおりかかった竜がみて欲情してはらませた子だという。朱蒙は河伯の娘から生まれるが、その原因は天郎ヘモスとも、日光とも思われ、ヘモスは鷹の姿になって河伯とたたかった。しかしその柳花は金の蛙から生まれた金蛙王の妃となっていた。生まれたときは卵だった。

　熊から生まれた「熊のジャン」は獣祖からの出生だが、「魚の王」を食べた女が生んだ英雄は獣祖出生か、果物などを食べて懐妊した場合と同じなのかどうか。鳥がはこんできた種が口に入ったり、腹に落ちたりして生まれた子は鳥が生ませたことになるのか、果物から生まれたのか、なんらかの霊に感じた感精なのかわからない。日蓮は金星が口のなかにとびこんだ女から生まれた。金星というのが光の玉なら感精なのだろうが、「金星」という名の精霊であれば神婚譚である。木になったオレンジなどから女が生まれることもあり、木から直接赤ん坊がぶらさがって生まれるという神話もあり、これらは獣祖ではなく樹木祖なのだろうか。木から生まれたのはアドニス、伊尹などで、桃太郎は桃から生まれる。

　世界は混沌の海に浮かんだ卵から生まれる。神々はその後の空と陸の交わりなどからつぎつぎに生まれる。そして人間たちは、その神々が泥をこねて息をふきこんだりして生まれ、やがてふえてゆく。しかし、建国英雄や啓示宗教の教祖などは異常な出生をする。それが獣祖神話、感精神話、卵生神話だが、三品彰英の業績の重要性はともかく、神話としてはそれらは特定の人間の出生の奇瑞を語るもので、世界の誕生や神々の誕生の物語とは関係がないことは確認し

IV——悪の原理

なければならない。獣祖神話を語る地域でも、神々も世界も1匹の狼から生まれたと語るわけではない。「最初の人間」の登場の物語でもない。朝鮮半島ではたしかに卵から生まれた英雄が国をたてた話が語られる。しかしそこでは日光がその異常出生にはたらいていると語る場合もあるし、檀君神話のように動物が世界の最初にあらわれた神話とつながっているとも考えられる。獣、日光、卵はそれぞれ別な文化圏を指定する記号ではなく、誕生奇瑞におけるふしぎな出来事のいくつかで、それらは協働しあっている場合もすくなくない。また、獣、日光、卵以外にも星、樹木、鉱物などが不思議な出生に力をあわせる場合もあり、どこそこは獣祖神話の地域でどこそこは卵生神話の地域だというように割り切ることはむずかしい。どのような神話のある地域でもたいてい洪水神話があり、そこで世界創造がやりなおされる。そこに注目すればたいていは海にただよう瓢箪などから生き残りの男女がでてくる。あるいは島に漂着した舟や箱から始祖が生まれたとする場合は、その舟にのっていたものは女と猫や犬であったりする。肉塊が生まれて、それを切り分けたらその数だけの子供が生まれたという話もある。

しかしそもそもこの始祖や建国英雄の異常出生をその国の神話の特徴的なものとしてとりあげることの正当性が問題である。各地の豪族が、竜族との通婚をかれら一族の勇猛さ、あるいは超越性の証明として宣伝するとしても、それは始祖伝説にかぎられるものであり、その国ではその後も竜族との交渉がつづくというようなものではない。蛇女エキドナとヘラクレスが交わってスキタイ族を生んだという伝承も、だからスキタイ族は蛇族の性格をもっているとか、後々、竜族の女がスキタイの王の妃になるというわけではない。カンボジャなどで、王宮の塔の上に禁断の部屋があり、王は代々、定

期的にそこにこもるのは、そこで竜女とすごすのだなどという伝承があり、その場合は、異類婚が一回限りではなく、反復性であることがわかるし、アンコールワットなどの寺院の装飾におびただしい蛇神ナーガのモチーフがあることも説明されるかもしれない。それはまた水稲耕作文化ともかかわっているといわれ、始祖が地下の水田の国でナーガ族の王女とむすばれて、水田耕作の秘密を伝えられたなどとも語るのである。水田をナーガがまもっていて、国王も代々、竜女と交わって、その支配権を確認する。始祖がナーガと交わったのは一回性の神話ではなく、その後代々の王がナーガとの交渉を儀礼的にかさねているのであり、カンボジアの国民はすべてナーガの子孫なのであるというような説明がある場合は、竜祖伝承というのもおろそかにできない。年々の季節の祭りでも竜舟競漕などが行なわれたりするならそうである。

　モンゴル族の「青き狼」伝承はあまりに有名だが、彼らのテングリ(天神)信仰とどうつながるのかはっきりしない。天から狼が山の上にくだってきて雌鹿と交わって始祖を生んだとしても、狼信仰や鹿信仰はみられないし、天に狼がすんでいるという神話もないのである。

　ロシアの『イーゴリ戦記』などには古代の王が夜ごと灰色狼になってツンドラを疾駆すると書かれている。狼神話は生きているのである。

　馬と娘が結ばれた話では、馬が殺されて蚕になったと語る。馬はいったん空へまいあがって、空から蚕になってふってくる。ある意味では天から馬がおりてきて女と交わって騎馬民族を生んだとも考えられる。

　熊はトルコや中央アジアのチュルク族ではトーテム獣のようで、

Ⅳ──悪の原理

山にすんでいて、里にもよくおりてくる。女たちが木の実をひろいに山へゆくと熊にさらわれて、夫婦になり、熊の子を生む。怪力童子の熊のジャンである。熊が始祖として語られるのは朝鮮の檀君神話だけだが、チュルク族からヨーロッパにかけて熊部族ともいうべき民族がいて、熊のフォークロアを伝える。ドイツでは熊戦士(ベルセルク)がいた。北欧のオーディンも熊としてあらわされる。スイスのベルンは町の名前からして熊だが、いまでも市の中心に熊が何頭か飼われている。マドリッドではやはり中央広場に熊が木にのぼろうとしている彫刻がある。もうひとつの広場にはキュベレ(大地母神)のみごとな像もあり、かなりに異教的雰囲気のある町だが、キュベレにしてもプリュギア王国ではライオンたちをしたがえた動物たちの主だった。それがスペインでは熊になってもふしぎはない。アナトリアからドイツ、北欧、そしてイベリア半島まで、熊を始祖とする一族が広がって、後のヨーロッパの基礎をつくったとも思われる。その始祖神話が残っていればおそらく、村の娘を山の熊がさらって洞穴につれていって熊の子を生ませた話で、それが後に昔話の熊のジャンとして各地に伝わるのだと考えられる。熊のジャンは巨大な鉄棒をかついだ金太郎のような存在で、その鉄棒からは金属加工民の文化も想像される。後には鉄剣の神話になるが、熊のジャンのレベルでは鉄剣の前の鉄棒の時代である。

ゲルマンの熊戦士ベルセルクは、冬も丸裸で森でくらし、獲物を手づかみして生のままむさぼり食った。これはギリシャのディオニュソス信徒たちが行なっていたオモパギア(生肉食い)と同じであり、ディオニュソス教では女たちが山野にはしりいって裸で狂乱したが、ゲルマンではそれが熊戦士だった。ゲルマン社会の支配層である騎士階級は、この熊戦士たちから生まれた。ベルン郊外で発見

Ⅳ-2 動物変身と獣祖

された「アルティオ」という女神の像は熊とむかいあっている。プリュギアの動物たちの主はライオンをしたがえる。クレタの女神は蛇を両手にもつ。ヨーロッパの女神は熊をしたがえるのである。あるいはそれは天からおりてきた熊であるかもしれない。ヨーロッパでもっとも人口に膾炙した物語、日本の桃太郎に相当するものは熊のジャンであり、主人公が冒険旅行にでて、七つ頭の竜を退治する。彼らの文化の延源に天の熊と地上の女との通婚の神話がかくされていると想像する所以である。

　狼の文化と熊の文化がある。女が白鳥になって飛来する文化と蛇になってはってくる文化がある。実は白鳥は翼のはえた蛇だともいう。

　ギリシャの場合、「狼のゼウス」とよばれたゼウスの信仰がリュカイアであり、リュカオン王がゼウスを招いて人肉を供したとき、それを知ったゼウスの怒りにふれて狼になったという神話は狼を始祖とする一族が狼神を祀る祭式を行なっていたなごりとみられる。これはドゥティエンヌの考えである。ギリシャではアテネでは狼より蛇神がまつられていたようで、デルポイもオロチが守っている土地で、アポロンがそのオロチを退治してデルポイの守り神になったが、アテナイでは最初の王ケクロプスが蛇身だった。その後、町の守り神を決める時に、ポセイドンとアテナにそれぞれ神意をうかがって、水や馬を提供したポセイドンのかわりにオリーブの木を生やしたアテナをえらび、アテナ女神に町の守り神になってもらうことになったが、アクロポリスのパルテノンのアテナ像に見るようにアテナは蛇女神だった。彼女の衣のへりには子蛇が無数に鎌首をもたげており、盾の裏側には大蛇がとぐろを巻いている。テーバイはカドモスが竜の歯をまいて建設したが、最後は妃のハルモニアとともに蛇に

Ⅳ——悪の原理

ポセイドン

なって去っていった。土地によって狼を始祖とする部族と蛇を始祖とする部族がいて、それぞれポリスをたてていたが、最終的にはアテナイがポリス同盟の代表になり、やがて、マケドニアのアレクサンドロスが統一をして帝国をつくった。このアレクサンドロスの母親オリンピアが大蛇と同衾してアレクサンドロスを身ごもったと伝えられるのは、ギリシャにおける蛇神信仰の痕跡とみられる。ゼウスも狼だけではなく、蛇の姿でもあらわれたことはゼウス・メイリキオスがとぐろをまいた蛇であらわされることからも見て取れる。ゴルゴーンが蛇女神であることは周知のことだが、同じ蛇でも彼女は悪のほうをあらわす憤怒相で、ゼウスやアテナは温和相とも思われる。天空神としてはゼウスは鷲であらわされるようになったが、これは後代の付会であろう。雷をなげる神として猛禽の姿を想像したのだが、雷はゼウスの本来の属性ではなく、ティータンたちとたたかうときに、タルタロスにとじこめられていたキュクロペスを救い出して協力させた代わりに、キュクロペスが自分のつくった雷をゼウスにあたえたのである。

その後、巨人族との戦いギガントマキアでは、大地ガイアの生みだした巨人ギガースたちと戦ったが、これがみな蛇身だった。ガイアの子はこのギガースたちだけではなく、すべての神々なので、神々はすべて蛇だったかもしれない。

デルポイのオロチもガイアの子だったろう。原初の神は蛇であった。アポロンはそのオロチを殺した呪いを負うのである。それによって、殺人の穢れをおった人間を清めることができる神になった。しかし、原初の母神の眷属たる蛇神を殺して都市を建設するものは、今度は最高神たる父神と対立しなければならなかった。それが人狼伝承として語られる。至高神は狼ないし熊としてあらわれる。その神の権威をためしてみたもの、すなわち至高神に対立したものは、狼として追放されるが、その試練の期間を潜り抜ければ、穢れは清められ、都市の主権者としてもどってくることができた。都市の建設者は至高神との対立抗争をへて、一人前の狼、熊になる。これが神話学者ドゥティエンヌのいう「オレステスの宿命」である。建設者には親や神を殺すことが必要である。しかしそれは罪ではなく、穢れでしかない。一定期間の清めをへれば潔白となる。ギリシャでもドラコンが法をさだめるまでは殺人もとくにとがめられなかったのである。

　ギリシアのアルカディア地方の名は熊の子アルカスからでているという。

IV-3　鍛冶神と狼男

　北欧神話の鍛冶師ヴィーラントはあるとき湖のほとりに飛んできた白鳥をとらえて妻にした。しかし白鳥女房はかくされていた白鳥の羽を見つけてとびさってゆく。白鳥処女の物語は『千一夜物語』の「バスラのハッサンの物語」でも、わが国の余呉の湖の話でも、風土的変容はへながら世界中で語られている。男のほうは商人であったり、猟師だったり、さまざまだし、女のほうも数珠かけ鳩

IV──悪の原理

だったり、あるいは蛇であったりこれもさまざまだが、広く「白鳥処女物語」とされる物語が世界中で語られる。「鶴女房」は「鶴」と「白鳥」の違い以上に、けがをした鶴がけがをなおしてもらったお礼に女になってやってきたという動物報恩譚の構成をもっていて、一般の白鳥処女とは異なっている。東南アジアの「ウルワシ」の話では、天女アプサラスは動物の姿はもっていない。

しかしそのさまざまな形の物語でも男が鍛冶屋であることがかなりの頻度でみとめられる。鍛冶屋はどこの文化でもなかば魔術師として、異界の存在と通じ合うものとみなされるのである。たとえばギリシャ神話ではヘーパイストスが代表的で、すわったら立ち上がれない椅子をつくって、彼を冷遇した母親におくったりした。しかし美人の女房であるアプロディテーには裏切られ、処女神アテナにせまったときは冷たくつきはなされた。愛されない男である。

かれら鍛冶師たちの身体的特徴としてあげられるのは片目片足で、日本でも鍛冶神は目一箇神というが、また一本足たたらともいい、炉の火具合を片目でみているうちに眇め、あるいは片目になったともいうが、片足、一本足のほうはそれほど都合のいい説明はない。ギリシャでは天からおとされたときに足をくじいて以来、片足が不自由なヘーパイストスのほかに一つ目巨人のポリュペモスも鍛冶師で、北欧のオーディンも一つ目だが、足の筋をきられたヴィーラントの特徴ほど顕著ではない。

このヴィーラントが自らつくった人工の足と翼をつけて牢獄からとびさってゆくのと、ギリシャの工人ダイダロスが人工の翼で迷宮を脱出する話は並行している。日本では鍛冶屋は峠の風のつよいところにたたらを組んだもので、弥三郎風などと、そのあたりの強風を鍛冶屋の名前でよんでいる。この鍛冶屋の弥三郎の母親が「鍛冶

IV-3 鍛冶神と狼男

屋の婆」で、強風にのって空をとんだり、狼になって旅人をおそったりする。旅人が峠越えの途中、夜になって峠の二股杉にのぼって夜をあかしていると、狼たちが襲ってきて、「狼梯子」を作るが、すこしたりない。そこで狼たちが鍛冶屋の婆をよべというと、古狼がやってきて、狼たちの背中をこえて旅人にとびかかる。旅人が脇差で防戦すると、ぎゃっと叫んで転げ落ち、狼たちも一斉ににげてゆく。木の下におりてみると人間の腕がおちている。翌朝、ふもとの村へ行って鍛冶屋へ行ってみると、婆がけがをして寝ている。それが昨夜の古狼で旅人が入ってゆくと、とたんに狼の姿になって飛び出してゆく。

　ヨーロッパでは風車小屋に猫たちがあつまっていて、そこへ夜をすごしに入っていった旅人におそいかかる。先頭の猫の前足を切り落とすと、人間の腕がおちている。こちらは翌朝それをもって近くの城へゆくと、奥方がけがをして寝ている。領主に腕をみせると、まさしく奥方の腕である。鍛冶屋はでてこないが、風車といえば風の強いところに立っている。西洋の鍛冶屋も同じで風の強いところにいる。昔の日本とちがうのは、西洋では蹄鉄が普及していて、村の鍛冶屋といえばまずは蹄鉄屋だった。そしてこれが呪術師で、まじないで病気をなおすのをもっぱらとしていた。女なら魔女といわれる老婆が産婆をかねて森にすんでいた。男なら鍛冶屋である。どちらも村はずれに住んでいるはずれもの、欄外者だ。風と火と鉄を操作する。鉄は昔は天から降ってきた。天空神は雷をならし、風をおこし、火と鉄を地上に投げつけた。地上の村の鍛冶屋はそれに対抗する反逆者だ。イエスと村の鍛冶屋・蹄鉄屋が腕をきそう物語がいくつもある。多くは地上の反逆者は負けるのだが、いつでもそうとはかぎらない。ヘーパイストス以来、天からおとされた鍛冶神は

IV——悪の原理

地下にもぐって、地下の火を管理し、鉄をとかし、天の神に対抗する武器をつくっていた。巨人戦争のときにゼウスに雷をあたえたのも地下の鍛冶師キュクロペスだった。また、そのあと、ゼウスに刃むかって天空へ達するまで山々をつみかさねてオリュンポスへ攻めて行ったチューポンも大地ガイアの生んだ地底の反逆児で、嵐の神である。彼ら地底の火の息子たちは地底の火と鉄と風をもって天空の支配者に戦いをいどむ。中国の琢鹿の戦いで黄帝らとたたかった蚩尤こそ、地底の金属と火と嵐との神だった。戦いの道具である干戈を発明したのも彼である。彼の額は鉄で、『述異記』には鉄と石をくらうとある。

ギリシャのチューポンにあたるエジプトの神はセトであるとされる。神々の秩序にそむき、暴力をもって世界を支配しようとする。火の神としては日本ではイザナミを死なせたカグツチがいる。彼はすぐに父親によって斬殺されるが、その血から金属その他を生みだす。火と死と金属とを生み出した神でイザナミを黄泉の国におくりこみ、自身も同じ黄泉の国へいったはずである。そこで母神イザナミの体にたかって雷をごろごろと鳴らしていた竜神とは彼自身あるいは彼の眷属であったかもしれない。

地底の金属加工民たちの神は多く竜や蛇身である。大地に潜む鉱脈が彼の巨大な体でもある。噴火は彼の怒りであり、彼の眷属たちはあるいは巨人として、あるいは小人として地底の闇のなかで活動し、地上の、あるいは天上の権威をくつがえすべき鉄の武器をきたえる。リトアニアの海底には鍛冶民族の蛇族が住んでいて、地上の王女エグレを嫁にもとめた。エグレが衣をぬいで湖で水浴をしているあいだに蛇王子がその衣の上にとぐろをまいて、嫁になるといわなければ衣を返さないという。白鳥処女譚と同じで、猟師が白鳥の

Ⅳ-3 鍛冶神と狼男

衣をうばって返さないかわりに、こちらでは蛇王子が人間の王女の衣をうばって返さない。白鳥がやむをえず地上の男の嫁になるかわりに、こちらでは地上の王女エグレが海底の竜宮の嫁になる。鍛冶師ヴィーラントの物語にあるように鍛冶師と白鳥乙女は出会いと別れをくりかえすカップルだが、同じシンボリズムで海底の鍛冶族の蛇と水浴する乙女が出会い、かなしい別れをする。白鳥は翼のある蛇である。もうひとつは鍛冶屋の婆が猫、あるいは狼であったように、鍛冶屋と狼が不可分な関係をむすんでいる。フランスなどの伝承では鍛冶屋が多くは「狼使い」である。狼の群れを率いて夜の荒野をさまよう。狼におそわれてかまれたときは、鍛冶屋へ行ってまじないをかけたパンきれをもらってきて、患部にあてておけばなおる。一般的な治療師とともに、狼の噛み傷をなおす特別な力をもっていて、その同じ力から狼にいうことをきかせることができる。狼たちは彼を首領としていうことをきき、彼の指揮のもとに家畜の群れをおそったりする。

　北欧のフェンリル狼はどんな鎖でつないでも断ち切ってしまう強力(ごうりき)をほこり、終末の戦いラグナロクでは神々を食い殺す。これをつないでおくのに、地下の金工師である小人たちに特別の縄をつくらせてしばる。ふつうの鉄なら断ち切ってしまうが、特別な金属をない混ぜた鋼索ではじめて抑えられる。地下の金属加工民の秘密にかかわっている神怪である。ジークフリートが倒した竜は鍛冶師レギンの兄弟で、その血をあびたところは不死身になる。竜であり鍛冶師であり狼を制御する一族である。夜の闇の中を徘徊し、地底にひそんで天空の権威をくつがえす隙をねらっている反逆者たち、天の神の創造に対抗して、鉄や生命をつくりだす創造者たちである。ローマの北方のソラクテ山にすむヒルピ族は狼をかれらの始祖とし

てあがめ、狼祭りをする。火をたいて、その上をはだしで踊るのである。平和な村人たちから夜と火の一族としておそれられる鍛冶師たちが、夜の獣である狼をトーテムとして、村はずれの山でおどろおどろしい祭祀を行なう。19世紀のフランスの詩人ネルヴァルがオリエントの伝説にもとづいて想像した反逆的創作者アドニラムは地底の旅で一族の祖であるトバルカインに出会う。彼こそカインの末で、神への反逆のために地底に閉じ込められ、そこに反創造の鍛冶工房をつくり、神が想像もしなかった怪物を捏ね上げ、反逆の火をふきこんでいる。地底では竜であり、地上の森では狼である反逆的創作者の系譜がそこから生まれて神をおどろかす創作を行なう。

IV-3-1 鉄剣の技術の神話

竜の神話が、洪水をおこす川からきている可能性と、山から流れる鉄鉱石の色が赤い血の色とされるところから来ているという説とは、同じではない。水流が川谷をあふれて流域の村落をおしながすさまを「竜」にたとえることはありうるし、川の流れを製鉄につかう文化もある。しかし、現実の洪水を神話が記憶にとどめて、それを竜として表現したり、鉄鉱石の流れを竜の血とする神話が形成されるというのは留保が必要だ。まず神話は報道ではない。どこかの地域的災害を世界的な神話にまとめることはすくない。報道的な神話というものはなく、全世界的な大災厄がおこっても、まずは世間話として語られ、神話となるにはそれなりのプロセスを経る必要がある。地域的情報は神話にはならないといっていい。どの地域でも語られる話が集合され、総合され、抽象化されて神話になってゆく。しかし、技術の神話はあり、鉄をとかす技術は、たとえば、日本では近世のものではあるが、金屋子神伝承として神話化している。

IV-3 鍛冶神と狼男

中国では干将莫也(呉の刀鍛冶が鍛えた二振りの名剣)の神話がある。オセット人の神話では英雄バトラスが自身の身体を炉のなかにいれて焼きをいれ、そのあと海へとびこんで海水を蒸発させたりする。ジークフリートの竜退治でも特別な鉄剣を鍛えた鍛冶屋が竜になっていた。ヤマタノオロチもその尾から草薙の剣がでてくる。いずれも鉄、あるいは鉄剣の神話であり、そこに製鉄や刀鍛冶の秘密が隠されている可能性はなくはない。あまりだれでもわかるような形で秘密が語られることはないが、職人組合の通過儀礼において語られるような技術伝承で、象徴の形で秘密が語られている可能性はある。その場合、血にただれたヤマタノオロチが、山から流れおちる鉄鉱石だというのはいささか眉つばである。鉄鉱石自体はけっして赤くはない。また、そんな形で山を流れおちはしない。鉄鉱石をくだいて選別するときに水流をつかうことはあるが、そのようなプロセスを語っているとは思われない。金の採掘の場合は、特殊な臼で鉱石をくだいて金をとりだすプロセスが、昔話にあらわれるというのが内藤正敏らの説だが、鉄鉱石とは異なる。しかし、どんなところから鉄鉱石をとりだし、どんなふうにそれを砕いて、選別するか、あるいは砂鉄をどうやって採取するか、それをどのような炉で加熱して鉄をとりだすか、さらに、刀にするまでどのようにたたき、かつ焼き入れをするかなどについて、説話・神話の形で語るものがあってもいいはずである。

　水車、粉ひき、紡績、機織り、犁耕、灌漑、船舶、天体観測などについても技術の伝播にはマニュアルに相当するものが説話として随伴する必要があった。鍛冶屋ヴィーラントの話、蹄鉄屋とイエスの話、アキレスの鎧を一晩で鍛えたヘーパイストスの話、ラインの黄金の話、鶴女房、運命の糸をつむぐパルカイ、名剣グラム、エク

IV──悪の原理

スキャリバー、蛇になる剣の話、熊を犂につけた話など、世界的な物語が鉄や繊維や犂の秘密を物語っているのかもしれない。農耕神話では麦の耕作の起源がデーメーテールとトリプトメレスの神話にみられるほか、穀物霊の復活の話ではアドニス、コレ、アティス、イナンナなどの話にもみられるだろう。もちろんインドネシアのハイヌウェレ神話もある。

IV-3-2　狼神

あるとき天から蒼い狼がテングリ山の頂におり、蒼い鹿とともに湖をわたってふもとの草原を支配する一族の祖となった。それはモンゴル族だけの伝承ではない。人狼伝承の伝わるヨーロッパでも、狼トーテムの一族が蛇女神とむすびついて、地下と闇の王国をきずいている。リュカオン王はゼウスをまねいた宴会で息子を殺してその肉を神に供したが、ゼウスが怒ってテーブルをくつがえし、リュカオンを狼にして追放したという。ただし9年のあいだ、人肉をくわずにすごせばまた人間にもどれることになっていた。この人狼伝承のおおもとといわれる物語は、ジラールによれば、狼トーテムの部族の始祖崇拝祭祀の変容だという。リュカオンの名ももともと狼に関係するものだったし、ゼウスもゼウス・リュカイオスとして狼神だった。狼部族の王が狼となる試練とみなされるのである。より時代をくだった伝承ではくじでえらばれた男女が狼の皮をまとって森へ去って9年を狼としてすごしたという。中世のキリスト教社会では教会の掟にそむいたものが、司祭から「狼になれ」といわれて追放されると、人間としての尊厳をはく奪され、平和喪失とみなされた。つまり法の保護の外におかれたので、彼を打とうと殺そうととがめられなかった。教会のミサでだれそれが「狼」として破門・

追放されると、教会の扉をでるところで、狼の皮をかぶせたともいう。いずれも本来は狼トーテムの成人儀礼である。人狼として生まれたものは普段は人間の顔をしていても満月の夜は狼になるとも、後代の伝承では語られるようになる。狼あるいはアウトローである。

　北方では狼のかわりに熊男がでてくる。ゲルマンの戦士結社は熊男団とよばれるが、熊とはかぎらず狼であることも多い。中国では虎で、中島敦の「山月記」のように人間の心をうしなったものが山にこもって人虎になるとされた。アフリカでは豹男が知られ、豹男結社もあるが、インドからインドネシアへかけての沿海地帯ではワニ男がおそれられる。これは多くその地域のトーテムである。日本では鍛冶屋の婆は古猫である。化け猫が人を食い殺す。動物がとりついて、その動物と同じ行動、多くは人肉食をさせる憑依現象としてのリカントロピー・狼憑きは日本では狐憑きになるが、凶暴性はすくない。

IV-3-3　神殺しと犠牲

　建国英雄は天からおりた狼にしろ、熊から生まれた怪力童子にしろ、神に近い異類性をもっている。それが人間社会の秩序の制定者になるには、自然秩序、いいかえれば神々の秩序を破壊する必要があり、なんらかの神殺しが必須なのである。まさかりや鉄棒をかついだ金太郎、ないし熊の子太郎が王になるまでには鬼退治、オロチ退治が必要で、オロチは大地女神の子神であった。デルポイのオロチを殺したアポロンも同じで、始祖英雄は神殺しをして、その後、その穢れをきよめるために自己追放の旅にでるのである。熊の子太郎は七つ頭の竜を退治して王女を救った後、自分はまだするべきことがあるといって冒険の旅をつづける。神殺しの汚れをきよめ

IV——悪の原理

る自己追放である。ヘラクレスは「十二功業」というが要するに不条理な罰に服して各地をへめぐりながら穢れ仕事をする。ゲリオンの牛小屋の掃除などである。さらにヘラによって狂気をおくられて放浪する(この狂気のさなかに妻殺し、子殺しをする)。ディオニュソスが同じくヘラによって送られた狂気のためにインドまで放浪して「自分探しの旅」をしたのも同じである。ディオニュソスこそゼウスにかわってこの世をおさめるべきあらたな神であるべきだった。地上の王となるのも、オリュンポスの王となるのも同じで、ヘラクレスもディオニュソスも狂気のうちに放浪するのは、リュカオンが狼になって9年追放されていたのと同じである。神になるための試練だった。

　ちなみにリュカオンがわが子を料理してゼウスに供したのは一種の犠牲ともみられる。アブラハムがイサクを犠牲にするのとかわりはない。ゼウスがそれを嘉みしなかったのは、犠牲の礼式がまちがっていたからであろう。狼のゼウスには狼をささげればよかったかもしれない。いや、いずれ狼になるリュカオンにとってはわが子は子狼だった。ヘラクレスがわが子と妻とを殺したのは、狂気によってというより、すくなくともジラールの解釈では犠牲であった。ヘラクレスは簒奪者のリュコスが彼の一族を犠牲にしようとしているところへ戻ってきてリュコスを殺すが、その殺戮の穢れをきよめるために犠牲式を行なおうとする。するとそこにすでに犠牲式の準備ができていて、妻と子が犠牲にされるしたくができていた。ヘラクレスはこれ幸いとその用意された犠牲式を執行したのである。ヘラクレスは最後に自分自身を火刑台に投じて犠牲にする。いかなる神への犠牲かわからない。が、かれの悲劇はすべて犠牲式なのだともいえるのである。

IV-3 鍛冶神と狼男

　ユベールとモースによって、最大の犠牲は神の犠牲であるとされたし、ジラールによって、犠牲と暴力の同義性が指摘された。すなわち、最大の犯罪であるはずの神殺しも、殺人も、血のけがれも、神に命じられたときには正しいことになるし、神をたたえるものであれば正当化される。あるいは牛を殺して食べたいと思ったときは、その牛を殺して神へのささげものにする。そしてわずかの煙を神にささげたあと、肉は信者たちが分けあって食べる。その肉の分け方、料理の仕方などにこまかな規定がされるのは、それをたんに肉を食べる饗宴としてではなく、神をたたえる儀式であるといいくるめるためでしかない。わが国の殺牛祭も多分にその傾向をもっていた。同時にそれは異国の風習として禁じられた。はたしてそれは祭りなのか、罪なのか、神は刈り取った稲穂などの初穂儀礼をこのみ、大根やネギなどの野菜の供物をこのむのか。酒は清浄なものなのか、エビやタイのなますは神をことほぐものか、それとも、それは焼き物にしてささげるべきなのか、そこに牛肉がまざったら穢れなのか、諏訪大社ではウサギの串刺しなどをささげるし、蛙の生贄もある。さらに鹿の頭もささげられる。中国でも殺牛が禁じられた時代があった。道教の祀りで祖先にささげられる供物を見ると果物、もち、菓子、酒などで、肉も魚も登場しない。そしてヨーロッパではギリシャ以来、神をたたえる祭り、神の加護や許しをもとめる儀礼ではヒツジ、牛などが犠牲にされ、祭壇で殺され、その血を祭壇に塗り、地にそそぎ、肉をやいて煙を神にささげ、一同が直会（なおらい）でその肉を食べた。インドでも東南アジアでもヒツジやヤギを犠牲にする。モンゴルや中央アジアでも家畜が犠牲になる。犠牲とは神をよろこばせるために人間のもっているもっとも貴重なものを破壊してささげることなのか、その場合には人身御供ももっとも貴重な犠牲

245

IV──悪の原理

になるだろう。オセアニアでは祭りには人身御供が必要でそのために敵をとらえてきて生かしておいたともいう。そのような犠牲は犯罪ではないのか、それともそれは神の名のもとに正当化される聖なるものなのか、であれば、ディオニュソスをたたえる祭りで信者の女たちが狂乱のうちに近くの人間を捕まえて素手でやつざきにしてその生肉を食らったというのももっとも聖なる犠牲式だったのだろうか。それとも、犠牲には決まった礼式と犠牲獣の選び方があって、なんでもいいものではなかったのか、贖罪のヒツジと犠牲の牛は性格が異なるのか、初穂儀礼と人身御供、あるいは人を殺してその心臓を神にささげた儀礼とは同じものなのかちがうものなのか、犠牲における罪と聖の問題を考えなければならない。

　ギリシャ神話では罪や暴力が聖なるものであった。ジラールはオリュンポスが「錯乱と獣性のさまざまな行動はもちろん、無数の暴行強姦、殺人、父殺しと近親相姦を自らの手柄として数え立てる神々でいっぱいであった」と言っている。聖なるものの根源体験とは、犠牲の殺害であったとブルケルトはいう。

　彼は創造的暴力について述べ、それを無害にするのが儀礼としての犠牲であるとする。というより、あらゆる暴力を神聖なものとし、それによって世界がつくられる原動力であるとしたうえで、その力をとりこむために模擬的な神殺しを人身供儀において行なうのである。犠牲においては生贄が「至高の暴力の化身」となる。悪しき暴力は犠牲式においてよきものに変身し、生命力と豊穣を表すのである。

　ルネ・ジラールはユベールとモースの供儀論をうけて、「身替りの山羊」で、犠牲の神話についての考えをすすめた。罪をつぐなう方法として、公共の組織が行なう贖罪が犠牲の儀礼である。

IV-3　鍛冶神と狼男

　犠牲には豊穣祈願、豊作感謝などのほかに贖罪がある。いかなる罪があるかわからないながら、神の怒りを鎮める宥恕祈願もある。雨がふらないときに祈雨祈願を犠牲をささげながら行なうことがある。

　犠牲として捧げるものは人間、家畜・魚類、畑作物・酒があり、方法としては燃して天の神々にとどける燔祭と、殺して血をそそぐ殺戮犠牲、そのまま三宝にのせて供する饗物（あえ）とがある。人柱などでは血を流さず、水中へ投げ込み、あるいは建築物の土台にうめる。殺戮犠牲である。日本では燔祭は行なわれず、仏教儀礼で護摩があるが、犠牲の観念はとぼしい。雨乞いでは牛馬の首を切って淵になげこむような儀礼もあった。殺牛祭では殺した牛の肉を一同で分けて食べた。がこれらは肉食遊牧民族の文化で渡来系のものと思われる。殺牛祭禁令でも、異国の祭りを行なってはならないといわれたのである。一般に神前へ供える饗物は鯛などの焼き物か、野菜、あるいは稲の初穂などである。しかし狩猟民族では鹿などの獲物を狩りの神にささげた。狩猟、漁労、牧畜、農耕で、犠牲の種類・形態も異なった。肉食系では牛、豚、羊などの食肉獣がまるごと焼かれて、煙が神々にささげられ、肉を人々が分けあった。漁民は海の幸をささげた。農民は畑作物を、これは収穫感謝においてささげ、予祝儀礼では鹿をとらえて血を畑にまくような儀礼もみられた。オセアニアなどでは婚礼や葬式で豚が大量に犠牲にされ、焼かれた。冠婚葬祭での犠牲と豊穣祈願、収穫感謝、贖罪・慰霊は、それぞれ異なるとみられる。

　捧げる対象が神か怪物かによってもちがう。人身御供で怪物にささげられた生贄は食われるのか、さらわれて怪物の嫁になるのか、さだかではない。食肉文化ではなくとも、猿神のような怪物が生贄

247

IV──悪の原理

をなますにして食べると想像され、しかし中国の白猿伝では、犬の供物であればひきさいて食い、女の生贄であればハーレムへ閉じ込めた。食肉文化では牛などの群れのなかからもっとも完全で清浄なものをえらび、洗いきよめて、神にしてささげ、それを分けて食べるときは、神の肉を分かち合い、自身の身内へとりこむものと考えられた。ユベールとモースはそこから、犠牲獣の聖化を考え、やがて神の犠牲になるのだと考えた。戦いの捕虜を殺して分けて食べるときも、敵の力を身内にとりこむ意味があった。一方、畑の最後の刈束を穀霊がやどるとして神にささげる場合、犠牲になるのかどうかわからない。春、それを土にうめるときは、死と再生が期待される。収穫時にはむしろ最後の束を刈り取るときにそこにおいつめた穀霊を殺して、納屋にしまい、春に再生を期待して畑にまくのである。

　豊穣をえるには畑に豊穣力をあたえ、水をひかなければならない。水を支配する牛を殺す儀礼は水が切れないことを願う儀礼であり、その場合は、犠牲になる牛と水神としての牛が同じものになる。

　豊穣のみならず、なんらかの神助を期待するときに生き物を犠牲にするという思想はやはり牧畜文化の発想だろう。狩りの獲物でも、畑の初穂でも、その一部を神にささげる収穫感謝はどこにでもみられる。日本の雨乞い儀礼の殺牛はむしろ雨神をおこらせる儀礼である。人身御供では神怪に食べ物を供するという思想はなく、儀礼的な犠牲にとどまるだろう。

　神話学者のブルケルトも殺害行為としての供儀について語っている。そしてリュカオンやアクタイオンらの神罰の物語も本来は神を祀る犠牲式であったとする。たしかにイピゲネイアの物語で、人身御供にされた王女が神によって鹿で身代わりさせられたという物語

IV-3 鍛冶神と狼男

は、狩りの女神を祀るための鹿供儀の物語であったことはまちがいない。

ブルケルトによれば、狩猟も性行為であった。発情期のオス同士の戦いが狩猟の起源だというので、食糧確保の意味はど

イピゲネイア

うでもいいのかという疑問はあるが、儀礼化された狩猟はそうかもしれない。確実に獲物を獲得するには落とし穴や罠のほうが有効だった。槍をもって猛獣に立ち向かうのは危険でもあれば、また食糧確保にはたいして意味がなかった。猛獣の肉は人間の食糧にはむいていないからである。狩猟はやがて戦争になってゆく。戦争でも女を捕虜にしてうばいあうのが大きな目的だった。食糧をうばうことも大きな目的だったが、飽食している指揮者たちにとっては、敵の女をうばうのが重要な関心事だった。戦闘では女たちも陣営に参加していた。負ければ敵将のものになるのである。トロイ戦争でもアキレウスが怒ったのは、戦闘でかちえた敵の女をギリシャ方の大将にうばわれてしまったからだ。参戦の報酬は女だった。戦争の際には勝利祈願の儀礼が神々にささげられたが、処女犠牲が多かった。儀礼が狩猟や戦争から独立すると、究極的には性的儀礼になった。処女の犠牲はだれがそれを享楽するのかが問題になり、ディオニュソス儀礼では祭司長の妻が神をむかえて同衾した。ほかの女たちは神殿娼婦として異人をむかえて媚を売った。狩猟と戦争と犠牲儀礼を一連のものとみて、すべてに性の儀礼化をブルケルトは見る。その物語がイピゲネイアやアンドロマケの神話である。

IV——悪の原理

　彼はまたギリシャの村や町のはずれに建てられた男根型の境界柱（ヘルマ）が、動物たちのマーキングによるテリトリー確保と同じもので、性的象徴によってテリトリーを確定するものだという。村もポリスもボスとしてのオスがハーレムをかかえて、力をふるう猿山だ、となる。

　性的欲求と分かちがたい殺害欲求は、外部へむけられれば狩猟あるいは戦争となるが、内部へむかえばボス殺し、父殺し、すなわち神殺しになる。殺されたボスが神になるのが神の発明(発祥)だともいう。その後、神殺しが儀礼的に定期的に反復される。父なる神を殺して食べることが最初の儀礼であり、最初の宗教だった。

　ギリシャでは子供を殺してその肉を宴会にだしたという話がたくさんある。リュカオンが殺してゼウスに供した肉は孫のアルカスだともいう。アトレウスは兄弟のテュエステスの息子たちを殺して父親に食べさせた。プロクネは妹を犯して舌をきった夫に、彼らの子を殺して食べさせた。北欧でも鍛冶師ヴィーラントは王子たちを殺して王に食べさせた。これは明らかにアトレウスの物語の翻案とみなされる。ヨーロッパ中世では妻が不倫をしているのを知った夫が、間男を殺して、その心臓を妻に食べさせる。スタンダールの『恋愛論』でもとりあげているが、ダンテもその話をしっていて、ベアトリーチェの心臓を食べるというヴァリアントが『神曲』にもあるともいう。この話は少なくとも「食べられた心臓」としては南仏などでこのまれたモチーフのようでいろいろ話がある。昔話では王女が雌鹿になって森をはしっているときに兄がそうと知らずに射殺してその肉を食卓にだして、妹にも食べさせようとして王女はどこだと言うと、皿のうえで、わたしはここ、お兄さんに殺されたなどと言う。もちろんギリシャ神話のアルカスがそうと知らずに雌熊になっ

IV-3 鍛冶神と狼男

た母親を殺そうとする話の翻案だろう。母親が鹿になっていて、息子に殺されたというのは『今昔物語集』にもある。これは狩りの前日、母が夢枕にたって、自分はいま鹿になっていて、あした狩りで殺されることになっている。なんとか、殺さないでくれといったにもかかわらず、射殺した。そのとき、母鹿は矢があたって「痛や」とさけんだという。インドにもある話で、母親あるいは妹が死後、鹿に転生していたのか、ときおり人狼のように鹿になっていたのか、物語によってさまざまでも、話は共通しているだろう。その鹿を射とめて食べたとまでは『今昔物語集』では言っていないが、狩りの獲物はしとめれば当然、切り分けて食べるだろう。

　母を殺す、子を殺す、父を殺す、兄弟を殺す。はたしてそれは同胞を殺すこととどれだけちがうのだろう。他人を殺してもいいが、父母やわが子を殺してはいけない、そんな掟がしかれた国があるだろうか。敵は殺してもいいが、同胞はいけないという掟はどこにでもある。しかし、昨日の敵が今日の友というときはどうなるのか、同族が殺されたときは報復の人殺しはゆるされる。しかし、それが単なる思い違いだったらどうするのだろう。父殺し、王殺しは、神殺しにつらなるのだろうか。しかし、人間の本能は殺しにあるとブルケルトは考える(『ホモ・ネカーンス』)。神を祀る儀礼も生贄を殺すことからはじまる。それは野性的な殺害欲求を儀礼化したものであるかもしれない。いや、そもそも神を殺すところから社会がはじまったのではなかったか、あるいはよりすぐれた王をのぞんで、ふさわしくない王を殺したなら、つぎつぎに殺していって、最後は神を殺すことになったかもしれない。

　神々は巨大な体軀をしていると想像されていた。人間などはその足元でふみつぶされるアリのようなもので、人間がアリをふみつぶ

IV──悪の原理

しても生類の殺生の罪に問われることがないのと同じく、神が小さな人間をふみつぶしてもだれもなにもいわなかった。神を祀るにあたっては生贄をささげた。原初の生贄は人間でもあった。神にささげられた人間は幸福な死をよろこんだのである。

　犠牲は牛であれ、人間であれ、あるいはユベールとモースが言うように最大の犠牲である神であれ、宗教の最大の儀礼である。祈願の場合もあるが、多くは罪の清め、贖罪のためで、山羊であれば、それに罪をおわせて追放した。牛や馬であれば、清めの儀式で罪障を取り去って、神として犠牲にした。神話では、イピゲネイアのように犠牲になった乙女が鹿ですりかえられる話などが語られる。聖書でもイサクの犠牲が羊ですりかえられた。実際の宗教儀礼では血が流される。神話では贖罪の山羊に相当するオレステスも結局は清められて許される。ただ、許していたのでは宗教儀礼がなりたたない。たとえば日本では播磨で鹿をとらえて腹をさいて血を流して、そこに種をまいて豊作をいのったという。それを神話として鹿をとらえたが、腹をさかずに放してやったというのでは豊穣儀礼がなりたたない。儀礼は最初の神話を反復する。神話は最初の物語を純化する。

　かつての神話学ではハリスンの『古代の芸術と祭祀』によって、神を祀る歌舞の所作（ドローメノン）がドラマになったという芸術の儀礼発達説を後生大事にとりあげるものが多かったが、ドラマの起源としてはともかく、神話の発生の説明にはならない。神話はなんといっても所作ではなく言葉なのである。またその場合、神話をミュトスとして、ロゴスと対立するものとする説も一知半解である。まず、「神話」をなぜギリシャ語の「ミュトス」でいいかえなければならないかで、日本語の「民話」「神話」という語はなぜいけないのかが説明されない。「神話」は神をたたえる言葉であり、単語や叫

びではなく物語である。しかし「昔話」のように「嘘ばなし」ではなく、真実の語であり、世界観をあらわすものである。すなわちロゴスと対立してミュトスには思想がないなどというのは根本的にまちがっている。「神話」は世界観の言語的表現で人間的秩序をこえた宇宙的秩序を「神々」というフィクションで語るものである。その世界は作家の大江健三郎の言うような村の小宇宙ではなく、全世界で、したがって、神話は究極的に世界神話で、各国神話はその普遍的な世界神話を個々の言語で語る地域的ヴァリアントである。村の小宇宙でも、大宇宙と照応するミクロコスモスなら、世界がそこから見えてくる。しかし現実には、人々の世界観はせまい風土に限定され、世界神話の地域的表現としての各国神話はかなりに偏頗なもの、極限的なものとならざるをえない。

　宗教は教祖がうけた啓示をつげ、人々に行動基準をおしつける。法制度と同じく、人間の行動基準の規定が宗教の基本である。その規定を順守させるためには死後の劫罰をもって脅す。神話は神々の世界を描くが、それはかならずしも死後の世界ではない。エジプトの死者の書ですら、そこで描かれる神話は神々の世界の物語で、現世ではうかがうことのできないその神々の世界を死後、えらばれたものは覗き見ることができ、あるいはそこに参加することさえできるというのだが、それはキリスト教的な、あるいは仏教的な地獄ではなく、むしろ至福の世界である。ただし神々の世界は人間たちの生き方の手本になるようなものではなく、またそのような意図で描かれたものではない。世界の始まりを語り、太陽の死と再生を語っても、それと人間の倫理とは関係がない。神話には世界の成り立ちや構造についての思索はあっても人間の行動原理についての規定はないのである。

まとめ

　世界の神話では混沌の闇から光が生まれる様子が語られ、宇宙卵が空と大地にわかれ、そのあいだに空が広がって、そこを太陽が巡行し、やがて大地に緑がそだち、森ができ、動物たちが生まれて、たがいに殺し合いをする。最初の人間がそのかたわらで、その殺戮と自然の猛威とをみまもりながらひたすらおそれ、そのなにものともしれぬ「大いなる」力にわずかの猶予と平和とをいのった様子を語る。「大いなるもの」はやがて「神」となづけられ、自然や動物の力をもってあらわされたものが、やがて、人間の顔かたちをした人文神となり、人間達と共同して地上の世界をつくるようになっていった。

　神ははじめは性別もなく、ただの石や木の棒をもってあらわされたが、そのうち、そこに豊饒の願いをこめて祈るようになり、儀礼が生まれてくる。神は多産豊饒をあらわす尻の大きな女神となり、そこから子が生まれれば母子神となり、彼らをみまもる父神、老神も想像されてゆく。母神は死と再生をつかさどり、戦争と収穫をあらわした。父神はその陰にかくれることが多く、おさな神は豊饒儀礼のために犠牲になって殺されたが、やがて鉄剣をふりかざす英雄となって遍歴の旅にで、たくましい軍神となってかえってきた。彼の後ろには狼や竜が牙をむいてしたがった。ゆたかな農耕地帯に疾風のようにおそいかかって収穫物と女たちを劫略する騎馬戦士があらわれる。「黄金時代」が「鉄の時代」になるのである。そこには人類に火と鉄をおしえた神が想像される。場合によると、地底では

たらく鍛冶神は松明の火をふりかざして夜の闇をかける悪鬼として想像されることもあった。その無法ものたちは、鉄剣と騎馬を用いると共に、法と掟をさだめて集団を統率する王にひきいられた規律ある軍勢に制圧され、あるいはとりこまれて帝国の時代がやってくる。年代記作者、あるいは叙事詩人たちが、王や英雄の勲を歌い、「神話」に固定してゆく。そのような「神話」のあゆみに、風土や地域の差はなかった。そして人の動き、ものの移動、それ以上に文化というものの伝播力が地球をへめぐった。世界中に同じ神話が知られるようになったのである。あとは王朝や社会がそれぞれの風土にあわせてかれらの年代記や、歴史を編纂してゆくようになって神話の役割はおわったようにもみえる。しかし、人間は大いなる災厄がおそうたびに、なぜそのようにして人間には天罰がくだるのか、古代の神話にさかのぼってかんがえようとしてきた。これからも、地震も噴火もあるいは人間の制御能力をこえた物性の暴走・暴発もいくらでもくりかえされるであろう。そのたびにわれわれは世界の神話をふりかえってみて、自然と人間との共存のしかたを考えなければならないのである。

参考書誌

　世界神話については『世界神話伝説大事典』(勉誠出版) を参照されたい。ほかのものでは、
・イヴ・ボンヌフォア『世界神話大事典』(大修館)
・Mercatante, A. Dow．James"R.,World Mythology and Legend", Facts on File, 2008
・高津春繁『ギリシャ・ローマ神話辞典』(岩波書店)
・袁珂『中国神話・伝説大事典』(大修館)
・菅沼晃『インド神話・伝説事典』(東京堂)
などのほか、各国神話を青土社のシリーズ、ちくま文庫のシリーズや平凡社の東洋文庫などで参照されたい。とくに中央アジアの伝承は東洋文庫にいくつか貴重なものがある。
　植物神話ではブロスの『世界樹木神話』がある。昔話ではプロップの『魔法昔話の起源』がある。建国神話については三品彰英の『建国神話の諸問題』がある。
　神話学としてはレヴィ＝ストロースの『神話理論』や、近年はかえりみられることのすくないレヴィ＝ブリュールの『原始神話学』などのほか、やはりフレイザーの『黄金枝』によりたい。比較神話学としてはデュメジル・コレクションがちくま文庫で読める。マリア・ギンブタスの『古ヨーロッパの神々』はその後、あたらしい版がでたが日本では古い版のままである。ギンズブルクの『闇の歴史』も参考になる。フェルマースレンの『キュベレとアッティス』は古典的な名著である。もっと古典的なものはプルタルコスの『エジプト神イシスとオシリスの伝説について』だろう。
　国内では柳田國男や折口信夫、そして南方熊楠が読むたびにあらたな世界をひらいてくれるだろう。
　近年でた神話学関係の本ではブルケルトの『ホモ・ネカーンス』がおもしろい。ほかではルネ・ジラールの『身がわり山羊』、あるいはネリー・ナウマンの『生きの緒』などがあるが、神話学者の井本英一の『神話と民俗のかたち』などの諸作や、神話学者の大林太良『神話の系譜』他や、中国文化学者の伊藤清司の『日本神話と中国神話』などが参考になる。そしてもちろん日本の神話学をリードしつづける神話学者の吉田敦彦の『ちいさ子とハイヌウエレ』や『ギリシャ神話の深層』『ギリシャ神話と日本神話』『日本神話の源流』などがある。
　本書をまとめるにあたってあらたに参照した書目はさしてないが、いままで十数年にわたって渉猟した東西の文献、参考書はあげていけばきりがない。本書の性格上、さまざまな学説をそれぞれの論文をあげて論ずるようなことはしなかった。

参考文献

古典・辞典
古事記　岩波書店　古典文学大系　1958
日本書紀　岩波書店　古典文学大系　1965
風土記　岩波書店　古典文学大系　1958
日本霊異記　岩波書店　古典文学大系　1967
今昔物語集　岩波書店　古典文学大系　1959〜63
今昔物語集　東洋文庫　1996
太平記　岩波書店　古典文学大系　1960
金富軾　三国史記　東洋文庫　1980
室町物語集　岩波書店　新古典文学大系　1989
お伽草子集　小学館　1974
神道集　東洋文庫　1967
吉野裕訳　風土記　東洋文庫　1969
平家物語　岩波書店　古典文学大系　1959
抱朴子、列仙伝、神仙伝、山海経　平凡社　1969
酉陽雑俎　段成式　東洋文庫　1980
唐代伝奇集　東洋文庫　1963
フランス中世文学集　新倉俊一ほか訳　白水社　1990
カター・サリット・サーガラ　岩本裕訳　岩波文庫　1961
アラビアン・ナイト　前嶋信次、池田修訳　東洋文庫　1966－1989
古代オリエント集　杉勇ほか訳　筑摩書房　1978
乾克己ほか　日本伝奇伝説大辞典　角川書店ｖ　1986
日本宗教辞典　弘文堂　1985
世界宗教大辞典　平凡社　1991
袁可　中国神話伝説大辞典　大修館　1999
高津春彦　ギリシャローマ神話辞典　岩波書店　1960
菅沼晃　インド神話・伝説辞典　東京堂　1985
稲田浩二ほか　日本昔話辞典　弘文堂　1994
大林太良ほか　世界神話事典　角川書店　1998
文化人類学辞典　弘文堂　1987
桜井徳太郎　民間信仰辞典　東京堂　1980
大林太良ほか　日本神話辞典　大和書房　1997
志村有弘ほか　日本説話伝説大事典　勉誠出版　2000
ウォーカー、バーバラ　神話・伝承辞典　大修館　1988
ボンヌフォア、イヴ　世界神話大辞典　大修館　2001
スピーク、ジェニファー　キリスト教美術シンボル事典　大修館　1997

参考文献

ミラー、メアリ、ほか　マヤ・アステカ神話宗教事典　東洋書林　2000

翻訳
アーダマ　南アフリカの民話　偕成社　1982
アードス　アメリカ先住民の神話伝説　青土社　1997
アファナシエフ　ロシアの民話　岩崎美術
アブラハムズ　アフロ・アメリカンの民話　青土社　1996
アルパーズ、アントニー　ニュージーランド神話、青土社　1997
アンダーウッド、ポーラ　一万年の旅路　翔泳社　1998
アンダーソン、ウイリアム　グリーンマン：ヨーロッパ史を生きぬいた森のシンボル　河出書房　1998
イエンゼン　殺された女神　弘文堂　1977
イオンズ　インド神話　青土社　1990
イオンズ　エジプト神話　青土社　1991
ヴァインライヒ　イディッシュの民話　青土社　1996
ヴォラギネ　黄金伝説　全4冊　人文書院　1979
エスピノーサ　スペイン民話集　岩波書店　1989
エヴリー、ジョージ　キリスト教の神話伝説　青土社　1994
エリアーデ　神話と夢想と秘儀　国文社　1972
エリアーデ　世界宗教史　筑摩書房　1991
オヴィディウス　転身物語　人文書院　1967
オズボーン　ペルー・インカの神話　青土社　1992
オットー、ワルター　ディオニューソス──神話と祭儀　論創社　1997
オルティスほか　アメリカ先住民の神話伝説　青土社　1997
ガスカール　人間と動物　人文書院　1978
ガツアーク　ロシアの民話　全2巻　恒文社　1979
カーツイン、ジェレマイア　アイルランドの神話と民話　彩流社　2004
カラディッチ　ユーゴスラヴィアの民話　恒文社　1979
カルヴィーノ　イタリア民話集　岩波書店　1984
カンブレンシス　アイルランド地誌　青土社　1996
キュモン、フランツ　ミトラの密儀　平凡社　1993
ギラン　ロシアの神話　青土社　1983
ギラン　ギリシア神話　青土社　1991
クラーク　アメリカ・インディアンの神話と伝説　岩崎美術　1972
グラッシー　アイルランドの民話　青土社　1996
クラットン=ブロック　馬と人の文化史　東洋書林　1997
グラネ　支那人の宗教　河出書房新社　1943
グリオール、マルセル　水の神　せりか書房　1971

グリム童話集　全4巻　白水社　1997
グレイ　オリエント神話　青土社　1993
ゲルヴァシウス　皇帝の閑暇　青土社　1997
ケレーニイ、カール　ディオニューソス——破壊されざる生の根源像　白水社　1993
ゴードン・ホワイト　犬人怪物の神話：西欧、インド、中国文化圏における
　ドッグマン　伝承工作舎　2001
ゴールドスタイン　ユダヤの神話伝説　青土社　1992
コロネル　フィリッピンの民話　青土社　1997
サンド　フランス田園伝説集　岩波書店　1988
サンド　笛師の群れ　上下　岩波書店　1837
ジャンメール　ディオニューソス——バッコス崇拝の歴史　言叢社　1991
シンプソン　ヨーロッパの神話伝説　青土社　1991
ストーム、レイチェル　世界の神話百科　東洋編　原書房　2000
スラヴィク、A，　日本文化の古層　未来社　1984
ソルブロッド　アメリカ・インディアンの神話　大修館　1989
ダグラス　スコットランドの民話　現代思想社　1977
ダネンベルク　ブタ礼賛　博品社　1995
ダーントン、ロベール　猫の大虐殺　岩波書店　1990
デイヴィッドソン、エリス　北欧神話　青土社　1992
ドラリュ、ポールほか　フランスの昔話　大修館　1988
トレモラン、ジャック　私の知っているとっておきの動物物語　講談社　1979
ドロール、ロベール　動物の歴史　みすず書房　1998
ナウマン、ネリー　哭きいさちる神——生と死の日本神話像　言叢社　1989
ナウマン、ネリー　山の神　言叢社　1994
ナウマン、ネリー　生の緒　言叢社　2005
ニコルソン　マヤ・アステカの神話　青土社　1992
ノーマン　エスキモーの民話　青土社　1996
ノブルクール　エジプト神話の図像学　河出書房新社　2001
ハイド＝チェンバース　チベットの民話　青土社　1996
ハウウェー　魔の馬・神話の馬；古川洋三訳　小山書店　1944
ハウスマンほか　猫たちの神話と伝説　青土社　2000
ハウスマンほか　犬たちの神話と伝説　青土社　2000
バジーレ　ペンタメローネ　大修館　1995
バチラー、ジョン　アイヌの伝承と民俗　青土社　覆刻　1995
ハッブズ、ジョアンナ　マザー・ロシア　青土社　2000
バリンダー　アフリカ神話　青土社　1991
ハルヴァ、ウノ　シャマニズム　三省堂　1980
ヒネルズ　ペルシャ神話　青土社　1993

参考文献

ファーブル゠ヴァサス　クローディーヌ　豚の文化史　柏書房　2000
ファン・ペガン　韓国の神話・伝説　東方書店　1991
フィルドウシー　王書　岩波書店　1999
プーヴェル、ヤーン　馬の神話的機能　堀美佐子訳　現代思想　1976
プーラ　フランスの民話　全3巻　青土社　1995
ブシュナク　アラブの民話　青土社　1995
フランクフォートほか　古代オリエントの神話と思想　社会思想社　1978
ブリッグス、キャサリン　猫のフォークロア　誠文堂新光社　1983
ブルケルト　ホモ・ネカーンス　法政大学出版局　2008
フレイザー　金枝篇　全5巻　岩波書店　1951
プロップ　魔法昔話の起源　せりか　1983
ペローン　ローマ神話　青土社　1993
ペロー童話集　岩波書店　1982
ホランド、クロスリイ　北欧神話物語　青土社　1991
ホーランド、バーバラ　猫のことなら　心交社　1992
ポイニャント　オセアニア神話　青土社　1993
マッコール、ヘンリエッタ　メソポタミアの神話　丸善　1994
マンデヴィル　マンデヴィルの旅　大手前女子大学英文学研究会　英宝社　1997
モース、マルセルほか　供犠　法政大学出版局　1983
ヤスコルスキー、ヘルムート　迷宮の神話学　青土社　1998
ヤン・デ・フリース　インドネシアの民話　1984
ヤング、ピーター　カメの文化史(忠平訳)　柏書房　2005
ユゴー　ライン河紀行　岩波書店　1985
ラーマーヌジャン　インドの民話　青土社　1996
ラウファー、ベルトルト　キリン伝来考　博品社　1992
ラガッシュ　狼と西洋文明　八坂書房　1989
ラディン、ポール　トリックスター　晶文社　1974
ラングロー・パーカー　アボリジニの神話　青土社　1996
リー、ヘンリーほか　スキタイの子羊　博品社　1996
リュティ、マックス　ヨーロッパの昔話　岩崎美術　1976
ルー、J=P　王　法政大学出版局　2009
ルルカー、マンフレート　鷲と蛇──シンボルとしての動物　法政大学出版局　1996
ローズ、キャロル　世界の怪物・神獣辞典　原書房　2004

邦文文献
あ
赤田光男　ウサギの日本文化史　世界思想社　1997
浅井亨ほか　日本の民話　全12巻　ぎょうせい　1979

浅井治海　ドイツの民話　新風舎　2003
蘆田正次郎　動物信仰辞典　北辰堂　1999
蘆野泉　　　白鳥の古代史　新人物往来社　1994
阿部謹也　ハーメルンの笛吹き男　平凡社　1974
阿部謹也　西洋中世の罪と罰　弘文堂　1989
阿部謹也　中世の星の下で　影書房　1983
阿部謹也　中世を旅する人々　平凡社　1978
阿部真司　蛇神伝承論序説　現代ジャーナリズム出版会　1981
網野善彦ほか　いまは昔、むかしは今　全5巻　福音館　1989～1999
荒川紘　　竜の起源　紀伊国屋書店　1996
荒木博之ほか　アジアの民話　全12巻　大日本絵画　1979
荒俣宏　獅子　集英社　2000
嵐嘉一　犂耕の発達史　農村漁村文化協会　1977

い

飯倉照平　中国民話集　岩波書店　1993
飯倉照平　山東民話集　東洋文庫　1975
池田雅之ほか　ハンガリーの民話　恒文社　1979
石田英一郎　全集　筑摩書房　1970
石塚尊俊　日本の憑きもの　未来社　1959
出石誠彦　支那神話伝説の研究　中央公論　1943
伊藤義教　ペルシャ文化渡来考　岩波書店　1980
伊藤清司　かぐや姫の誕生　講談社　1973
伊藤清司　中国の神話・伝説　東方書店　2003
伊藤清司　日本神話と中国神話　学生社　1979
伊藤清司　花咲爺の源流　ジャパンパブリッシャーズ　1978
伊藤清司　昔話伝説の系譜　第一書房　1991
伊藤清司　中国の神獣・悪鬼たち　東方書店　1986
伊藤清司ほか　日本神話研究　全3巻　学生社　1977
伊藤貴麿　中国民話選　講談社　1973
伊藤一郎編　ロシアフォークロアの世界　群像社　2005
岩田慶治　不思議の場所　岩田慶治著作集　講談社　1995
岩田慶治　草木虫魚のたましい　岩田慶治著作集　講談社　1995
稲田浩二ほか　日本昔話通観　全44巻　同朋舎　1977～
稲田浩二ほか　日本昔話ハンドブック　三省堂　2003
稲田浩二ほか　世界昔話ハンドブック　三省堂　2004
井村君江　妖精の系譜　新書館　1988
井村君江　ケルトの神話　筑摩書房　1990

参考文献

井村君江　ケルト妖精学　講談社　1996
井本英一　死と再生　法政大学出版局　1982
井本英一　境界・祭祀空間　平河出版社　1985
井本英一　輪廻の話　法政大学出版局　1989
井本英一　王権の神話　法政大学出版局大学　1990
井本英一　夢の神話学　法政大学出版局　1997
井本英一　十二支動物の話　法政大学出版局　1999
井本英一　聖なる伝承をめぐって　法政大学出版局　1999
入谷仙介　『西遊記』の神話学　中央公論　1998
弥永信美　大黒天変相　法蔵館　2002
岩本裕　インドの説話　紀伊国屋書店　1963、1994

う

植田祐次　フランス妖精民話集　社会教養社　1981
植田祐次　フランス幻想民話集　社会教養社　1981
上田正昭編　天満天神　筑摩書房　1988
上村くにこ　白鳥のシンボリズム　御茶ノ水書房　1990
碓井益雄　蛙　法政大学出版局　1989

え

江口一久ほか　語り継ぐ人々　福音館　1980

お

大木伸一　シベリアの民俗学　岩崎美術　1967
大貫恵美子　日本文化と猿　平凡社　1995
小沢俊夫ほか　世界の民話　全25巻　ぎょうせい　1977-1978
大木卓　犬のフォークロア—神話・伝説・昔話の犬　誠文堂新光社　1987
大木卓　猫の民俗学　田畑書店　1975
大竹国弘　チェコスロバキアの民話　恒文社　1980
大林太良編　日本神話の比較研究　法政大学出版　1974
大林太良編　死と性と月と豊穣　評論社　1975
大林太良　日本神話の起源　角川書店　1973
大林太良　神話と神話学　大和書房　1975
大林太良　神話と民俗　桜楓社　1979
大林太良　神話の系譜——日本神話の源流をさぐる　講談社　1991
大林太良　北の神々　南の英雄　小学館　1995
大林太良　山の民　水辺の神々　大修館　2001
大林太良　銀河の道　虹の架け橋　小学館　1999

大本敬久　牛鬼論——妖怪から祭礼の練物へ　愛媛県歴史文化博物館研究紀要　第4号　1999年3月
大森恵子　稲荷信仰と宗教民俗　岩田書院　1995
荻原眞子　北方諸民族の世界観　草風館　1996
小倉学　信仰と民俗　岩崎美術　1975
小沢俊夫　異類婚姻譚にみられる動物の姿　日本民俗学146　1983

か

加藤謙吉　秦氏とその民　白水社　1998
加藤久祚　ユーラシア文明の旅　新潮社　1974
加藤久祚　ユーラシア野帳　恒文社　1989
加藤久祚ほか　日本のシャマニズムとその周辺　日本放送出版協会　1984
門脇真枝　狐憑病新論　新樹会　1973
上村勝彦　インド神話　東京書籍　1981
上村勝彦　マハーバーラタ　筑摩書房　2002
上村勝彦　訳　インド神話　筑摩書房　2003
加茂儀一　騎行・車行の歴史　法政大学出版局　1980
加茂儀一　家畜文化史、法政大学出版局　1973
河合雅雄ほか　動物と文明　朝倉書店　1995
河合隼雄　昔話と日本人の心　岩波書店　2002
河合隼雄　神話と日本人の心　岩波書店　2003
川口謙二編　日本の神様読み解き事典　柏書房　1999

き

君島久子編　東アジアの創世神話　弘文堂　1989
君島久子、古谷久美子　中国のむかし話　偕成社　1985
木村三郎　名画を読み解く　淡交社　2002
桐本東太　中国古代の民俗と文化　刀水書房　2004
金奉鉉　朝鮮の民話　国書刊行会　1976
金奉鉉　朝鮮の伝説　国書刊行会　1976
金烈圭　韓国民間伝承と民話の研究　学生社　1978
金両基　韓国神話　青土社　1995

く

蔵持不三也ほか　ヨーロッパ怪物文化史事典　原書房　2005
栗栖健　日本人とオオカミ　雄山閣　2004
栗原成郎　スラブ吸血伝説考　河出書房新社　1980
栗原成郎　ロシア異界幻想　岩波書店　2002

参考文献

黒田日出男　竜の棲む国日本　岩波書店　2003

こ

小泉保　カレワラ神話と日本神話　日本放送出版協会　1999
国分直一　北の道、南の道　第一書房　1992
国立歴史民俗博物館　動物と人間の文化史　吉川弘文館　1997
小島瓔禮　人・他界・馬　東京美術　1991
小島瓔禮　蛇の宇宙史　東京美術　1991
小島瓔禮　猫の王　小学館　1999
後藤明　ハワイ・南太平洋の神話　中公新書　1997
後藤明　物言う魚　小学館　1999
後藤明　海をわたったモンゴロイド　講談社　2003
小松和彦編　昔話研究の課題　名著出版　1985
小松和彦編　憑きもの　河出書房新社　2000
小松和彦編　天狗と山姥　河出書房新社　2000
小松和彦　酒呑童子の首　せりか書房　1997
小松和彦　日本妖怪異聞録　小学館　1995
小南一郎　西王母と七夕伝承　平凡社　1991
近藤喜博　稲荷信仰　塙書房　1978
今野円輔　馬娘婚姻譚　岩崎美術　1966

さ

崔仁鶴　韓国昔話の研究　弘文堂　1976
斉藤君子　シベリア民話集　岩波書店　1988
斉藤明俊　インドの神々　吉川弘文館　1986
笹間良彦　大黒天信仰と俗信　雄山閣　1998
坂田千鶴子　よみがえる浦島伝説　新曜社　2001
坂田千鶴子　消された月の女神　新日本文学648　2004
佐々木高明ほか編　日本文化の源流　小学館　1991
佐々木喜善　聴耳草子　筑摩　1993
佐竹昭広　民話の思想　平凡社　1973
佐竹昭広　酒呑童子異聞　平凡社　1977
佐藤健一郎ほか　十二支の民俗誌　八坂書房　2000
佐原真　衣食住の考古学　岩波書店　2005
澤田瑞穂　中国動物譚　弘文堂　1979
澤田瑞穂　中国の呪法　平河出版社　1984
澤田瑞穂　鬼趣談義　平河出版社　1990

し

篠田知和基　ふしぎな愛の物語　筑摩書房　1992
篠田知和基　人狼変身譚　大修館　1994
篠田知和基　竜蛇神と機織姫　人文書院　1997
篠田知和基　世界動物神話　八坂書房　2008
篠田知和基　世界植物神話　八坂書房　2016
島津久基　羅生門の鬼　東洋文庫　1975
白川静　中国の神話　中央公論　1975
申来鉉　朝鮮の神話と伝説　太平出版社　1972

す

菅沼晃　インド神話伝説辞典　東京堂　1985
鈴木正崇　神と仏の民俗　吉川弘文館　2001
鈴木牧之　北越雪譜　岩波書店　1936

せ

関敬吾　日本昔話大成　全12巻　角川書店　1978
関敬吾　昔話の歴史　同朋舎　1972
関敬吾監修　アジアの民話　全12巻　大日本絵画　1978

そ

孫晋泰　朝鮮の民話　岩崎美術　1966

た

高崎正秀　金太郎誕生譚　人文書院　1937
高田衛　女と蛇　筑摩書房　1999
高橋春成　野生動物と野生化家畜　大明堂　1995
高橋昌明　酒呑童子の誕生　中央公論　1992
田中貴子　外法と愛法の中世　砂小屋書房　1993
田辺貞之助　フランス民話大観　青蛙房　1970
田辺貞之助　フランス伝説大観　青蛙房　1970
谷川健一　谷川健一著作集　三一書房　1988
谷川健一　谷川健一全集　冨山房インターナショナル　2006
谷川健一編　憑きもの　三一書房　1990

ち

知切光蔵　天狗考　涛書房　1973
千葉徳爾　狩猟伝承研究　風間書房　1969

つ
辻直四郎　古代インドの説話　春秋社　1978
坪井洋文　民俗再考　日本エディタースクール　1986

と
徳田和夫　お伽草子辞典　東京堂　2002
冨永静朗　神々の使者―春日の鹿―　東京新聞　1975
友枝啓泰ほか　ジャガーの足跡　東海大学出版会　1992
鳥居フミ子　金太郎の誕生　勉誠出版　2002

な
中勘助　犬　岩波書店　1985
中務哲郎　物語の海へ　岩波書店　1991
中村元訳　ジャータカ全集　春秋社　1982
直江広治編　稲荷信仰　雄山閣　1983
直良信夫　狩猟　法政大学出版局
直野敦ほか　バルカンの民話　恒文社　1979
直野敦ほか　ルーマニアの民話　恒文社　1979
直野敦ほか　ポーランドの民話　恒文社　1979
内藤正敏　金牛と鰻神　東北学3　2000
長沢武　動物民俗　法政大学出版局　2005
中西進　南方神話と古代の日本　角川書店　1995
中西進　古事記を読む　全4巻　角川書店　1985
中村喜和編訳　ロシア中世物語集　筑摩書房　1970
中村禎里　日本人の動物観　海鳴社　1984
中村禎里　狐の日本史　日本エディタースクール　2001
中村禎里　河童の日本史　日本エディタースクール　1996
中村禎里　狸とその世界　朝日新書　1990
中村禎里　日本動物民俗誌　海鳴社　1987
中村禎里　動物妖怪談　歴博ブックレット　2000
中野美代子　孫悟空の誕生　玉川大学　1980
中野美代子　中国の青い鳥　平凡社　1994
中山太郎　日本民俗学　大和書房　1977
南條竹則　蛇女の伝説　平凡社　2000

に
新倉朗子　フランス民話集　岩波書店　1993

の
野本寛一　生態民俗学序説　白水社　1987
能田多代子ほか　日本のむかしばなし　全10巻　未来社　1958

は
早川孝太郎　猪・鹿・狸　郷土研究社　1926
早川孝太郎　花祭　国書刊行会　1988
林俊雄　グリフィンの飛翔―聖獣からみた文化交流　雄山閣　2006
原山煌　モンゴルの神話・伝説　東方書店　1995
朴栄濬編，韓国文化図書出版社編集部飜訳　韓国の民話と伝説一～四　韓国文化図書出版社　1975
朴　栄　韓国の民話と伝説　全5巻　韓国文化図書出版　1975

ひ
肥後和男　神話と民俗　岩崎美術　1968
秀村欣二，久保正彰，荒井献編　古典古代における伝承と伝記　岩波書店　1975
平岩米吉　狼　動物文学会　1981
平岩米吉　猫の歴史と奇話　動物文学会　1985
平岩米吉　犬の生態　築地書館　1989

ふ
福井勝義ほか　環境の人類誌　岩波書店　1997
藤原英司　動物と自然保護　朝日新聞社　1981
古野清人　獅子の民俗　岩崎美術　1968

ほ
保立道久　物語の中世　東京大学出版会　1998
本間雅彦　牛のきた道―地名が語る和牛の足跡　未来社　1994

ま
増田精一　日本馬事文化の源流　芙蓉書房　1996
松本信広　日本民族文化の起源　1　講談社　1978
松本信広編　日本文化の起源　平凡社　1971
松本信広　日本神話の研究　東洋文庫　1971
真木三三子　ブルガリアの民話　恒文社　1979

前島信次ほか　アラビアンナイト　東洋文庫　1966〜
松前健著作集　おうふう　1997〜
松前健ほか　天地開闢と国生み神話の構造　有精堂　1976
松村武雄　日本神話の研究　全4巻　培風館　1955
松村武雄　中国神話伝説集　社会思想社　1976
松山義雄　狩の語り部　正・続・続々　法政大学出版局　1977
丸山顯德　古代文学と琉球説話　三弥井書店　2005

み

三戸幸久ほか　人とサルの社会史　東海大学出版会　1999
三原幸久　スペイン民族の昔話　岩崎美術　1969
三品彰英　著作集　全六巻　平凡社　1971
水之江有一　ヨーロッパ文化の源流　丸善　1993
南方熊楠全集　全12巻　乾元社　1951
三宅忠明　アイルランドの民話と伝説　大修館　1978

む

村山修一編　天神信仰　雄山閣出版　1983
村松正二　モンゴル秘史　東洋文庫　1970
村松一弥　苗族民話集　東洋文庫　1974
昔話研究懇話会　昔話と動物　三弥井書店　1982

も

森雅子　西王母の原像　慶応義塾大学出版会　2005
森浩一編　馬　社会思想社　1974
百田弥栄子　中国神話の構造　三弥井書店　2004
百田弥栄子　中国の伝承曼荼羅　三弥井書店　1999
森正秀　インド密教の仏たち　春秋社　2001
森豊　孔雀模様の旅　講談社　1970

や

柳田國男集(定本)　筑摩書房　1971
矢野憲一　亀　法政大学出版局　2005
矢野憲一　鮫　法政大学出版局　1979
山口昌男　道化の民俗学　新潮社　1975
山本ひろ子　異神　平凡社　1998
山本ひろ子　変成譜　春秋社　1993
山本ひろ子　中世神話　岩波書店　1998

よ
吉川忠夫　中国古代人の夢と死　平凡社　1984
吉田敦彦　日本神話の源流　講談社　1976
吉田敦彦　小さ子とハイヌウエレ　みすず書房　1976
吉田敦彦　ギリシャ文化の深層　国文社　1984
吉田敦彦　縄文土偶の神話学　名著刊行会　1976
吉田禎吾　日本の憑きもの　中央公論新社　1972
吉野裕子　蛇　法政大学出版局　1979
吉野裕子　日本人の死生観　―蛇信仰の視座から　講談社　1982
吉野裕子　隠された神　人文書院　1992
吉野裕子　神々の誕生　岩波書店　1994
吉野裕子　狐　法政大学出版局　1980
吉野裕子　蛇　法政大学出版局　1979
吉村博任　魔界への遠近法　近代文芸社　1991
依田千百子　朝鮮民俗文化の研究　瑠璃書房　1985
依田千百子　朝鮮神話伝承の研究　瑠璃書房　1991
講座　日本の神話　日本神話の比較研究　有精堂　1977
虎の神話と伝説　エッソ石油　1999

おわりに

　神話学は宗教学と文化人類学のあいだにあって、どちらでもないものとされている。『古事記』はおもに国文学者がとりあつかい、『日本書紀』は歴史学者がとりあげる。神話はきわめて国家主義的なものと思われることもあり、レヴィ＝ストロースの神話は無国籍である。そして「世界神話」という概念はいまだ明確に認識もされていない。神話は神々の物語であるといいながら、その代表的なテクストであるホメロスや古代インドの『ラーマーヤナ』は英雄たちの勲を歌った叙事詩である。レヴィ＝ストロースの「神話」は蛙やジャガーやコヨーテたちの森の物語である。「神話」といいながらだれもがちがうものを考えている。どの文化にも「神話」があるといいながら、つきつめてゆくと、どこでも真正の神話は古代の闇にきえている。残されたテクストは政治的、あるいは文芸的な潤色、あるいは歪曲のほどこされたものである。中国には神話はないといいながら、「中国神話事典」などという大部な書物には無数の「神話」が記述されている。「怪力乱神を語るなかれ」といった孔子や、毛沢東主義をかかげて文化破壊を行なったひとびと、あるいはアッラー以外に神はなしとして古代の神像や信仰を破壊していった破壊主義者たち、かれら世界の文化革命者、すなわち文化破壊者たちが目の敵にしたのが古代神話だった。その破壊をまぬがれた稀なテクストがピラミッドや王の谷の石棺のなかから発掘され、あるいはホメロスやソポクレスらの悲劇のテクストとして今日に伝わった。実

は「死者の書」も「悲劇」も古代の民衆の神話の変形、解釈、あるいはその一部の特殊な形でしかなかった。「エジプト神話」のすべてが「死者の書」にしるされたわけではない。「死者の書」にたいしては「生者の書」も「神々の書」もあっただろう。ギリシャ悲劇も神話を素材にした文芸作品であり、古代の民衆の間に語り伝えられ、神々の物語として信じられたものよりは、劇作家たちの想像や解釈やつけたしが大部分のものだった。『古事記』はもちろん国の公式年代記を策定するべく天皇が命じて編纂させた政治的なもので、民衆の神話はそこにほんのすこしとりあげられただけである。

　本当の神話はどこにもない？　そういってしまうのは早計である。神話はないと思われている国々、たとえばフランスに蛇女神や巨人や森の魔術師の物語があり、中央アジアに『マナス』といった壮大な神話的叙事詩があり、アフリカではたとえばドゴン族にノンモをめぐるゆたかな神話体系がある。アメリカ先住民の世界のバッファローやとうもろこしばあさんやコヨーテの物語をまとめあげれば壮大な神話体系ができあがる。しかし、別に断片的、部族的神話素をまとめて世界帝国神話をつくりあげる必要もない。コヨーテだったら、そんな野望をあざわらってとんでもないいたずらをしかけ、その後で本人は砂漠の彼方にさってゆくだろう。絶対神がいて、軍事、文芸、農業などをつかさどる「大臣」がいて、アジア、アフリカ、オセアニアといった世界の「各州」を統治する知事か総督がいて、世界を帝国主義的に支配する唯一神幻想にもとづく神々のヒエラルキーと、排他的世界観をもって「ちがい」を排除する専制主義が勝手にでっちあげた「世界」をおしつける「世界神話」などまっぴらだ。そうではないだろうか？　それでも、世界各地の民衆のこころには太古からの世界観、神々への信仰が昔話や文化的衣

装の下にかくれてたもたれている。それを「世界神話」という概念でひろいあげてみる。けっしてここでは統合や習合や無理な解釈は行なわない。材料をひろって提示するだけである。ただしそこで若干、これは他の国のこれこれの神話を思わせる、ひょっとしたら、これは何々神話の変形ではないかといった感想をこっそりとさしはさむ。そんな作業があつまってくれば「世界神話」がみえてくるのではないだろうか。かつて大林太良氏がそんな意味のことをいって駆け出しの神話学徒をはげましてくれたものである。いかなる学派にも属さず、つねに異分子でしかなかった私ではあるが、長年の世界神話の素材をめぐる逍遥をすこしずつでもまとめてみようとして『空と海の神話学』『光と闇の神話』『魔女と鬼神の神話学』(以上、楽瑯書院、2008、2011、2012)『世界動物神話』『愛の神話学』『世界植物神話』(以上、八坂書店、2008、2011、2016)などに続いて雑駁ながら世界神話の概観をしてみたのである。

　これはまた、畏友・丸山顯德氏の慫慂によって、氏とともに編纂にたずさわった『世界神話伝説大事典』の作成のいわば編集方針ともいえるものでもある。事典の原稿すべてに目をとおして、世界神話の材料を総括する作業には思った以上の時間がかかった。事典ができあがって、またあらたな視点が生まれてきている。世界の神話ははてしない。本書は『世界神話伝説大事典』に着手した2011年に書き下ろしたものである。それから、5年の歳月が経ったが、筆者の神話観に変わりはない。

　2017年3月

篠田知和基

【著者略歴】

篠田知和基（しのだ・ちわき）

名古屋大学教授をへてHSU特任教授、甲南大学人間科学研究所客員研究員。比較神話学研究組織主宰。専門は仏文学、神話学、文化造形論。
主な著書に『幻影の城』（思潮社、1972年）、『土手の大波』（コーベブックス、1976年）、『人狼変身譚』（大修館書店、1994年）、『竜蛇神と機織姫』（人文書院、1997年）、『日本文化の基本形○△□』（勉誠出版、2007年）、『ヨーロッパの形』（八坂書房、2010年）、『世界神話伝説大事典』（編、勉誠出版、2016年）などがある。

世界神話入門
せかいしんわにゅうもん

2017年5月15日　初版発行

著　者　篠田知和基
発行者　池嶋洋次
発行所　勉誠出版 株式会社
〒101-0051　東京都千代田区神田神保町3-10-2
TEL：(03)5215-9021(代)　FAX：(03)5215-9025
〈出版詳細情報〉http://bensei.jp

印　刷　平河工業社
製　本　大口製本
装　丁　萩原睦（志岐デザイン事務所）
ISBN 978-4-585-22165-4　C0022
©Shinoda Chiwaki 2017, Printed in Japan.

本書の無断複写・複製・転載を禁じます。
乱丁・落丁本はお取り替えいたしますので、ご面倒ですが小社までお送りください。
送料は小社が負担いたします。
定価はカバーに表示してあります。

篠田知和基・丸山顯德[編]

世界神話伝説大事典

人間とは何か――その問いに答えるための基盤を提供する

全世界50地域を1500もの項目で網羅した画期的大事典。

B5判上製函入・1000頁
本体：25,000円（+税）

言語的分布や文化的分布、モチーフの共通性など、さまざまな観点による比較から神話の持つ機能や人間と他者の関係性などを考えるヒントを提供。創作の原点として、現代にも影響を及ぼす話題の宝庫。

斎王研究の史的展開
伊勢斎宮と賀茂斎院の世界

古代から中世まで数百年にわたる歴代の斎王たちの数奇な生涯を辿り、そこで花開いた文雅の世界を歴史の記録と和歌・物語から解き明かす。

所京子 著
本体 3,600 円（+税）

日本全国神話・伝説の旅

日本人のルーツを今に伝える800以上の伝承地を、1,200超の豊富な写真資料とともにフルカラーで紹介。あなたの近くの伝承地がわかる、画期的な神話伝説事典。

吉元昭治 著
本体 9,800 円（+税）

水・雪・氷のフォークロア
北の人々の伝承世界

北方に生きる人々の自然観・世界観をフィールドワークや文献資料を通して垣間見ることで、これからの人間と自然環境の共存のあり方を考える。

山田仁史・永山ゆかり・藤原潤子 編
本体 3,500 円（+税）

古代地中海の聖域と社会

宗教観念や祭儀、儀式などの行為が交錯する場「聖域」。そこには、人間の精神と身体に根付いた社会行為の痕跡が深く刻印されている。聖域と人の結びつきを考察する最新論考。

浦野聡 編
本体 3,500 円（+税）

超域する異界

古代から現代に至るまで、人間の精神文化のなかに表現やかたちを変えながら遍在する「異なるもの」の多面的価値を浮き彫りにする。

大野寿子 編
本体 6,500 円（+税）

日本ミステリアス妖怪・怪奇・妖人事典

ときにユーモラスで楽しく、ときに恐ろしく、ときに哀しく寂しい……妖怪・鬼・悪霊から神仙・超人まで、日本に息づく異界のものたちを網羅した、不可思議総合事典！

志村有弘 編
本体 4,500 円（+税）

「ウサギとカメ」の読書文化史
イソップ寓話の受容と「競争」

「ウサギとカメ」はどのように受容され、どのような「教訓」が付されていったのか。教育に係わる様々な「競争」の話題をより合わせて読書と教育の問題を考える。

府川源一郎 著
本体 2,400 円（+税）

天理大学考古学・民俗学シリーズ3
モノと図像から探る怪異・妖怪の東西

考古学と民俗学を駆使すると、妖怪図像や怪獣、民間信仰や伝承、身体感覚の、東西の多様性と共通性が浮かび上がってくる。モノと図像から怪異・妖怪を解明していく研究の三部作・完結編！

天理大学考古学・民俗学研究室 編
本体 1,600 円（+税）